겸손한 뿌리

_한나 앤더슨

KB218616

루스 에블린

그리고

스텔라 마리에게

당신들의 겸손한 뿌리는 깊이 뻗어 있으며

당신들의 삶은 풍성한 열매를 낳고 있습니다.

목차

[일러두기]

• pride는 문맥에 따라 교만, 자존심, 자부심으로 번역하였다.

• 성경 인용은 개역개정판, 공동번역개정판, 표준새번역판 중 저자가 사용한 English Standard Version(ESV) 성경과 가장 유사한 역본을 선택하여 인용하거나, 이를 바탕으로 ESV를 번역한 것이다.

• 각주에 실린 쪽 번호는 원서의 쪽 번호이다.

• 이해를 돕기 위해 옮긴이 주를 추가하였으며, 동그라미(•)로 표시하였다.

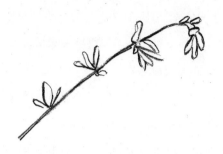

씨 뿌리기

이 책을 쓰기 전까지, 나는 이 책을 써야 할 필요성을 잘 알지 못했다.

여러분 중 많은 사람들이 그런 것처럼, 나도 책임 있는 어른이 되기 위한 환골탈태의 고통을 겪고 있었다. 나는 가족들을 돌보고, 교회에서 봉사하며, 선한 일들을 하는 데 시간을 보냈다. 그리고 많은 사람들이 그렇게 느끼듯, 나도 종종 나 자신이 이런 선한 일들에 매몰되어 있다는 느낌이 들었다. 내가 이런 일들 중 어떤 일도 그만두거나 하지는 않겠지만, 이젠 지쳤구나 하는 느낌이 주기적으로 몰려왔다. 나는 내 능력이 부족하다고 생각하며 염려하고 있다. 그리고 다른 사람들과 나 자신을 비교했다가 다시 완벽주의에 사로잡혔다가를 계속 반복하고 있다. 예수님의 표현을 빌리자면, "무거운 짐"을 지고 있음을 정기적으로 느낀다.

수년 간, 나는 이러한 스트레스의 해결책에 대해 들어왔다. 할 수 있는 일의 한계를 정하는 것, 더 생산적인 방법을 찾는 것, 감사하는 마음을 기르는 것, 그리고 "나만의 시간"을 정해 놓는 것이 내가 들어온 그런 해결책이었다. 그리고 내려놓아야 할 일이 무엇인지 배워야 하며, 동시에 해야 할 일들은 붙들고 있어야 안식을 얻을 수 있다고 믿어 왔다. 나는 그렇게 평온하다는 느낌이 전적으로 나 자신에게 달려 있다고 생각해 왔다.

마태복음 11장 28절에서 예수님은 피곤하고 수고한 사람들(우리와 같은 사람들)을 자신에게로 오라고 초대하신다. "수고하고 무거운 짐 진 자들아, 다 내게로 오라. 내가 너희를 쉬게 하리라"라고 약속하신다. 그런데 바로 이어서 전혀 예기치 못한 방식으로 말씀하신다. "**나는 마음이 온유하고 겸손하니**, 나의 멍에를 메고 내게 배우라. 그리하면 너희 마음이 쉼을 얻으리니" 다시 말해서, 평온은 나와 더불어 시작되지 않는다. 평온은 그분과 함께 시작된다.

뜻밖에도, 평온은 그분의 겸손함을 배움으로써 시작된다는 말이다.

어느 날 예수님의 말씀을 읽으면서 생각했다. **이 말씀에 무언가가 있다. 이것은 분명 중요하다. 이것은 내 생각과 뭔가 전적으로 다른 것이다.**

나는 예수님이 의미하신 바를 어렴풋이는 이해하고 있었지만, 아직 제대로 이해하지는 못했다. 스트레스와 염려 대해 우리가 통상 말하는 대처 방식이 충분한 해결책이 아님을 알았지만, 그렇다고 이에 대해 총체적인 그림으로 조망하고 있는 것은 아니었다. 그래서 나는 어떤 작가든지 이 상황에 처한다면 했을 일, 즉 책을 한 권 쓰기로 결심했다.

우리 가족의 친구인 한 지인이 책을 쓴다는 말을 듣고 무엇에 대한 책을 쓰려고 하는지 물었다.

나는 "음, 너도 아마 잘 아는 그런 내용인데⋯⋯"라고 말을 시작했다. 나는 작가로서 기억하고 있어야 하는, 어디서든 풀어 낼 수 있어야 할 요지elevator pitch를 말하는 내내 버벅거렸다. "그러니까 우리 모두가 얼마나 염려가 많고 또 바쁘게 살아가는지에 대한⋯⋯ 음 그러니까, 우리는 우리가 모든 것을 할 수 있다고 생각하면서 세상을 구하려고 힘쓰잖아. 그리고 음, 나는 거기에 어떤 연관성이 있다고 생각하거든. 내 생각엔 뭔가 잘못된 것 같아. 그러니까⋯⋯ 음⋯⋯ 우리가 너무 많은 것을 하고 있으니까 스트레스를 받는 것처럼⋯⋯ 그리고 음⋯⋯ 그래, 아마 우리는 다시 인간됨이 무엇인지 배워야할 필요가 있는 것 같아. 내 생각에는 아마도 겸손을 배워야 할 것 같아."

"오오, 난 너를 위해 그 책을 쓸 수 있어"라고 그 친구가 자신 있게 말했다. "사실 세 단어로 쓸 수 있어. 너는. 하나님이. 아니야." 그리고 그 친구가 세 단어로 요약한 것이 결국 내가 오만 개의 단어로 풀어 쓴 것이 되었다.

너는 하나님이 아니다. 나도 하나님이 아니다. 우리 중 그 누구도 하나님이 아니다.

하지만 우리는 얼마나 자주 그리고 얼마나 쉽게 이것을 잊어 버리는지! 얼마나 자주 정상적인 인간의 한계를 초월하여 살려고 노력하는지. 얼마나 자주 모든 것을 하려고, 모든 것을 알려고,

모든 것이 되려고 노력하는지. 또 얼마나 자주 그것들로 인해 결국에는 스트레스와 불안으로 끝마치며 어쩔 줄 몰라 하는지. 생각해보면 그것은 선한 일을 하여 세상을 바꾸고자 하는 정직한 욕망 뒤에 숨어 있을 수 있는 미묘한 딜레마이다. 인간 존재는 하나님의 형상대로 지음 받았기에 많은 부분 하나님을 닮았고, 결국 많은 부분을 하나님처럼 하게 되는 것은 자연스러운 일이다. 우리는 신앙 안에서 자라나면서, 더욱 사랑하며 더욱 은혜롭고 더욱 지혜로운 자가 되고자, 또한 더 많은 열매를 맺고자 분투한다. 그러나 그렇게 분투하면서 절대로 잊지 말아야 할 것은, 하나님을 닮았다는 말이 곧 우리가 하나님임을 의미하지는 않는다는 사실이다. 우리는 그분의 형상대로 지음 받았지만, 그럼에도 불구하고 우리는 **지음 받은** 자일 뿐이다.

여러 면에서 『겸손한 뿌리』는 몇 년 전 내가 쓴 책에서 시작했던 대화를 이어가는 책이다. 그 책 『우리는 그 이상으로 지음 받았다』(Made for More: An Invitation to Live in God's Image)는 하나님의 형상imago dei에 대한 교리, 또는 하나님의 형상으로 지음 받았음이 의미하는 바가 무엇인지 탐색한다. 즉, 아빠, 엄마, 선생님, 작가, 목사와 같은 우리의 역할에서 우리의 정체성을 찾는 대신에, 하나님의 형상을 지닌 존재라는 점에서 우리의 정체성을 찾아야 한다는 것이다. 그런데 내 친구 에이미가 『우리는 그 이상으로 지음 받았다』를 읽으면서 이렇게 물었다. "좋아, 그런데 어떻게 이 고결한 비전대로 살지? 앞으로 나아갈 길은 (…) 여기에서 어디로 가야 하지?" 마땅히 그렇게 물을 만했다.

지나친 단순화의 위험을 무릅쓴다면, 우리는 이 비전을 따라 살고, 하나님의 형상을 지닌 자로 살며, 우리가 시작했던 방식으로 즉 우리의 창조주께 겸손히 의지하며 살아간다. 그렇다, 선지자 미가가 우리에게 명한 대로 "정의를 행하며 인자를 사랑하는 것"을 배움으로써 실천하는 것이다. 하지만 이뿐만 아니라 "겸손히 네 하나님과 함께 행하는 것"[1]을 배움으로써 그렇게 사는 것이다!

달리 말하면, '우리에게 안식을 가져다주는 겸손'은 '하나님께서 우리를 창조하신 모습 그대로 되도록 우리를 자유하게 하는 겸손'과 같은 겸손이다.

『겸손한 뿌리』에서 우리는 성육신, 피조물됨, 육체적 존재, 그리고 인간의 한계에 대한 신학적 진리들을 탐구할 것이다. 그리고 우리의 눈을 들어 언덕과 들판과 하늘을 바라봄으로써, 우리 주위의 자연 세계를 생각해 봄으로써, 이 탐구를 진행할 것이다. 또한 좀 더 실용적인 질문들도 숙고해 볼 것이다. 그것은 겸손이 우리의 매일의 선택에 어떻게 영향을 미치는지에 대한 것으로, 논밭이 아닌 일상에서 발생하는 일반적인 질문들이다. 우리는 또한 우리가 소셜 미디어를 사용하는 방식에서부터 우리가 칭찬을 주고받는 방식에 이르기까지, 매일의 선택 가운데 겸손함—자신이 피조물임을 아는 법—을 통해 드러나는 교만pride의

---

1   미가 6:8.

범위를 살펴볼 것이다. 그러나 겸손은 단순히 우리가 어디에서 실패했는지를 지적하는 것 이상이며, 우리가 앞으로 나아갈 길을 제시한다. 겸손은 우리가 지음 받은 그대로, 사람의 모습으로 잘 자라나도록 우리를 자유로운 존재가 되게 한다. 즉, 겸손은 우리가 지닌 물질적인 육체의 선함을 경축하도록, 감정의 복잡함을 수용하도록 자유로운 존재가 되게 한다. 우리가 고유하게 받은 것들을 소유하되, 죄책감이나 불법 점유하는 듯한 느낌 없이 소유할 수 있도록 우리를 자유롭게 한다.

『겸손한 뿌리』는 『우리는 그 이상으로 지음받았다』의 속편은 아니지만, 거기에서 나눴던 대화의 나머지 절반이다. 동시에 이 자체만으로도 탐구되고 맛볼 수 있는 이 책만이 지닌 고유한 대화이기도 하다. 『우리는 그 이상으로 지음받았다』를 읽고 나서, 당신이 자기 자신을 '하나님을 반영하도록 정함 받은 존재'로 생각하도록 고무되었다면, 『겸손한 뿌리』는 자기 자신을 '하나님께 의존하는 존재'로 생각하고 그렇게 살도록 도와줄 것이다. 그리고 이 단순하지만 근본적인 사실―즉, "당신은 하나님이 아니다"― 을 기억한다면, 당신이 갈망하는 영적, 정서적 안식을 얻게 될 것이다.

그런데 이 책을 시작하기 전에 먼저 몇 가지 짚고 넘어가야겠다. 『겸손한 뿌리』의 목표는 불안과 동요restlessness 가운데 교만이 스스로 드러나는 방식을 이해하는 것, 그리고 겸손이 스트레스와 성과와 경쟁이 반복되는 굴레에서 우리를 자유롭게 하는 방식을 이해하는 것이다. 이러한 의미에서 이 책은 주로 신학적인 성찰이며, 당신은 이 책을 그러한 용도로 사용해야 한다. 『겸손한 뿌리』는 하나님이 주신 공동체의 은총들(예컨대, 목회 상담, 전문 치료, 그리고 필요한 경우 의학적 치료)을 대체하기 위한 것이 아니다. 당신이 임상적 불안증이나 우울증과 관련하여 신체쇠약 또는 정신쇠약을 겪고 있다면, 당신은 신뢰할 만한 친구, 성직자, 정신과 의사의 도움을 요청해야 한다. 이들은 망가지고 상처 받은 자신의 자녀들에게 주신 하나님의 선물이며, 우리는 그러한 선물들을 겸손히 받아야 한다.

다음으로, 이 책에 담긴 많은 이야기와 설명은 개인적인 것이다. "겸손한 뿌리"라는 제목은 '자연 세계가 우리에게 교훈하는 바 하나님께 의존하는 방식' 및 '하나님께서 내 삶 가운데 예비하신 사람들과 장소들을 통해서 내가 이러한 교훈들을 배우고 있는 방식' 모두를 염두에 두고 지은 것이다. 이것은 일상에서 내가 이러한 진리들을 마주하고 있는 방식이기 때문에, 개인적인 예들을 사용하기로 결정하였다. 그러나 내가 속한 공동체 사람들의 개인적인 비밀이 드러나지 않도록, 책에 나오는 사람들의 이름을 변경하였으며 개인을 특정할 수 있는 내용들도 수정하였다. 우리는 괜한 이목을 끌지 않으며 살아가려는 경향이 있으며, 그것은 바로 삶에 굴곡이 생기지 않기를 바라는 방식이다.

사도 바울은 "여러분 안에 이 마음을 품으십시오"라는 말로 시작하여, 빌립보서 2장 5-8절에 이렇게 썼다. "그것은 곧 그리스도 예수의 마음이기도 합니다. 그분은 하나님의 본체로 계셨지만 though he was in the form of God, 하나님과 동등됨을 취하려고 생각하지 않으시고, 오히려 자기를 비워서 종의 모습을 취하시고, 사람과 같이 되셨습니다. 그분은 사람의 모양으로 나타나셔서, 자기를 겸손히 낮추시고……"

"나는 마음이 온유하고 겸손하니, 내게 배우라……"
"여러분 안에 이 마음을 품으십시오. 그것은 곧 그리스도
  예수의 마음이기도 합니다……"
"그분은 사람의 모양으로 나타나셔서, 자기를 낮추시고……"

그렇다, 여기에 무언가가 있다. 부요하며 평온한 무언가가 있다. 참되고 아름다운 무언가가 있다. 우리를 풍요와 평안으로 인도할 무언가가 있다.

I

사람마다 자기 포도나무와 무화과나무 아래 앉아 평화롭게 살 것이다.

사람마다 아무런 위협을 받지 않으면서 살 것이다.

이것은 만군의 주님께서 약속하신 것이다.

— 미가 4:4

붉은 아네모네 Red Anemone; *Anemone coronaria*

1
덩굴에서 시들은

공허하고 얄팍하며 피상적인 느낌이 들게 만드는 삶, 뒤돌아
보기 두렵게, 생각하기 두렵게 만드는 삶, 이런 식의 삶이 자신
에게 좋은 삶일 수 없다. 그렇지 않은가? 이러한 삶이 자신이
살고자 했던 식의 삶일 수는 없다.

— 윌라 캐더Willa Cather

나는 끝났다. 나는 한계에 도달했다.

나는 시간을 확인하려고 옆으로 몸을 굴렸다. 오전 1시 26분.
그리고 다시 남편을 보기 위해 반대로 굴러갔다. 상현달빛이
비추고 있었기에, 나는 우리가 덮고 있는 하얀 마틀라세 누비
이불 속 남편의 모습을 알아볼 수 있었다. 눈꺼풀은 눈을 덮고
있었고, 머리는 베개 위에 평화로이 누여 있었다. 내 눈이 서서히
은은한 달빛에 적응하면서, 나는 면으로 된 남편의 베갯잇에
묻은 거무스름한 얼룩도 볼 수 있었다—그날 아침, 껴안기를

좋아하는 세 아이들과 생 초콜릿 쿠키를 만든 결과다. **아침밥을 준비하기 전에 침대 커버를 벗겨서 세탁기에 넣어야 한다는 것을 잊지 말자**고 나 자신에게 되뇌지만, 깜빡할 지도 모른다는 사실을 나 스스로 빤히 잘 알고 있었다.

남편은 나를 향해 누워서 눈을 감고 있었지만, 나는 눈을 뜨고 남편을 바라보고 있었다. 그의 몸은 머리에서 발끝까지 편안한 모습이었고, 팔은 자신의 맨 가슴 위에 걸쳐 있었다. 한 손은 내 쪽으로 뻗어 있었고, 다른 한 손은 어린아이 같은 자세로 머리 밑에 들어가 있었다. 그의 호흡은 거칠었지만 급하지는 않았고 규칙적이며 편안했다. 푹 쉬고 있는 남자의 호흡이었다. 초콜릿으로 얼룩진 베갯잇 위에 자고 있다는 사실도 느끼지 못하는 남자의 호흡.

집 안에 있는 사람들 모두가 잠들어 있는 동안, 나 혼자 말똥말똥 깨어 있는 것은 이번이 처음은 아니었다. 아이들 모두 밤에 젖을 먹는 유아기와 이불을 적시는 걸음마 시기가 지났음에도 불구하고, 오히려 나는 더욱더 자주 깨는 것 같았다. 아이들은 내가 필요하면 휘청거리며 우리의 침대로 와서는 알아서 자기 담요와 동물인형을 끌고 갔다. 새벽 1시 26분에 내가 깨어 있을 만한 이유는 거의 없었다.

하지만 나는 거기에 누워 있었다. 다른 사람들이 모두 편히 쉬는 동안 쉼을 얻지 못한 채.

설상가상으로, 내가 불안을 느끼는 시간이 밤 시간만이 아님을 알았다. 낮 시간 동안 내 머릿속은 잠자리에 들기 전까지 끝내야 할 일들을 계산하면서, 하나를 마치면 곧장 다음 일로 정신없이 경주하고 있었다. 그리고 내가 얼마나 많은 칼로리를 소모했으며 밀린 허드렛일이 무엇인지도 생각하고 있었다. 그리고 균형 있는 엄마가 되지 못한 부분은 없는지, 쉽게 친해질 수 있는 친구, 한결같이 헌신적인 아내가 되지 못한 부분은 없는지 생각하고 있었다. 이 모든 것이 나를 굉장히 지치게 만들었다.

내가 해야 할 모든 일─끝내지 못한 해야 할 일 목록, 소원해진 친구 관계, 아직 답장하지 못한 음성 메시지, 임박한 원고 마감시한─에 대해 평가받는 느낌에 지쳤다. 나는 과로했다는 느낌으로 지쳤고, 스트레스를 받고 있다는 느낌으로 지쳤고, 모든 분주함에 피로를 느꼈다. 나는 예민하고, 여리고, 날카로운 내 상태에 질렸다. 내가 왜 이런지 느껴볼 권리가 전혀 없다는 사실을 안다는 것도 나를 지치게 했다.

복 있는 사람?

나에게는 쉼이 없었지만, 우리 가족은 이제까지 누려보지 못한 가장 복되고 가장 활력 넘치는 시기의 한복판에 있었다. 우리는 결혼 생활 중 여러 해 동안 위기 상태에 있었다─어린 아기들, 실업과 고용불안, 교회에서의 문제, 잦은 일자리 변화. 그러나 최근에 나단은 자신이 꿈꾸던 일을 얻었다. 애팔래치아에 있는 작은 교회의 목사가 되었다. 그 교회는 그가 자랐던 마을에서 한 시간도 걸리지 않는 곳에 있었다. 1995년에 영화화된 『이성과 감성』(Sense and Sensibility)에 나오는 에드워드 페라스처럼, 내 남편은 "자신이 어느 정도 잘 할 수 있는 작은 교구에서, 닭을 기르며, 아주 짧은 설교를 하는 것"[1] 이상을 원하지 않았다. 그래서 결혼 생활 11년이 되어서—그 동안 이사를 꽤 많이 했다—우리는 그의 고향으로, 그의 버지니아로 돌아와서 우리의 첫 번째 집을 장만했고, 거기에 뿌리를 내리기 시작했다. 나도 펜실베니아의 구릉지대에 있는 이와 비슷한 지역에서 자랐기 때문에, 이사 온 것 자체가 엄청 힘들지는 않았다. 나는 이곳의 문화적 흐름을 이해했고, 작은 공동체에서 느껴지는 교우들 간의 친밀함을 사랑했다. 우리는 가족으로서 새로운 국면으로 접어들고 있기도 했다. 아이들에겐 독립심이 생겼고, 기저귀와 이유식 병과 유아용 역방향 카시트는 이제 더 이상 필요 없었다. 그 외에도 나는 책을 막 출판했다. 누구의 기준으로 보더라도, 우리는 재정적으로나 육체적으로나 직업적으로 새로운 단계의 자유를 맛보고 있었다.

그러나 여전히 나는 짓눌려 있다고 느꼈다.

얼마 동안, 나는 이런 심리가 이사와 더불어 아직 처음인 새로운

---

1   기억에 남는 대사였지만, 이 대사는 제인 오스틴의 원작(1811년 출간)에 나오는 표현을 정확히 옮긴 것이 아니다.

장소에서의 생활에 적응하고, 새로운 사람들을 만나며 자리 잡는 스트레스 때문이리라 여겼다.

바쁜 시기잖아……

이번 주만 지난다면, 다음 주부터는 좀 더 쉬워질 거야……

여자들만의 밤 마실이나 방학 같은 게 필요한가봐……

누군가 나에게 할 일을 요구하지 않는다면, 괜찮을 거야……

그러나 결국, 모성에 대한 변명처럼, 이 변명들은 너무 얄팍했다. 시간이 흘러서 우리에게 일상적인 생활이 찾아왔지만, 나는 여전히 버거움을 느끼고 있었다. 내가 날마다 완수한 일들은 충분한 것 같지 않았고, 나는 침대에 누우면서 실패한 듯한 감정을 정기적으로 느꼈다. 어떤 날에는 잠이 들지 않은 채 남편 옆에 누워서, 내가 과연 잠들기를 정말 원하고 있는 건지 의문이 들었다. 나는 그저 내일 아침에 일어나서 처음부터 다시 모든 일들을 반복해야 할 것 같았다.

반면에 나단은 자연스럽고 (분통 터지게 시리) 차분해 보였다. 그는 교회에서 돌아와서, 옷을 갈아입고, 집안일을 했다. 그는 아이들과 놀거나 숙제를 도와줬고, 정원에 어슬렁거리고, 겨울에 쓸 장작을 패기도 했고, 잠 잘 시간이 되자 베개를 베고 수월하게 8시간 동안 잠에 빠졌다.

한번은 내가 남편에게 물어보았다. "어떻게 그게 가능해? 잠자리에 들자마자 바로 잠드는 방법이 뭐야?"

그는 내가 그에게 물구나무서서 애트루리아 알파벳을 외워보라고 시켰다면 보였을 법한 멍한 표정으로 나를 쳐다보았다. 나는 계속 물었다.

"내 말은, 어떻게 모든 신경을 끄냐는 거야? 어떻게 눕자마자 …… 잠이 들 수 있어?"

"그건 그렇게 복잡하지 않아, 정말로. 나는 피곤하다. 나는 눕는다. 눈을 감는다. 그리고 잠드는 거야."

"글쎄, 나도 피곤한 건 마찬가지야. 그런데 내 머리는 멈추지 않고 계속 굴러가고 있어…… 난 내가 다 처리하지 못한 일들이랑, 내가 일어나서 해야 할 일들이랑, 아이들을 피아노 학원에 데려가는 걸 잊지 말아야 한다는 생각, 그리고 또 편집자에게 이메일을 보내야 하고 낸시에게 수술이 잘 됐는지 전화해야 한다는 것을 생각하며 곱씹게 되는데……"

"한나야, 그건 당신이 만점녀라서 그래."

그가 내 말을 끊었다.

"내가? 난 80점만 받아도 만족하는 사람이야. 그냥 잠이나 자."

정말 그랬나? 내가 정말로 완벽주의자였나? 나는 완벽주의자 같은 느낌이 들지 않았다―우리 집을 보면 틀림없이 아무도 나에게 "완벽주의자"라고 외치지 않을 것이다. 우리 집은 나에 대해 많은 것을 말해주겠지만, 완벽하다고 말해주지는 않을 것이다. 세탁기 옆에 쌓인 옷더미를 생각할 때면, 나는 죄책감이 든다. 또 옷더미에서 어두운 옷과 밝은 옷, 무거운 옷과 가벼운 옷을 분류하기 시작하면, 이렇게 할 일이 많았는데 하며 죄책감을 느낀다.

그리고 죄책감을 느꼈다는 것에 대해 한 번 더 죄책감을 느낀다.

아니다. 난 완벽주의자가 아니다. 난 그저 정신이 나갔을 뿐이다.

염려의 시기

하지만 정말 그렇다는 것은 아니다. 정신이 나갔다는 것은 내가 경험하고 있었던 불안한 정도를 설명할 만한 적당한 표현일 것이다. 그런데 쑥스럽지만 내 문제는 정말 너무 평범한 것이었다. 사실 아주 중대한 문제들은 없었으며, 단지 작은 문제들이 크게 **느껴졌다.** 중대한 삶의 위기도 없었고, 단지 사소한 위기들이 중대하게 **느껴졌다.** 엄청난 어려움도 없었지만, 그저 하찮은 어려움들이 믿을 수 없을 만큼 엄청나게 **느껴졌다.** 나는 지극히 평범하게 살면서 스트레스를 받으며 불행하다고 느꼈다.

밝혀진 바와 같이, 이런 식의 기분을 느끼는 것은 나뿐만이 아니었다. 2015년 미국심리학회는 미국인들의 스트레스 상태에 대한 상세한 보고서를 발표했다. 그 연구의 목적은 "일반 대중들 사이에 나타나는 스트레스에 대한 태도와 인식"을 측정하는 것과 (…) 스트레스가 육체와 정서에 미치는 심각한 결과 및 마음과 몸 사이의 불가분한 관계에 주목하게 하려는 것이었다.[2] 달리

2　　"Paying With Our Health," American Psychological Association. February 4, 2015, https://www.apa.org/news/press/releases/stress/2014/stress-report.pdf.

말하자면, 미국심리학회는 왜 많은 사람들이 중압감을 느끼면서 하루를 보내고 밤에 잠을 못 이루는지를 밝혀내려고 했다.

그 자료에 따르면, 지난 달 미국인의 75%는 스트레스를 어느 정도 이상 경험했고, 그 중 42%는 밤에 잠을 자지 못한 채 깨어 있었으며, 33%는 스트레스를 풀려고 건강에 좋지 않은 음식을 먹었다. 그리고 우리가 받는 스트레스의 원인이 다양하다고 한다 (돈, 일, 가족 부양에 대한 책임, 신체 건강). 내 경험으로 미루어 볼 때, 어떤 사람들은 이 모든 것을 동시에 걱정할 정도로 염려에 익숙한 것 같다.

그리고 우리가 염려할 때면, 우리는 결국 짜증을 내고, 예민해 지며, 냉담해지고, 피로와 중압감을 느낀다. 그레첸 루빈Gretchen Rubin은 그녀의 책 『무조건 행복할 것』에서 자신이 경험한 스트 레스를 다음과 같이 묘사한다.

나는 행복할만한 것들이 많았고 (…) 그러나 나는 너무나 자주 남편을 비난했다. (…) 일을 하며 겪은 사소한 실패에도 나는 좌절감을 맛보았다. 나도 모르게 오랜 친구들과 교류가 없어 졌고, 너무 쉽게 이성을 잃었으며, 여러 차례 침울함과, 불안함 과 무기력함과 요동침을 겪었다.[3]

3   Gretchen Rubin, *The Happiness Project: Or Why I Spent a Year Trying to Sing in the Morning, Clean My Closets, Fight Right, Read Aristotle, and Generally Have More Fun* (New York: Harper, 2009), pp. 1-2. 『무조건 행복할 것 : 1년 열두 달, 내 인생을 긍정하는 48가지 방법』(전행선 옮김, 21세기북스, 2011).

그 자료는 또한 루빈 씨와 같이 여성으로, 어머니로 살아가는 경우, 스트레스를 더 자주 쉽사리 경험할 수 있다는 점도 말해주고 있다. 남성들과 비교했을 때 여성들이 받는 스트레스의 정도가 더 높으며, 자녀가 없는 동료들과 비교했을 때 자녀가 있는 사람들의 스트레스의 정도가 더 높았다.

어떤 사람들에게는 이런 자료가 마음을 훨씬 더 불안하게 만들 것이다. 만약 당신이 여성이고 어머니이며 Y세대Millennial generation라면, 스트레스를 받을 가능성이 훨씬 더 높을 것이다. 그리고 안정된 직장을 찾으려고 분투하고 있다든지, 혹 직장을 구해서 부모님의 돌봄이 없는 현실에 맞닥뜨리고 있다든지 간에, 젊은 세대들은 노인 세대들보다 스트레스와 우울증의 비율이 더 높다는 보고가 있다. 전에는 청년기가 별다른 걱정이 없던 시기였지만, 이제는 더 이상 근심 걱정 없이 보낼 수 있는 시기가 아닌 듯하다.

솔직히, 얼마나 많은 불안감이 우리 삶의 구석구석에 스며들고 있는지를 말해주는 보고서가 필요한 것은 아니다. 내가 작은 공동체에서 친구를 만날 때면, 아니나 다를까 우리는 서로 얼마나 바쁘게 살고 있는지, 자기가 맡은 일들을 왜 도저히 다 할 수가 없는지 이야기를 나누며 서로 애처로워한다. 그리고 우린 조만간 만나야 한다고 말하지만, 만나지 않는 것이 당연지사이다. 교회에서 나누는 대화들은 똑같다. "내가 정말 도움이 되고 싶은데, 지금 당장은 어려워요."

그래서 난 이러한 통계들을 볼 때, 숫자가 보이는 것이 아니라 사람이 보인다. 월요일부터 금요일까지 2시 20분에 다음 일정에 맞춰 아이들을 태우러 오는 셔틀버스를 기다리며 나와 같이 서있는 엄마들, 아빠들, 할머니들, 할아버지들이 보인다. 세상이 자기 박자에 맞춰서 빨리빨리 결정하라고 재촉하는 동안, 자신들이 몸담을 곳이 어디인지 찾으려 애쓰는 젊은 친구들이 보인다. 어떤 것에 얽매이지 않고서 자기 시간과 에너지를 나누어주려 하면서도, 자신들의 노력이 어떤 성과를 내고 있는지 남 몰래 궁금해 하는 동료 사역자들이 보인다. 완벽한 이미지를 흉내 낸 자신들의 이미지로 소셜 미디어를 도배한 여성과 남성, 그러나 그 뒤에 있는 완벽하지 않은 배경을 보지 못하는 여성과 남성이 보인다.

우리들 모두가 보인다. 잣대와 평가를 너머서는 복을 받은 우리들이지만, 그럼에도 지칠 대로 지쳐 있으며, 불안해하고, 확신이 없는 우리들이.

들의 백합화

"들의 백합화가 어떻게 자라는가 생각해 보아라.

수고도 하지 않고 옷감을 짜지도 않는다. 그러나 나는

너희에게 말한다. 솔로몬의 모든 영광으로 입은 것조차도

이 꽃 하나에 미치지 못하였다고." ― 나사렛 예수

몇 년 전 2월의 어느 날 나는 예기치 못하게, 갈릴리 바다 근처 골란고원 남부의 언덕에 앉아 있는 나 자신을 발견하였다. 당연히 전혀 예상하지 못한 일이었다. 나단과 나는 여행 계획을 짜고, 티켓을 사서 필라델피아에서 비행기를 탔다. 그리고 텔아비브의 벤구리온 공항에 도착하자 친구들이 반갑게 맞아주었다. 한 주 동안, 욥바에 있는 고대 골목을 거닐었고, 엔게디에서 보기 드문 폭풍을 만났으며, 예루살렘에서 인파들 속에 떠밀리며 마굿간과 성지들을 둘러보았다. 그래서인지 갈릴리 지역은 더 조용하게 느껴졌다. 그럼에도 그 언덕에 앉아 있는 나 자신을 발견한 것은 전혀 그런 가능성을 꿈꿔보지 못했다는 의미에서 여전히 예기치 못한 일이었다.

그러나 거기에 내가 있었다. 내 발 밑에는 은빛 호수가 있었고, 정갈한 올리브 과수원과 포도원, 키부츠의 네모진 밭들, 그리고 군데군데 작은 마을들이 테를 이루고 있었다. 묘하게도, 저 바다의 남동쪽 경계보다 450미터 높은 곳에 위치한 이 경치 좋은 자리에서 보고 있는 경관은 우리 집을 떠오르게 했다. 키부츠의 집들은 어쩌면 낙농가나 작은 가족 주택일 것이다. 올리브 나무와 포도원은 산꼭대기 과수원 및 포도덩굴과 이국적인 대조를 이룬다. 눈을 약간 가늘게 뜨고 바라보면, 여기저기 솟아 있는 언덕들은 우리 집을 에워싸고 있는 언덕처럼 보인다. 작은 마을도 열심히 일하는 사람들, 세상의 소금인 사람들로 가득한 것 같았고, 각각의 마을들 또한 우리 마을처럼 집요하게 그 고유의 정체성에 자부심을 느끼고 있는 것 같았다.

물론 다른 점들도 있었다. 지중해성 기후로 갈릴리 지역의 온도는 빙점 아래로 내려갈 일이 거의 없다. 반면 우리 동네는 지금 쯤 진흙과 빙판으로 뒤덮여 있을 것이다. 미끄러운 길과 눈보라 대신, 이곳의 겨울은 작고 붉은 야생 아네모네*Anemone coronaria*가 피어나도록 언덕에 비를 뿌렸다.

들의 백합화를 보라고? 벨벳 같은 붉은색의 꽃잎과 검은색의 꽃 중심부를 관찰해 보았다. **수고도 길쌈도 하지 않는 사람이 내일을 걱정하지 말고, 다만 내일은 내일이 알아서 걱정하게 둔다고?**

학자들은 예수님께서 실제 이 말씀과 다른 산상수훈 말씀들을 전하신 곳이 갈릴리 바다 서쪽 언덕일 것이라고 한다. 그곳은 1세기의 가버나움과 벳새다 마을과 더 가깝다. 그럼에도 내가 앉아 있던 곳의 풍경은 농부들과 어부들, 어머니들과 아버지들, 할머니들과 할아버지들, 그리고 손주들이 자신의 일을 버려두고 그분 발 앞에 모인 모습을 그려볼 수 있을 정도로 비슷했다. 나는 그분이 심령이 가난한 자, 온유한자, 긍휼히 여기는 자에게 복 주시는 음성을 들을 수 있었다. 나는 그분이 손을 뻗어 공중의 새에 대해서, 꽃이 제 키만큼 자라남 대해서 손짓하며 알려주시는 것을 볼 수 있었다.

예수님께서 말씀하셨다. "목숨을 위하여 염려하지 말아라 (…) 공중의 새를 보아라 (…) 들의 백합화를 생각하여 보아라."[4] 이 모든 것이 너무도 평화로웠다. 고요했다. 우리가 가진 문제들과 지고 있는 짐을 벗어둘 수 있는 바로 그런 장소였다. 삶의 혼란스러움과 압박으로부터 탈출할 수 있는 바로 그런 장소였다. (내적으로나 외적으로나) 평온할 수 있으리라 믿을 만한 바로 그런 장소였다.

그리고 길을 가다 우연히 소련제 대전차포를 발견할 수도 있으리라 생각할만한 마지막 장소, 정확히 그런 장소였다.

내가 들의 백합화를 생각하고 있었던 곳에서 불과 몇 야드 거리에 여기저기 녹슨 무기가 있었다. 왼쪽 바퀴가 몇 년 전에 부서지면서 약간 삐딱하게 기울어 있었지만, 포탑은 여전히 충실하게 갈릴리 바다 주변의 마을들을 향하고 있었다. 우리가 앉아 있었던 언덕은 전에 이스라엘과 시리아의 국경분쟁지대였다고 친구들이 말해주었다. 1960년대에 소련의 지원을 받은 시리아 게릴라들은 키부츠와 마을 기지에 포격을 퍼부었다. 그러나 결국에는 이스라엘이 시리아를 국경 너머로 밀어넣었고, 그렇게 차지한 땅을 합병하였다. 시간이 흘러 골란고원의 몇몇 언덕에 여전히 전쟁의 자취는 남아있지만, 특별히 이 지역은 관광객들과 소풍객들이 다녀가도 무리 없을 만큼 고요해졌다.

근심 걱정 않는 붉은 야생 아네모네에 둘러싸인 전쟁 무기들.

처음에는 이 둘이 나란히 있는 게 너무 놀라웠지만, 생각하면 생각할수록 더 이해가 되었다. 20세기 중반의 이웃 나라 군대든

---

4   마태복음 6:25-28.

아니면 1세기 로마의 침입이든, 갈릴리에는 언제나 충돌이 있어 왔다. 벳새다, 고라신, 가버나움 마을의 사람들은 난국을 잘 알고 있었다. 그러나 비교적 평화로운 시기에도 현실을 헤쳐 나가야 하는 인생들이다. 관계의 짐, 일과 가정생활의 짐, 개인적인 좌절의 짐을 지닌 사람들. 스트레스를 아는 사람들. 나처럼 밤에 잠 못 이루는 사람들.

나는 목가牧歌적 비전, 즉 세상의 어려움들로부터 달아날 수 있는 장소에 대한 비전을 창조하기 원했지만, 그 비전은 그야말로 불가능했다. 염려나 걱정으로부터 면역된 장소는 없었다. 삶의 맹렬함과 무게가 침입하지 않는 장소는 없다. 대전차포를 바라보다가 이러한 사실이 떠올랐고, 백합화를 생각해보라는 예수님의 부르심을 전적으로 다른 관점에서 생각하게 되었다. 예수님의 부르심이 이 세상 염려들로부터 달아나기 위한 것이 아니라면, 그분의 부르심은 무엇을 향한 것인가?

야생에 깃들어 있는 평화

"내 안에서 세상을 향한 절망이 자라날 때
그리고 밤에 들리는 가장 작은 소리에도 잠이 깰 때
(…) 나는 야생에 깃든 평화 속으로 들어간다."
— 웬델 베리Wendell Berry

나는 밤에 자려고 누운 채 내가 했어야 했던 일과 하지 말았어야 했던 일을 생각했다. 그 일 대부분이 사실 사소한 일이었지만, 나는 거기에서 벗어나지 못했다. 아직 답을 보내지 않은 이메일, 빨래들을 세탁기에서 건조기로 옮긴다는 걸 깜빡했던 일, 계속 미뤄온 대화, 계속 늘어나는 청구서 더미들. 어리석다. "작은" 일들이 왜 이리도 많은 걸까? 자그마한 짐들이 왜 이리도 무겁게 느껴지는 걸까?

이 작은 것들에 대해 염려했던 만큼이나, 이 작은 일들로 인해 더 큰 것이 드러나진 않을까—작은 일도 처리 못한 내 무력함이 더 신랄하게 드러나진 않을까—두려워하고 있었던 것은 아닌지 모르겠다. 나는 작은 일에 대해 걱정할 필요가 없었다. 왜냐하면 작은 일은 내가 충분히 처리할 수 있는 일이기 때문이다. 나는 제 시간 안에 메일 답장을 보낼 수 있을 것이다. 나는 밤에 잠을 잘 수 있을 것이다. **그런데 만약 내가 작은 일도 제대로 처리하지 못했다면, 과연 내가 제대로 할 수 있는 일은 무엇일까?** 작은 일을 제대로 하지 못했던 기억은 이 크고 넓은 세계에서 우리가 얼마나 무력한지를 되새겨준다. 작은 일들이 통제불능일 때, 애당초 이 작은 일들조차 우리의 통제 안에 있지 않았다는 것을 상기하게 된다.

그리고 이것은 무서운 것이다.

예수님께서는 이를 이해하고 계셨다. 예수님께서는 큰일보다 작은 일이 더 우리를 불안하게 할 수 있다는 것을 이해하고 계셨다.

그래서 갈릴리 사람들에게 염려에서 벗어나라고 부르실 때—그리고 우리를 부르실 때도—정말 일상적인 상황에서 마주하는 아주 평범한 염려들을 가지고 말씀하셨다.

예수님께서 그들을 확신시켜 주셨다. "목숨을 위하여 무엇을 먹을까 무엇을 마실까, 몸을 위하여 무엇을 입을까 염려하지 말라."[5]

정말로 인상적이다. 아마도 가장 위대한 설교인 산상설교의 중심부인 여기에서, 예수님은 우리의 일상적인 염려에 대해 말씀하신다. 도대체 그런 염려들이 무엇이기에. 그분은 우리가 먹을 것이나 입을 것으로 스트레스 받는 방식에 대해, 그리고 우리가 자신의 물질적인 몸에 집착하는 방식에 대해 이야기하신다. 그러면서도 그는 우리가 이런 것을 걱정한다고 힐난하지 않으신다. 우리가 다른 사람들에 비해 이런 것들을 얼마나 더 많이 가지고 있는지를 기억하고, 그저 감사하라고 말씀하지도 않으신다. 우리가 단지 더 능률을 높이거나 더 열심히 일해야 한다고 말씀하지도 않으신다. 그 대신, 우리의 염려가 실제로 무엇을 해줄 수 있는지 물으신다.

"너희 가운데 누가 걱정한다고 목숨을 한 시간인들 더 늘릴 수 있겠느냐? 또 너희는 어찌하여 옷 걱정을 하느냐?"[6]

먹을 양식 때문에 불안함을 느낀다고 해서 음식이 더 많아질까?

5   마태복음 6:25.

6   마태복음 6:27-28.

빨래에 대해 걱정한다고 해서 옷이 더 깨끗해질까? 밤에 누워서 잠 안자고 있다고 해서 애당초부터 내가 전혀 통제할 수 없었던 상황들이 조금이라도 바뀔까? 아니다. 어떤 염려도, 어떤 걱정도, 어떤 불면증도 무엇 하나 바꿔 놓지 못한다. 그리고 자신의 한계에 불현듯 직면하게 된다. 자기 삶에서 스스로 통제할 수 있는 부분이 얼마나 적은지를 불현듯 깨닫게 된다. 왜 포도나무에 붙어서 말라 죽어 가는 듯한 느낌이 드는지를—왜 자신이 너무 연약하고 시들하여 지속적인 열매를 맺을 수 없다고 느끼는지를 불현듯 이해하기 시작한다.

그러나 예수께서는 그렇게 놓아두시지 않는다. 그 대신, 우리의 시선이 자연세계, 즉 공중의 새와 들의 꽃을 향하게 하신다. "야생에 깃들어 있는 평안"에 들어가기 위해, 우리가 이미 알고 있던 것들로부터 배우라고 말씀하신다. 지금 우리가 바라보고 있는 현실 밖으로 나와서, 실제로 누가 우리를 돌보시는지를 기억하라고 요구하신다.

"들풀도 하나님이 이렇게 입히시거든…… 하물며 너희일까보냐, 믿음이 작은 자들아?"[7]

우리는 아마 존재를 구성하는 가장 기초적인 부분조차 다루지 못할 것이다. 그러나 그분은 그렇지 않다. 실제로 그분은 이미 새를 먹이시고, 꽃을 아름답게 입히고 계신다. 새와 꽃은 염려하지 않는다. 왜냐하면 자신들의 창조자께서 자신들을 돌보심을

[7]   마태복음 6:30.

알기 때문이다. 새와 꽃은 걱정하지 않는다. 이 세계를 운행하는 분이 계심을 알기 때문이다.

그래서 선홍빛 아네모네는 대전차총 포탑 옆에서도 춤을 출수 있었다. 아네모네는 이사야 선지자의 말이 진실임을 알았기 때문이다.

> 하늘을 창조하여 펼치시고
> 땅을 밟아 늘이시고
> 온갖 싹이 돋게 하신 하나님,
> 그 위에 사는 백성에게 호흡을 넣어주시고
> 땅에서 행하는 자에게 영을 주시는
> 하나님 여호와께서 말씀하신다.
> "나 여호와가 의를 이루려고 너를 불렀다.
> 내가 너의 손을 붙들어 주고,
> 너를 지켜 주어서"[8]

우리가 자기 자신의 존재를 책임질 수 있다고 믿을 때, 우리가 자기 자신을 돌볼 능력이 있다고 믿을 때, 우리가 얻는 것은 스트레스뿐이다. 우리는 우리의 과업을 감당할 수 없기 때문이다. 우리는 이것을 알고 있다. 자신의 한계와 맞서 싸우고 있는 순간에도 마음 깊숙한 곳에서는 자신의 한계를 알고 있다. 결연한

8   이사야 42:5-6.

마음으로 굳세게 나아가는 순간에도 자신의 무력함을 알고 있다. 그런데 어느 순간에는 세상이 너무 복잡다단하며 삶의 광대함이 자신을 압도할 만큼 위협적으로 다가온다. 그럴 때는 반드시 멈춰서야 한다. 그리고 갈릴리 바다가 내려다보이는 꽃이 만발한 언덕에서, 예수님께서 자신의 친구들과 자신을 따르는 자들에게 하신 말씀대로 행해야 한다. "너희는 먼저 하나님의 나라와 하나님의 의를 구하여라. 그리하면 이 모든 것을 너희에게 더하여 주실 것이다."

당신의 하늘 아버지께서는 당신이 필요한 것을 알고 계신다. 당신 마음의 어려움을 알고 계신다. 그리고 이러한 모든 것들이 당신의 한계를 넘어서는 것임을 당신보다 더 잘 알고 계신다. 그래서 당신이 반드시 해야 하는 일은 그분을 찾는 것이다. 뒷일은 그분께 맡겨 드리는 것이다. 이것이 당신이 반드시 해야 하는 모든 것이다.

개나리 Forsythia; *Oleaceae forsythia*

2
밭갈이

메리가 떨리는 목소리로 말했다. "제가, 제가 땅을 조금
가져도 될까요?" 그가 되받아 말했다. "땅? 무슨 말이니?"
"거기에 씨를 뿌리고, 자라게 해서, 살아나는 것을 보려고요."

— 프랜시스 H. 버넷Frances H. Burnett

　도시를 떠나 상점과 집들 대신 초원과 곳간이 이어지는 사랑
스런 길이 있다. 농촌의 능선이 오르락내리락 저 멀리 산들을
향해 끊임없이 나타난다. 이른 봄과 늦은 가을 안개가 자욱할
때는 달려오는 차나 흰 꼬리 사슴과 충돌하지 않으려고 계속
주의하면서, 이 길을 따라서 천천히, 외진 곳과 언덕 너머로
천천히 움직여야 한다. 눈보라가 몰아친 후에는 지나갈 수 있을지
없을지 모른다. 어쨌든 이 길을 쭉 따라가면 결국, 한쪽에는 졸졸
시냇물이 흐르고 다른 쪽에는 교회묘지가 있는 벽돌로 지어진
작은 교회에 도착할 것이다.

주일 아침에는 대개 이 작은벽돌교회Small Brick Church에서 나를 보게 될 것이다. 10시쯤이 되면 색도화지 위에 성막의 영광을 오려 붙이려고, 2피트 반 정도 되는 탁자 아래 쪼그리고 앉아 있는 나를 볼지도 모른다. 다른 교회에서는 이런 주일학교 프로 그램들을 그만두는 것이 유익하다고 생각할 수도 있지만, 작은 벽돌교회에 다니는 우리들은 성경공부와 만들기와 과자들이 아이들을 하나님께 인도하는 데 도움이 된다고 굳세게 믿고 있다.

그 결과가 곧바로 분명하게 드러나는 것은 아니다. 주일학교 선생님들은 부모처럼 멀리 봐야 한다. 우리는 순전한 열심으로, 성경공부를 준비하고 가르치려고 시간을 쏟는 것을 감내해야 하고, 주제를 완벽히 살려서 교보재를 만들어야 한다—그저 아이들이 깡그리 잊어버린 것을 다시 생각나게 하기 위해서다. 그런데 나는 이상한 점을 발견하였다. 아이들은 줄거리를 잊어버렸어도 손을 들고 질문에 대답한다. 아이들이 배운 것이 있다면, 그것은 "예수 님", "하나님", 아니면 "성경"이 늘 적법한 대답이라는 것이다.

그런 진부한 대답에 기대어 있는 것은 아이들만이 아니다. 어른들 역시 어떤 도전에 직면했을 때 비슷한 대답에 의존한다. 삶이 걷잡을 수 없을 때, 문제가 해결되지 않을 때, 그저 "예수님" 또는 "복음"이 답이라고 말하는 것은 쉽다. 사랑하는 사람이 일 자리를 잃어서 고투하고 있거나 지병을 앓고 있을 때, "모든 것이 합력하여 선을 이룰 거라네"라고 심플하게 말하는 것은 참 쉽다. 그리고 당신의 기운이 완전 소진되었을 때, 당신에게 가서 "하나님을 찾으세요"라고 말하는 것은 정말 쉬운 일이다.

그러나 이런 식의 대답은 나의 네 살, 다섯 살짜리 아이들에게
들을 수 있는 대답만큼이나 도움이 안 된다. 이런 답들이 틀렸다는
말이 아니다. 다만 충분한 대답이 아니라 애매모호한 답이라는
말이다. 만약 우리가 어떤 여성에게 "하나님을 찾으세요"라고
하면서, 그것이 어떤 것이며 어떻게 찾을 수 있는지는 설명하지
않은 채 그저 경솔하게 그 말만 툭 던진다면, 실제로는 스트레스
만 더 얹어주는 모양이 될 수 있다. 이제 그녀는 매일매일 해야
하는 일들에 치일 뿐만 아니라, "하나님을 찾는다"는 말이 무엇을
의미하는지까지 알아내야 한다. 그리고 이유가 무엇이 됐든, 쉼을
얻고자 노력했으나 자신이 기대했던 쉼을 경험하지 못했을 때,
그녀는 더 혼란스럽고 더 많은 짐을 지고 있다고 느낄 것이다.
아무래도 그녀는 최근에 어울리고 있는 사람들과 관계를 다질
시간을 찾지 못했을 뿐더러, 우주에서 가장 큰 존재를 찾지도
못한 것이다.

그렇다면 예수님을 신뢰하여 쉼을 얻는다는 것은 무엇을 의미
하는가? 우리를 불안과 스트레스로부터 자유롭게 하는 그의
나라는 어떻게 구하는 것인가? 그분은 우리가 전혀 예기치 못한
방법으로, 우리가 지고 있는 짐들로부터 우리를 자유롭게 하신다.
그분은 우리가 우리 자신을 더 적게 의지하고, 그분을 더욱 의지
하도록 우리를 부르심으로써 우리를 자유롭게 하신다. 그분은
우리를 겸손 가운데로 부르심으로써 우리를 자유롭게 하신다.

경작지 준비

"내가 먼저 땅을 갈기 시작하면, 거위들은 북쪽으로 날아간다."

— 딕 레이몬드Dick Raymond, 『텃밭을 가꾸는 기쁨』(Joy of Gardening)

예수님은 자신을 따르는 이들에게 염려에서 떠나라고 처음 권고하신 이후 몇 달 동안, 갈릴리의 더 넓은 지역에서 계속 가르치시며 기적을 행하셨다. 예수님께서는 열두 사도들에게 그물과 세금 탁자를 두고 자신을 따르라고 정식으로 부르셨다. 그리고 제자들이 가르치고 기적을 행하도록 보내셨다. 돈이나 배낭을 가져가지 말고, 허락을 구하지도 말라고 하셨다. 마침내 제자들이 돌아와서 예수님을 다시 만났는데, 그곳은 예수께서 염려 없이 살고 있는 새와 꽃을 생각해보라고 처음 말씀하셨던 곳 근처였다.

그리고 몇 달 전 그때처럼, 군중들에게 자신들을 짓누르는 것 stress을 버리라고 하시며 쉼을 약속하신다. "수고하고 무거운 짐 진 자들아, 다 내게로 오라." 그러나 이번에는 좀 더 힘주어 말씀하신다. 이번 초대는 한층 강렬하다. "나의 멍에를 메고 내게 배우라."[1] 예수께서는 군중들의 관심이 다시금 자연 세계로 향하게 하신다. 그러나 애씀이 없는 생물(꽃이나 새 같은)을 가리키는 대신, 이번에는 짐을 지고 가는 가축(멍에를 메고 가는 소)을 가리키신다.

농사일을 하지 않는 사람들도 농경사회에 살았기 때문에 이

---

1   마태복음 11:28-29.

비유를 이해했을 것이다. "멍에"라는 단어는 밭에 작물을 심으려고 소나 나귀로 밭을 가는 농부의 모습이 떠오르게 한다. 씨와 알뿌리가 땅속에 들어갈 수 있도록 농부는 땅을 경작해야 한다. 그렇지 않고 땅을 그대로 쓰면, 금세 잡초들이 제멋대로 자라나고 땅이 다져지고 굳어진다. 그리고 날씨가 변하면서 땅이 돌덩이처럼 딱딱해질 것이다. 부드러운 뿌리들과 새싹들을 위한 좋은 환경이 전혀 아니다.

그러나 쟁기질[2]을 하면 딱딱한 땅이 뒤엎어지고 회복되는 데 도움이 된다. 농부는 추수를 하고나서 다음 파종시기가 오기 전에, 작물의 잔여물이 분해될 수 있도록 쟁기질을 하여 토양을 비옥하게 만들 것이다. 이렇게 쟁기질을 하면 땅속에 있는 애벌레와 해충들이 밖으로 나와서 새들과 작은 동물들이 쉽게 먹이를 찾을 수 있는 효과도 있다. 그리고 몇 달이 지난 다음 파종시기가 시작될 때 다시 한 번 쟁기질을 하여 땅이 숨을 쉴 수 있게 하고, 딱딱한 흙덩이는 부수고, 영양소들이 골고루 흩어지게 한다. 그래서 새싹이 지표면을 밀고 올라올 때 새 뿌리가 깊이 뿌리내리기 알맞은 땅이 되게, 그리고 물이 잘 빠지는 땅이 되게 하는 것이 목표다.

오늘날 기술이 발전한 세계에서는 트랙터를 가지고 땅갈이를 한다. 우리 동네에서는 해럴드 돌턴 씨가 땅갈이를 해준다. 돌턴

---

[2]   나는 여기서 쟁기질(plowing)이란 말을 구체적인 땅갈이 용어들, 즉 흙을 뒤집고 (plowing), 잡초 뿌리를 자르고(disking), 땅을 섞고(tilling), 땅을 고르는(harrowing) 일들을 포괄하는 의미로 사용하였다. 이러한 용어들이 지시하는 의미는 땅을 가는 깊이, 부착하는 기구, 땅을 가는 목적에 따라 달라진다.

씨는 매년 봄가을마다 트랙터가 없는 사람들의 텃밭을 갈아준다. 그런데 돌턴 씨가 언제 올지를 늘 알고 있는 것은 아니다. 초등학교에서 우연히 만나서 도와주러 오는 경우도 있고, 이맘때 길에서 차가 교행하게 되면 서로 속도를 늦추어 차를 세운 다음 약속을 잡는 경우도 있다. 밭갈이할 때가 다가오면 그렇게 길에서 차를 보고 멈춘다. 그러나 마지막 뿌리채소를 수확한 다음 새와 다람쥐들이 먹이를 가져갈 시간을 충분히 주고 나서 땅이 얼기 전 어느 날, 부엌에서 창밖을 내다보면 돌턴 씨가 겨울 동안 땅을 재우려고 덮는 것을 본다. 그리고 몇 달 후, 개나리*Oleaceae forsythia*가 피어나서 봄이 오는 것을 알리며 땅이 녹아든 어느 아침, 돌턴 씨가 땅을 다시 깨우는 것을 본다.

고대 세계의 농부는 땅을 갈기 위해서 트랙터나 돌턴 씨 대신에, 자신의 쟁기와 나무 멍에 그리고 소에 의지하였다. 쟁기는 나무 끝에 쇠를 박아 만들었을 것이다. 그리고 목봉과 밧줄로 이루어진 멍에가 소와 쟁기자루를 이어준다. 소가 멍에를 당기면, 농부는 한 손으로 쟁기 끝의 쇠가 땅 속에 들어가도록 밀어 넣고, 다른 손으로는 막대기나 나뭇가지로 소를 몰았을 것이다. 농부들은 대개 비가 와서 땅이 부드러워지기를 기다렸다. 땅이 부드러워져도 쟁기질은 느릿느릿, 터벅터벅, 차분하게 하는 작업이다. 시인 마지 피어시Marge Piercy는 쟁기에 매인 소가 "진흙과 분뇨 속에서 앞으로 나아가기 위해 고생하는"[3] 우리와 닮았다고 묘사하였다.

---

3   Marge Piercy, "To be of use," in *Circles on the Water: Selected Poems of Marge*

그렇다면 예수께서는 왜 이미 짐을 짊어지고 있는 사람들이 새로운 짐 하나를 더 지고 가도록 부르셨을까? 그분은 왜 쟁기질이 쉼을 나타내기에 적절한 이미지라고 생각하셨을까?

내 멍에를 메라

"여호와께서 네게 요구하시는 것은
단지 정의를 행하는 것, 인자를 사랑하는 것,
그리고 겸손히 네 하나님과 함께 행하는 것이 아니냐?"
— 미가 6:8

예수님이 말씀하신 맥락을 읽어보면, 예수님께서 짐 하나를 더 지게 하려고 우리를 부르신 것이 아님을 깨달을 것이다. 그분은 우리의 무거운 짐을 가벼운 짐으로 맞바꿔 주시려고 부르셨다. 우리가 그분의 멍에를 지고 가도록 부르셨다. 왜냐하면 그분의 멍에는 지금 우리가 지고 가는 것보다 더 쉽고 더 가볍기 때문이다.

나는 마음이 온유하고 겸손하니, 나의 멍에를 메고 내게 배우라. 그리하면 너희 마음이 쉼을 얻을 것이다. 내 멍에는 쉽고 내 짐은 가볍기 때문이다.

Piercy (New York: Knopf, 1982), p. 106.

예수님의 초대를 전체적으로 이해하기 위해서는 사람들이 무엇으로 인해 고생하고 있는지를 또한 이해해야 한다. 사람들이 애초부터 "무거운 짐"을 지게 된 근원은 무엇이었을까? 사람들의 스트레스와 염려는 무엇 때문이었을까?

신학자들은 예수께서 우리가 진 무거운 짐에 대해 말씀하신 것이 이 구절뿐만이 아님을 주목한다. 누가복음과 마태복음 모두, 종교지도자들을 비난하시는 예수님에 대해 기록하고 있다. 종교지도자들이 인간이 만든 율법과 위선적인 판단으로 사람들의 짐을 무겁게 하였기 때문이다.

> 너희 율법교사들에게도 화가 있을 것이다! 너희는 사람들에게
> 지기 어려운 짐을 지우면서도, 너희는 스스로 손가락 하나도
> 그 짐에 대려고 하지 않는다.[4]

> 서기관들과 바리새인들이 모세의 자리에 앉았으니 (…) 그들은
> 말만 하고, 행하지는 않는다. 그들은 무거운 짐을 꾸려 남의
> 어깨에 메워주고, 자기들은 손가락 하나 까딱하려 하지 않는다.[5]

스트레스를 가져다줄 수 있는 원인 하나는 우리가 매정하고 부조리한 주인에게 복종하게 되었다는 사실에 있다.[6] 어떤 사람들은

---

4   누가복음 11:46.
5   마태복음 23:2-4.

남성과 여성이라는 쟁기에 묶여 있어서 자기 자신의 이익을 위해 영적 감수성을 적절히 오남용하고 있다. 이런 유類의 주인들은 예수님처럼 온유하지도 겸손하지도 않다. 이런 주인들은 자신들 스스로도 따르지 않는, 사람이 만든 규칙과 엄격한 판단에 전문화되어 있다. 그래서 선함과 아름다움으로부터 동기를 부여받는 대신, 두려움, 형벌의 위협, 조작된 것에 이끌리어 행동한다. 우리는 흠잡을 데 없이 완벽한 삶을 영위해야 할 것 같은 압박을 느끼기에, 판단받을 만한 어긋난 행동을 해서는 안 된다. 우리는 결국 늘 자신의 성과를 평가하고, 늘 어깨너머로 누군가의 시선을 의식하며, 판단받는 것이 두려워서 늘 방어 기제를 보이는 그런 패턴에 사로잡힌다.

반면에 예수님은 자신이 다정하고 온유한 주인이라고 약속해 주신다. 자신의 멍에가 쉽고 자신의 짐이 가볍다고 약속하신다. 요한복음 3장에서 예수님은 당시 종교지도자였던 니고데모에게 자신은 세상을 심판하러 온 것이 아니라 세상을 구원하러 오셨다[7]

---

6   복종(submission)을 겸손으로 혼동하기 쉽다. 성경은 모든 그리스도인들이 어떤 특정한 관계에 있는 타인에게 복종하라고 가르치고 있지만(예를 들어, 시민들은 통치자들에게 복종할 것), 단순히 복종한다고 해서 반드시 우리가 올바른 사람인 것도 아니며, 겸손한 사람인 것도 아니다. 하나님이 권세의 궁극적인 근원이시기 때문에, 우리는 "주님과 관련해서만" 타인에게 복종한다. 어떤 권세가 기독교의 가르침에 반하는 행위를 명령한다면, 그러한 복종을 거부하는 것이 올바른 의무일 것이다. 교회 안에서든, 가정에서든, 보다 광범위한 사회에서든, 단순히 규칙을 따라 행동하는 것은 죄악된 행동으로부터 전혀 우리를 지켜주지 않는다.

7   예수님이 니고데모에게 그를 심판하러 오신 것이 아니라고 하신 말씀의 중요성을 놓쳐서는 안 된다. 니고데모는 하나님의 인정이 자신의 행위에 달려있다고 가르쳤던 사람이며, 자신이 일거수일투족으로 평가받는 체계에 사로잡힌 사람이다. 니고데모가 "밤에" 예수님을 찾아왔다는 성경의 기록은 표면상으로 자기 동료들의 감시를 피하기 위한 것으로 이해된다. 그러나 판단(condemnation)에 전문적인 바리새인들과는 달리, 예수님은 니고데모에게 자신은 판단으로부터 구해내고자 오셨다고 말씀하신다. 예수님은 "하나님께서 아들을 세상에 보내신 것은, 세상을 심판하시려는(condemn) 것이 아니라, 아들을 통하여 세상을 구원하시려는 것이다"라고 니고데모에게 보증하셨다(요 3:17).

고 말씀하신다. 그리고 바울은 갈라디아에 있는 초대교회들에 보낸 자신의 편지에서, "그리스도께서 우리를 해방시켜 주셔서 자유를 누리게 하셨습니다. (…) 다시는 종의 **멍에**를 메지 마십시오"[8]라고 되짚어 주고 있다. 권력과 개인의 영광을 추구하였던 많은 종교지도자들과는 달리, 예수님께서는 우리에게 자유와 쉼을 가져다주시려고 오셨다.

하지만 이 쉼에는 조건이 있다. 우리는 반드시 그분께로 와야 한다. 반드시 그분의 멍에를 메야 한다. 그리고 반드시 그분을 배워야 한다. 그런데 여기에 어려움이 있다. 우리의 염려와 스트레스의 진정한 원천이 여기에 있다. 우리의 불행의 뿌리는 이것 —예수께서 주시는 쉼은 우리가 자신을 겸손히 낮추고 예수님께 복종할 때에만 온다는 점—에 있다.

이것이 예수님께서 멍에라는 이미지를 사용하신 이유이다. 멍에는 권위의 상징이다. 예수께서는 자신의 멍에를 메도록 우리를 부르심으로써, 예수님을 우리의 진정한 주인으로 여기며 복종하도록 부르시고 계신 것이다. 그러나 이것은 그분을 배울 때에만—그분이 겸손하신 것같이 우리도 겸손할 때에만 가능하다. 아이러니하게도, 사람들이 무거운 짐을 힘겹게 지고 있는 이유, 즉 쉼이 없는 이유는 단지 다른 사람들의 기대가 짓누르는 무게 때문만이 아니다. 그것은 자기 자신의 능력으로 그러한 기대에 부응해야 한다는 자신들의 신념 때문이며, 이는 짐을

8   갈라디아서 5:1.

자기 혼자 짊어질 수 있다는 믿음으로 이어진다. 그것은 교만과 자기 의존self-reliance에 지나지 않는다. 이 같은 교만과 자기 의존 역시 우리가 참된 쉼을 경험하지 못하게 하는 요소이다.

메시야 콤플렉스

스스로 지혜롭다고 여기지 말고, 주님을 경외하라. (…)
이것이 네 몸에 약이 되어 네 뼈의 기운이 회복될 것이다.

— 잠언 3:7-8

내가 내 삶의 스트레스에 대해 생각할 때, 처음부터 교만과 연결하여 생각하지는 않았다. 나에게 "교만"이란 말은 건방지고, 자아도취적이며, 큰소리치며 으스대는 이미지가 떠오르는 단어였다. 유명세를 얻길 바라고 특별대우를 기대하며 거만하게 활보하는 인기 연예인, 차기 승진을 위해서라면 무엇이든 가리지 않는 고압적인 여왕벌,* 자신의 권력과 명망을 위해서 성도들에게 반갑게 인사하는 번드르르한 목사가 떠오르는 말이었지, 나에게 해당하는 말은 아니었다. 나는 선한 일을 하느라 바쁜 사람이었다. 나는 세상을 변화시키고자 노력하고 있었다.

그렇다 하더라도 나에게 평안이 없다는 사실만은 부인할 수

●   여성 리더가 다른 여성 직원을 억압하여 권위를 독점하려는 사람을 빗대는 표현이다.

없었다. 내 영혼은 불안했고, 내 마음엔 쉼이 없었으며, 내 감정은 과민한 상태였다. 그래서 "수고하고 무거운 짐 진 자들아, 다 내게로 오라"는 말씀을 읽었을 때, 나는 그 말씀에 바로 공감하였다. 그러나 "나는 마음이 온유하고 겸손하니, 나의 멍에를 메고 내게 배우라"는 말씀을 읽었을 때, 나는 이 말씀을 거의 이해하지 못했다. 나는 내 증상에 대해서는 인정했지만, 내가 뒤따르는 처방에도 동의하고 있는 건지 확신이 서지 않았다. 하지만 내가 선한 일로 바쁘다고 해서 교만에 대한 면역력이 생기는 것은 아니었다. 어떤 경우든, "예수님을 위한 일"로 바쁜 사람들은 우리가 교만과 싸우고 있음을 가장 쉽게 놓칠 수 있다. 왜냐하면 교만은 선한 의도 뒤에 자신을 감출 수 있기 때문이다. 그리고 우리는 게다가 그러한 자기 신뢰에 대해 너그러이 넘어가 주기도 하고, 실제로는 부추기기까지 하는 상황 가운데 존재하기 때문에 교만을 놓칠 수 있다.

앤-마리 슬로터Anne-Marie Slaughter는 자신의 책 『슈퍼우먼은 없다』에서, 스트레스로 인해 자신이 겪은 위기와 어떻게 자기 주변의 문화가 그녀에게 "모든 일"을 할 수 있다고(그리고 해야 한다고) 수긍시키는지에 대해 나눈다. 슬로터는 전에 프린스턴 대학교의 학장이었고 뉴 아메리카 두뇌집단의 CEO였다. 그런데 그녀는 직업적 성취를 위한 자신의 몸부림을 놀랄 만큼 솔직하게 드러낸다. 그녀의 위기는 미국 국무부에서 국제 외교에 대한 일을 잘 해내면서 동시에 아내이자 엄마로서 초능력을 발휘하듯 가정을 돌보는 동안 찾아왔다.

그녀는 이렇게 썼다. "나는 여성들이 '모든 것'을 해낼 수 있다고 늘 믿어왔고, 나에게 배우고 멘토 받은 여성들에게도 그렇게 말하며, 여성들이 충분히 노력해야 한다고 하였다."[9]

자기 자신의 능력에 대한 신뢰가 매일매일 슬로터의 선택을 이끌어갔다. 그저 그녀가 충분히 열심히 일한다면, 그저 공정한 조직 체계에서 일한다면, 그저 주변 사람들로부터 충분히 지지받는다면, 그녀에게 가능한 일이었다. 그러나 슬로터는 고백하기를, 이것은 곧 일정을 빡빡하게 유지해야 하고, 가족과 떨어져 있는 시간을 보내야 하며, 정기적으로 수면부족을 겪는다는 의미였다. 그녀는 이러한 삶이 자신에게 남기고 간 것을 이렇게 적고 있다.

> 성마르고, 계속되는 흐릿한 느낌 (⋯) 내 일정은 대개 아이의 귓병이 일주일치 선약을 도미노처럼 날려버릴 수 있을 정도로 아주 세밀하게 짜였고 (⋯) 가장 체계적이고 가장 능숙하게 여러 일을 동시에 하는 사람은 자신의 한계에 도달할 수 있다.[10]

슬로터는 자신의 한계에 직면하고 있었고, 그래서 결국 그녀는 국무부 자리를 사임하고 일정을 축소하였다. 그러나 슬로터는 자신이 뒤로 물러서는 결정을 실패로 보지는 않았다. 대신 그녀는

9　Anne-Marie Slaughter, *Unfinished Business: Women, Men, Work, Family* (New York: Random House, 2015), p. xvii. 『슈퍼우먼은 없다 : 일, 가정, 여성 그리고 남성』(김진역 옮김, 새잎, 2017).

10　위의 책, pp. 20, 68.

그것을 일에 대한 비인간적이고 비현실적인 기대를 가지고 있는 문화 전반의 증상으로 보았다.

그러나 이렇게 보통 사람의 한계 이상으로 밀치고 나갈 때 존경을 표하며, 확신을 자기 자신 안에 두도록 부추기는 것은 시장marketplace만이 아니다. 가정에서도 그런 상황이 발생한다. 좋은 결혼생활만으로는 더 이상 충분하지 않다. 최고의 배우자를 만나야만 한다. 아이들을 먹이고 입히며 위험으로부터 보호하는 것만으로는 더 이상 충분하지 않다. 유행에 뒤처지지 않아야 한다 (형편이 된다면 빈티지 원단의 수제 옷이나 유기농 울로 뜨개질한 옷을 입혀야 한다). 가공되지 않은 재료를 사서 음식을 만들어야 한다(그것도 당연히 현지 생산물로). 네 살 때까지는 글을 읽을 수 있도록 가르쳐야 한다. 화 있을진저, 모유를 먹일지 분유를 먹일지, 예방접종을 할지 안 할지, 공립유치원에 보낼지 사립유치원에 보낼지 잘 선택하지 못한 자들이여. 자녀들의 미래는 당신의 선택에 달려 있으며, 당신이 잘못된 선택을 했을 때 아무도 책임져 주지 않는다. 이것이 우리가 살고 있는 환경이다.

"성공"이 우리의 손 안에 있다는 믿음은 우리의 교회들에도 침투하였다. 당신이 충분한 노력을 기울였을 때에만, 당신에게 충분한 열정이 있을 때에만, "하나님을 위한 훌륭한 일"을 할 수 있다는 말을 듣는다. 처음에는 이런 메시지가 고무적일 것이다. 하나님께서 주신 선한 일을 하고자하는 갈망에 다가서는 듯할 것이다. 그래서 당신은 구부러진 도롯가에 있는 작은벽돌교회에서 부지런히 봉사하면서 "인생의 가치를 올리려고" 계속 박차를 가할 것이다. 그러나 결국 자리를 가득 메운 큰 집회에서 유명 인사와 대형교회 목사가 무대 중앙을 차지하고 있는 것을 보게 될 뿐이다. 그리고 세상을 바꾸는 것이—그리고 아무것도 변하지 않고 그대로인 것을 보는 것이—불현듯 자기 어깨를 내리누르는 듯한 세상의 무게로 다가올 것이다.

이 지점에서 우리는 교만과 스트레스의 관계를 보게 된다. 교만은 우리가 실제 지닌 것보다 더 강하고 더 능력 있다고 믿게 만든다. 교만은 우리가 해야 하는 것 이상을, 우리가 할 수 있는 것 이상을 해야 한다고 생각하게 만든다. 그리고 막상 그렇게 하려고 하면, "버터 하나로 너무 많은 빵을 발라 먹는 것처럼 (…) 힘없이 여기저기 늘어져 있는 듯한"[11] 느낌이 드는 자기 자신을 발견한다. 그리고 우리가 되고자 하는 모습과 실제 모습이 다르다는 단순한 이유로, 우리는 육체적으로, 정서적으로, 영적으로 무너지기 시작한다.

예수님의 말씀을 피해갈 수가 없다. "수고하고 무거운 짐 진 자들아, 다 내게로 오라. 내가 너희를 쉬게 하리라. 나는 마음이 온유하고 겸손하니, 나의 멍에를 메고 내게 배우라. 그리하면 너희 마음이 쉼을 얻으리니."[12]

11   J. R. R. Tolkien, *The Fellowship of the Ring* (New York: Del Rey, 1986), p. 34. 『반지의 제왕 1 : 반지원정대』(김번·김보원·이미애 옮김, 씨앗을뿌리는사람, 2007).

12   마태복음 11:28-29.

당신이 주님께서 주시는 안식을 경험하고 있지 않다면, 짓눌려 있으며 기분이 나쁘고 화가 난다면, 정말로 그분의 멍에를 메고 있는지 스스로에게 물어보아야 한다. 자신이 무거운 짐을 지고 있다고 느낀다면, 과연 자신이 생각하는 것만큼 그분께 겸손히 복종하고 있는지를 질문해야 한다. 아마 종교적인 형식이라는 멍에는 벗어버렸는지도 모른다. 더 선한 일을 하고 있는지도 모른다. 그럼에도 여전히 자신의 힘과 방향을 따라 쟁기질을 하고 있을 수도 있다. 전적으로 가능한 일이다. 예수님을 자신의 메시야로 받아들이는 대신에, 스스로 자신의 메시야가 되는 것도 전적으로 가능한 일이다.

문자 그대로 자기 자신의 한계를 초월하여 사는 것도 전적으로 가능하다.

그렇다면 어떻게 알 수 있는가? 자기 스스로 너무 많은 책임을 떠맡고 있는 건 아닌지, 그래서 "메시야 콤플렉스"로 힘들어 하는 건 아닌지를 알려주는 신호는 무엇인가?

- 자기 주변의 모든 사람과 모든 것을 구해내야 한다는 사명을 가지고 있는가? 모두 필요해 보이는 일이기 때문에, 어떤 문제에 집중해야 하는지 혼란스러운가?
- "누군가는 해야만 하는 일"이기 때문에 새로운 책임을 금세 떠맡게 되지만, 애초에 내가 이걸 왜 맡았을까 하는 느낌에 빠져서 결국 후회하게 되는가?

- 자신의 진가를 알아봐주지 못한다는 느낌을 받으며 쉽게 자기연민에 빠지는가?
- 사람들이 일을 게을리했을 때, 쉽게 짜증을 내거나 혹은 힘들게 마음을 삭혀야 하는가? 친구들이나 가족이 나의 기대에 미치지 못하는가?
- 일을 열심히 해도 충분함을 느끼지는 못하는가?
- 폭식이나 음주, 소셜 미디어나 약물을 통해 매일의 압박감을 피하고자 하는 유혹을 받는가?
- 정기적으로 그리고 지속적으로 평안이 없음을 느끼는가?

위 질문들은 몇몇 예시일 뿐이며, 문제의 원인을 밝히려는 목적도 부끄러움이 들게 하려는 의도도 없다. 이 질문들은 불편할 수도 있지만, 단순히 자기 자신에게 정직해질 수 있는 기회이다. 우리가 자연스러운 인간의 한계들을 등한시할 때, 우리는 스스로 하나님의 자리에 앉게 된다. 우리의 목소리와 우리의 일이 본질적인 것이며 존중받아야 하는 것이라고 주장할 때, 우리는 스스로 하나님의 자리에 앉게 된다. 충분한 노력이나 충분한 조직 또는 헌신으로 일그러진broken 것을 고칠 수 있다고 믿을 때, 우리는 스스로 하나님의 자리에 앉게 된다. 우리가 하려고 할 때, 우리는 스트레스와 불안과 염려를 거두게 된다. 주님의 멍에에 복종하지 않고, 오히려 멍에를 망가뜨리고 제멋대로 가다가 결국 우리가 경작하려고 했던 그 땅을 밟아 뭉개게 된다.

겸손한 가축들

여우가 말했다. "사람들은 이 진리를 잊고 있어. 하지만 넌 이 진리를 잊어서는 안 돼. 네가 길들인 것에 대해서는 영원히 책임지게 되는 거야."

– 앙투안 드 생텍쥐페리Antoine de Saint-Exupéry

상점과 주택가가 있는 곳을 나와서 목초지와 헛간들이 그 자리를 대신하는 곳에 이르면 작은벽돌교회가 있다. 그 옆에는 개울이 들판을 관통하여 흐르고 있다. 나무 울타리들이 교회와 들판의 경계를 형성하고, 울타리 너머로 소들이 풀을 뜯는다. 소들은 가끔 고개를 들고 교구민들이 주일 예배에 오가는 모습을 보지만, 이내 다시 고개를 내리고 풀을 뜯는다. 풀을 한입 가득 물고 턱을 움직이며 풀을 씹는다. 여름이 되고 해가 중천에 뜨면, 소들은 표류하다가 떡갈밤나무chestnut oaks 그늘 아래, 개울이 불어 생긴 웅덩이 이른다. 거기서 무릎 정도 깊이의 흙탕물에 서서, 꼬리를 앞뒤로 터덜터덜 휘두른다. 이따금 한 마리씩 낮고 부드러운 목소리로 '음매'하고 울지만, 거의 대부분은 조용히 맘 편히 있다. 소들은 평화롭다.

예수께서 우리에게 자신의 멍에를 메라고 부르실 때, 자신에게 복종함으로써 쉼을 찾으라고 초대하실 때, 주님은 권력이나 자존심을 향한 왜곡된 요구를 만족시켜 주시지 않는다. 그분은 우리를 안전함 가운데로 부르신다. 안전은 그분께 속해 있음으로부터 온다. 안전은 그분께 길들여짐으로부터 온다.

예레미야서에서, 선지자는 예루살렘의 백성들을 "멍에를 부러 뜨리고 결박을 끊은" 소로 묘사한다.[13] 그들은 친절한 주인의 돌보심과 교정矯正 아래로 들어가기를 거부하고, 그 대신 제멋 대로 어그러진 길로 가고 있었다. 그러나 어그러진 길에는 위험이 도사리고 있다. 예레미야는 기록하기를 "그러므로 사자가 숲 속 에서 나와서 그들을 물어뜯을 것이다. 사막의 늑대가 그들을 찢어 죽일 것이다." 자기 주인의 멍에에서 벗어남으로써, 그들은 앞을 내다볼 수 없는 그들 주변의 야생 세계의 먹이가 되었다.

우리가 멍에를 두려워하는 것은 이해할 만하다. 우리는 자신의 통제 아래 있지 않은 것을 두려워한다. 우리는 항복하기를 두려워 한다. 그러나 선한 주인의 보호가 없다면 안전하지 않다는 것 또한 이해해야만 한다. 다른 주인의 교묘한 조종으로부터, 사회의 기대로부터, 우리 자신으로부터 안전하지 않다.

그래서 우리는 예수님의 부르심에 응해야만 한다. 우리는 그분 께 나아와야만 한다. 그분께 나아와서 그분의 온유함과 겸손함을 배워야 한다. 그분께 길들여지기 위해 그분께 나아와야만 한다.

그리고 그렇게 할 때, 주님은 우리가 영혼의 쉼을 찾게 될 것 이라고 약속하셨다.

13　예레미야 5:5-6. 또한 다니엘 4장의 느부갓네살의 교만에 대한 이야기도 보라.

무스카딘(미국 포도의 일종) Wild grape; *Vitis rotundifolia*

3

뿌리로 돌아가기

"농업, 에덴에서 우리 첫 조상들의 일, 우리가 좇을 수 있는
최고의 행복"
　　　　　　　　　　— 토머스 제퍼슨Thomas Jefferson

　중심가에서 약간 떨어진 곳에 있는 닷츠Dot's 미용실에 80대의
마른 남자가 들어오면서 문 위에 있는 종이 딸랑딸랑 울렸다. 닷은
20년 가까이 자기 소유의 가게가 없었다. 상가 주인이 새로 바뀌
었는데, 그 주인은 가게 이름을 바꾸지 않았다. 고객 기반을 흔들
만큼 가치가 있지 않다고 생각했기 때문이다. 새로운 주인이 나타
났지만, 사실 거의 변화가 없었으며 솔직히 필요하지도 않았다.
얼룩덜룩한 리놀륨 바닥은 여전히 쓸 만했고, 미용실 의자에 있는
드라이기도 잘 작동하고 있었으며, 네모난 빌딩도 보수가 필요한
곳이 별로 없었다. 새롭게 고쳐야 할 부분도 분명 있었고 간혹
두 번째 의자를 다른 미용사에게 빌려주기도 했지만, 대부분은
단골손님들과 마찬가지로 그저 오래되었을 뿐이었다.

"제퍼슨씨 여기 앉아유." 미용사가 독특한 산악지방 억양으로 말했다. "이 카트만 끝내고 갈께유." 그녀는 내가 앉은 곳을 애매하게 가리켰다. 나는 세면대 옆에 있는 유압식 높이조절 의자에 앉아서, 열대지방 느낌의 미용가운을 걸치고 있었다. 젖은 머리가 머리 꼭대기에 핀으로 고정되어 있었는데, 닭 벼슬 모양으로 끝이 벌어져 있었다. "이 분이 새로 오신 목사님 아내 분이시구먼유."

남자가 고개를 끄덕이면서 말했다. "서두를 거 없슈. 기다리면 되니께."

그 남자는 발을 질질 끌며 의자에 다가가서는 초록색 비닐이 있는 자리에 사뿐히 앉았다. 의자에 앉자마자 모자를 벗고, 자신의 하얗고 긴 머리를 뒤로 부드럽게 넘겼다.

"지 애가 심부름 가야해서, 지를 좀 일찍 엿다 내려줬어유." 이것은 그의 아이들이 어떤지, 그가 어떻게 건강을 유지하고 있는지를 물어봐 달라는 신호였다. 그리고 그의 대답은 좋아서 더 바랄게 없다는 것이었다. 이발 가위가 움직이고 머리 위에 파마용 열기구가 윙윙 소리를 내는 사이, 결국 대화는 내가 어디에서 왔는지 그리고 우리 가족은 어떤 사람인지에 대한 쪽으로 흘러갔다. 그리고 난 그에 대한 답례로 그의 가족에 대해 묻고 있었다.

"당신은 토머스 제퍼슨과 친척이쥬, 그쥬?" 미용사가 내 머리 모양이 괜찮은지 살펴보려고 허리를 살짝 구부리며 대화에 끼어들었다. 그녀는 내 머리 가닥 두 개를 당기며 길이를 비교해보더니, 만족스럽지 않았는지 다시 가위질을 했다.

"사람들이 그렇게 얘기하더라구유." 그 남자가 대답했다. "초등학교에 가기 전까지는 지도 몰랐쥬. 아마 일곱 살이나 여덟 살 께 되었을 것인디, 책상에 앉아 있는디, 선상님이 역사를 가르치시면서 갑자기 나를 갈키더니 '프랭크는 제퍼슨의 친척이여'라고 말씀허셨쥬."

그는 조용히 웃으며 말했다. "지도 다른 친구들처럼 놀랐드랬쥬."

기쁨의 정원

프랭크 제퍼슨 씨의 친척인 토머스 제퍼슨은 버지니아에 있는 앨버말 카운티에서 태어났다. 우리가 앉아 있는 닷츠 미용실에서 두 시간 거리 정도 동북쪽에 위치한 곳이다. 서쪽 산들은 구불구불한 언덕으로 낮아지면서 피에몬트로 알려진 지역을 형성하고 있다. 1700년대 초 유럽인들이 이곳 지역으로 이주하기 시작했을 때, 그들은 점차 복잡해지는 연안 도시들을 피하여 농경지를 찾으려고 이곳까지 온 것이었다. 첫 이주자 중 한 사람은 피터 제퍼슨이란 이름을 가진 사람으로, 농장주이자 측량 기사였으며, 토머스의 아버지였다.

대부분의 사람들은 토머스 제퍼슨을 문필가이자, 독립선언서 및 (미국 권리장전의 선구적인 역할을 한) 버지니아 종교 자유법과 같은 역사적인 문서의 작성자로 알고 있다. 그러나 제퍼슨은 내심 자신의 아버지와 같은 자연주의자였다. 그에게는 샬로츠빌 바로 밖에 있는 육백만 평 규모의 농장을 계획하여 경작할 때보다 행복한 적이 없었다.[1]

몬티첼로 땅에 대한 제퍼슨의 비전은 일찍이 시작되었으며, 스물다섯 살이 되었을 때 이미 집 안채를 건축하기 위해 땅을 다지기 시작했다. 제퍼슨은 그가 받은 고전 교육을 토대로 건축학과 조경설계와 식물학을 통합하여 아름답고 근면한 공간을 창출해 냈다. 푸른 잔디, 풍성한 과수, 밝고 화사한 꽃밭, 비옥한 텃밭은 낡은 흙길들로 연결되어 경계선이 없이 부드럽게 이어졌다. 그는 전쟁, 외교 임무, 심지어 미연방 3대 대통령이라는 직무를 맡았음에도, 자신의 에덴동산을 그리워하여 이를 가꾸는 일에 남은 58년의 생애를 사용하려 했을 것이다.

일부 농민들은 담배와 같이 몇 종류 안 되는 시장성 있는 작물을 재배하였지만, 제퍼슨은 새로운 세계에서 가장 잘 자라는 것이 어떤 품종인지 알고자 다양한 작물을 실험하고 시도하였다. 제퍼슨은 "어느 나라에서든 이바지할 수 있는 최고의 봉사는 그 문화에서 잘 자랄 수 있는 식물의 종류를 더해주는 것"[2]이라고

---

1   내가 경작이란 단어를 사용하면서 몬티첼로(제퍼슨이 직접 설계한 사저—역주) 공동체의 대다수를 차지하는 아프리카계 미국인들의 독창성과 근면성을 고려하지 않은 부주의함을 보였는지도 모른다. 제퍼슨은 경작의 배후에 있는 농장주였겠지만, "우리는 정말로 경작하는 사람이 누군지 알고 있지"라는 뮤지컬 <해밀턴>을 인용하고자 한다.

2   Barbara B. Oberg and J. Jefferson Looney, eds., *The Papers of Thomas Jefferson Digital Edition* (Charlottesville: University of Virginia Press Rotunda, 2008), http://rotunda.upress.virginia.edu/founders/TSJN-01-32-02-0080.

믿었다. 그래서 그는 자신의 생애 동안 셀 수 없이 많은 관상 식물들을 비롯하여 오백 종류가 넘는 과일과 채소를 재배하였다. 유럽대륙에서 가져온 씨앗들과 접붙임용 가지들은 루이스와 클락이 서부에서 가져와서 새로 발견한 다양한 품종들과 이웃하게 되었다.

제퍼슨이 몬티첼로에서 한 일은 어떤 의미에서는 아메리카 실험the American experiment에 관한 자신의 신념을 표현한 것이었다. 아메리카 실험은 자연에 대한 그의 사랑에 맞먹는 것이었다. 미 대륙은 용감하고도 새로운 세상이었다. 기후 등에 대한 체계적인 기록이 별로 없었고, 작물재배를 컨설팅해 줄 농촌지도소도 없었다. 그가 기록한 모든 온도 추이, 그가 심은 묘목, 그의 식탁을 장식한 모든 새로운 품종은, 원예와 미식의 즐거움에 있어서 미국이 유럽과 경쟁할 수 있음을 증명하는 기회였다.

그러나 제퍼슨이 많은 성취를 이뤘음에도 경작에 성공하지 못한 것이 있었는데, 바로 포도원이다.

제퍼슨은 프랑스 외교관으로 근무하는 동안 유럽의 와인 맛을 알게 되었다. 그는 라인강, 모젤강, 샹파뉴 계곡의 포도농장들을 견학하였고, 결국 고향에 돌아와서 몬티첼로 와인(그가 사랑한 버지니아의 향과 감성을 담으려고 했던 와인)을 만들기로 결심하였다. 그러나 그의 경작 기록을 보면 일이 순조롭게 진행되지 않았음을 한 눈에 알 수 있다. 제퍼슨은 이십여 종이나 되는 포도종을 토착시키려고 시도했지만, 하나도 성공하지 못하였다. 미국 동부지역에서는 여러 다양한 포도종들이 잘 자랐기 때문에, 아마도 제퍼슨은 자신의 반복된 실패에 당황하였을 것이다. 제퍼슨이 원했던 품질의 와인에 적합한 종은 아니었지만, 토종 머루포도Vitis labrusca와 무스카틴Vitis rotundifolia의 일종인 스커퍼농 포도scuppernong는 풍성하게 자랐다. 하지만 그가 유럽 포도를 재배하려고 시도하면, 아니나 다를까 유럽 품종들은 시들어 죽어 버렸다.

시간이 흘러 과학자들은 그 이유를 규명했다. 바로 포도 뿌리에 기생하는 진딧물인 필록세라phylloxera때문이었다.

신대륙 토양의 깊숙한 곳에는 포도덩굴 뿌리를 먹고 사는 보일 듯 말 듯 한 작은 벌레가 있는데, 바로 필록세라이다. 필록세라는 뿌리를 먹으면서 포도의 뿌리조직을 손상시키는 독소를 내뿜는데, 이 독소는 토양으로부터 물과 양분을 흡수하지 못하게 방해한다. 뿌리에 해를 입힘으로써 곰팡이 번식과 세균 감염에도 노출 시킨다. 반면에 북미의 토종 포도는 필록세라 독소에 대한 저항력을 타고났다. 그래서 제퍼슨은 왜 유럽 포도만 계속 자라나질 못했는지 알 길이 없었다. 그는 자신이 사랑한 몬티첼로의 토양 (다른 많은 작물들은 매우 잘 자라날 수 있었던 토양)에 해충이 들끓는다는 것을 알지 못했다.

뿌리 문제

"누군가 겸손을 배우고자 할 때 내가 말해 줄 수 있는 것은
내가 생각하는 겸손의 첫걸음이다. 그 첫걸음은 자신이 교만하다는
사실을 깨닫는 일이다." — 씨 에스 루이스C. S. Lewis

제퍼슨이 포도밭을 일구고자cultivate 분투한 것은, 우리가 겸손함을 기르고자cultivate 분투하는 것과 여러 면에서 유사하다. 아마도 우리 대부분은 자신이 더 "겸손해져야 한다"는 데에 동의할 것이다. 우리는 겸손함을 고결한 미덕으로 본다. 우리는 쉼을 누림에 있어 겸손함이 필수적이라고 확신할 수도 있다. 교만은 우리가 지닌 한계를 초월하여 살도록 유혹하기 때문에, 겸손이 없다면 우리는 불안해하고, 염려하며, 실망하기를 그치지 않을 것이다. 그러나 우리는 매일의 선택이 얼마만큼 교만으로 감염되었는지 그 규모를 이해하기까지는 결코 평안을 누릴 수 없다.

교만이 뻗쳐 있는 규모를 가장 잘 보여주는 명백한 예 중 하나는 "겸손해지려는 시도"조차도 얼마나 빨리 교만에 물드는가 하는 점이다. 어떤 이유로든 겸손해지려고 "노력"하는 사람과 마주하면, 거의 곧바로 그러한 점을 알아챌 수 있을 것이다. 무엇 때문인지 그 이유를 명확하게 규명해내지 못한다 하더라도, 그 사람의 실상이 겸손하지 않다는 것만은 느낄 수 있다. 사실 거짓 공손modesty이 우리 문화에 너무 널리 퍼져있어서, 이를 지칭하기 위한 말까지

있는 지경이다. 바로 겸손한 자랑질humble brag.

겸손한 자랑질은, "겸손한"이나 "감사해하는"과 같이 믿을 만한 단어들을 쓰기 때문에 처음에는 겸손하게 들리지만, 결국 그 표현을 쓴 사람 자체에 다시 주목하게 만든다.

- "저의 목회를 신뢰해 주시니 정말 감사합니다."
  (번역: "난 중요한 자리에 있고, 사람들은 내 말을 듣는다!")
- "저의 예술이 이렇게 많은 분들께 은혜를 끼치는 걸 보니 정말 겸허해 집니다."
  (번역: "얼마나 많은 사람들이 내 책을 읽는지, 내 공연을 보러 오는지, 내 강연을 들으러 오는지 봐라!")
- "어떻게 내가 이렇게 성실하고, 매력적인데다가, 배려심까지 깊은 남자를 만나게 됐을까? 왜 그런지 모르겠지만, 이 남자는 나를 사랑하고, 여왕처럼 대해 준답니다."
  (번역: "이렇게나 멋진 남자가 나를 사랑하니까, 나 또한 틀림없이 매력적인 여자라는 거야.")
- "우리 아이가 가나다중학교 우등생 명단에 올랐어!"
  (번역: "내 아이는 정말 머리가 좋아―너희 아이들은 뭘 할 수 있니?") 아마도 이것이 가장 많이 알려진 겸손한 자랑질일 듯.
- "하나님이여, 내가 다른 사람들과 같지 아니함을 감사하나 이다."[3]
  (번역: "난 다른 사람들보다 더 선한 사람이다.")

3   누가복음 18:11.

우리가 솔직하다면, 교만이 겸손하고자 하는 시도를 변질시켜 왔음을 인정할 것이다. 물론 우리는 모두 이를 다소 다른 모양으로 표현한다. 어떤 사람은 자기 자신을 격하하거나 자기 비하적인 언어를 사용하여, 사람들에게 그렇지 않다고 인정받으면서 자신감을 찾으려고 한다. 제인 오스틴의 『오만과 편견』에서 다아시는 이렇게 말한다. "겸손을 드러내는 것보다 더 기만적인 것은 없어요. 그건 그저 생각의 경솔함일 뿐이고, 어쩔 땐 간접적인 자기 자랑이잖아요."

개인적인 성공을 거둔 후에 사람들의 격려나 축하를 피하려고 할 수도 있는데, 이것은 주변 사람들이 계속 칭찬을 반복하게 하려는 심리이다. 어떤 때에는 자신의 영적 우월함을 알리는 수단으로, 자신의 "무가치함"에 젖어 있기도 한다. 그러니까 나는 다른 사람들과는 다르게 나의 무력함을 깨달았다는 것이다.

문제의 일부는 우리가 교만과 겸손의 본질을 오해하고 있다는 점에 있다. 우리는 교만을 우리가 극복할 수 있는 것으로, 겸손을 우리가 도달할 수 있는 것으로 생각하는 경향이 있다. 우리는 예수님의 겸손을 본받아야 한다는 것을 알고 있다. 우리는 하나님께서 "교만한 자를 대적하시기에"[4] 겸손을 실천하는데, 의도적으로 "겸손하려고" 한다. 그러나 겸손은 물건이 아니다. 겸손은 자신이 성취할 수 있는 것이 아니다. 겸손은 자신이 얻거나 통달할 수 있는 것이 아니다. 당신은 자신 안에 겸손함을 지닌 사람

---

4   야고보서 4:6.

이거나 그렇지 않은 사람이거나 둘 중 하나일 것이다. 만약 당신 안에 겸손함이 없다면, 어떤 노력도 겸손을 대신해 주지 못한다. 겸손해지려는 모든 시도—올바른 말을 한다거나, 칭찬을 피한다거나, 스스로 낮은 자세로 처신하는 것—는 부자연스러운 옷을 입은 것처럼 보일 것이다.

어떤 의미에서 겸손은 "보여주되, 말하지는 말라"는 글쓰기에 관한 고전적인 격언을 따르는 것이다. 이야기를 그럴듯하게 전개하기 위해, 작가는 인물의 성격을 직접 묘사하지 않고, 그 대신 인물의 성격을 보여주는 행동이나 대화를 사용한다. 예를 들어 내가 소설을 쓰는데, "필립은 겸손한 남자였다"라는 문장으로 인물을 소개해 버린다면, 그 소설은 완전히 망할 것이다. 예의상 수긍해 줄 수도 있겠지만, 마음 깊이 필립이 정말 겸손하다고 공감하지는 않을 것이다. 필립이 겸손한 방식으로 행동하는 것을 아직 보지 못했기 때문이다. 기껏해야 필립은 깊이가 없는 인물로 보일 것이다. 최악의 경우에는 그저 허구적인 인물로 보일 것이다. 그러나 필립을 다음과 같이 소개한다면 어떨까?

필립은 소매를 걷어 올리고 노인 옆에 무릎을 꿇었다.
그의 모직 바지에 흙이 스며들자, 지난번에 무릎에 진흙이 묻은 채 집에 왔을 때 피커링 부인이 했던 말이 생각났다. "박사까지 한 목사가 노인네한테 제라늄꽃geraniums을 심어 주겠다고 흙에 앉으면 안 되지. 설사 노인이 류마티스 관절염에 걸렸다 하더라도 그러는 거 아니야."

위 글을 읽으면 당신은 즉각 필립은 겸손한 사람이고, 피커링 부인은 그렇지 않다는 것을 알게 될 것이다. 왜 그럴까? 왜냐하면 필립과 피커링의 행동과 말이 그들의 성품을 드러내기 때문이다. 필립은 지역 사회에서 자신의 가방끈과 지위에도 불구하고, 기력이 쇠한 노인을 돕기 위해 흙에 무릎을 댔다. 반면 피커링은 노인에게 장애가 있더라도, 필립이 자신을 낮추는 자세를 취해서는 안 된다고 생각한다.

겸손에 대해서도 마찬가지이다. 우리가 의심하지 않는다고 해서 자신의 겸손을 광고하고 다니는 사람이 있다면, 진정 겸손한 사람이 아닐 것이다. 작가가 서서히 작품 속 인물의 성격을 드러내듯이, 우리의 말과 행동도 우리의 성격과 타고난 본성을 서서히 드러낸다. 우리가 겸손한 사람이라면, 자신의 겸손이 명백히 드러날 것이다. 반대로 우리가 교만한 사람이라면, 우리의 교만 역시 분명히 드러날 것이다. 누가복음 6장 45절에서, 예수님께서는 다음과 같이 말씀하시면서 이 원리를 가르쳐 주신다.

선한 사람은 그 마음속에 선한 것을 쌓아 두었다가 선한 것을 내고, 악한 사람은 그 마음속에 악한 것을 쌓아 두었다가 악한 것을 낸다. 마음에 가득 찬 것을 입으로 말하는 법이다.

그래서 자신의 겸손을 배우라는 예수님의 부르심은, 겸손한 모양새를 취하라든지 아니면 새로운 기술을 연마하라는 부르심이 아니다. 그분은 우리를 근본적으로 변화시키려고 하신다. 우리에게서 쉼을 앗아가는 교만이라는 옷을 벗겨내신다. 문제의 뿌리를 찾아 밝혀서, 겸손이 우리에게 자연스럽게 뿌리내리게 하려 하신다.

병충해

"교만은 우리 자신 안에 있는 악성 종양의 가장 깊은 뿌리이다."
— 디트리히 폰 힐데브란트Dietrich von Hildebrand

필록세라의 영향으로 고투하는 포도 재배인이 토머스 제퍼슨만 있는 것은 아니었다. 1800년대 중반, 프랑스의 포도주 양조인들은 눈에도 안 보이는 이 작은 해충 때문에 자신들의 기반 전부를 거의 잃을 뻔한 지경까지 갔다. 1850년대 후반 북미 토종 진드기인 필록세라가 대서양을 건너가서, 역사가들이 프랑스 와인 황폐화라고 부르는 난리가 얼마간 일어났다.[5] 포도 재배업자들은 무슨 일이 일어났는지 알지 못했고, "정체불명의 병"—프랑스 인들은

---

5   Pat Montague, "The Great French Wine Blight," *Wine Tidings* 96, July/August 1986, www.wampumkeeper.com/wineblight.html.

la nouvelle maladie de la vigne(새로운 포도나무병)라고 불렀다
—은 포도나무를 공격하고 있었다. 처음에는 한두 그루의 포도
나무들이 시들해졌다. 잎이 빛을 바래면서 노랗게 되더니 결국
붉게 되었다. 그러고는 바싹 마르더니 떨어져 나갔다. 그다음 포도
재배기에는 같은 증세가 근처의 포도나무들로 퍼졌다. 나무가
포도열매를 맺더라도, 그저 아주 시큼하기만 한 물맛을 냈다.
세 번째 재배기에 이르자 포도나무들이 죽어갔는데, 눈으로
보기에는 아무런 이유도 없었다.

재배업자들은 화학 살충제에서부터 벌레 잡는 닭을 풀어 놓는
일에 이르기까지 모든 수단을 동원하였다. 그러나 병충해는
빠르게 퍼졌고, 제퍼슨이 동경했었던 유럽의 포도밭은 황폐화
되었다. 15년의 기간 동안, 필록세라는 프랑스 포도나무를 40
퍼센트 가까이 죽였고, 유럽 전체의 와인 산업을 위협했다. 가장
격분케 했던 부분은, 과학자들이 병충해의 결과—시들하고,
색이 바래고, 열매 맺지 못함—를 보면서도, 그 원인을 정확히
밝히지 못한 점이었다. 병충해가 입힌 상해의 근원이 뿌리에서
보이지 않게 일어났기 때문에 찾아내지 못했다. 재배업자들은
죽은 포도 뿌리를 파내면서 검게 부패한 것을 보았지만, 필록
세라의 존재를 알아차리지는 못했다. 필록세라들은 이미 건강한
뿌리를 먹으러 다른 뿌리로 이동했기 때문이다. 그러나 과학자
들이 죽어가고 있는 포도나무를 관찰하여 뿌리에 달라붙은 벌레
들을 발견하면서 드디어 돌파구를 찾았다. 하지만 필록세라를

발견했지만 여전히 논쟁이 있었다. 많은 사람들이 필록세라는 단순히 포도나무가 쇠약해진 틈을 타서 기생하는 것이라고 주장하였다. 필록세라는 병충해의 영향을 틈타 나타난 것이지, 원인은 아니라는 것이었다.

그러나 포도나무는 계속 죽어갔고, 병충해는 계속 퍼져갔다.

프랑스의 포도주 양조인들처럼, 우리도 교만의 영향과 그것이 어떻게 우리의 평온을 앗아가는지를 종종 볼 수 있다. 우리는 교만이 너무 깊은 곳까지 침투해서 겸손해지려는 시도까지도 부패시킨다는 것에 동의할 것이다. 그러나 또한 포도주 양조인들과 마찬가지로, 우리는 정서적인 불안정이 단순히 힘겨운 환경을 틈타 생긴 것이라고 종종 오해한다. 그 결과, 우리는 성격이 성급해지고 마음이 동요하는 것이 "스트레스의 영향" 때문이라며 정당화한다. 우리는 너무 많은 책임을 지고 있기 때문에, 염려하는 것이 정상이라고 스스로를 납득시킨다. 결국 우리는 근본 원인 대신 증상을 치료하고 있다.

우리가 일에 압도됨을 느끼면, 일의 경계를 보다 엄격하게 설정하여 더 이상 관여하지 말자고 종종 스스로 다짐한다. 지쳤다고 느낄 때면, 스트레스를 완화할 수 있는 것이 휴가나 혹은 "내 시간"을 마련하는 것이라고 믿는다. 업무에서 뒤쳐진 자신을 발견할 때면, 일정을 더 잘 짜서 더 긴 하루를 보내려고 한다. 아무리해도 부족하다고 느껴질 때, 그저 "어그러진 대로 살자"라고 스스로에게 말한다. 어쩌면 이것들 중 어떤 것은 약간 도움이 될 수도 있겠지만—닭이 벌레를 잡아먹게 하는 것이 약간의 도움을 줄 수 있는 것처럼—이것들 중 아무것도 근본적인 문제를 해결하지는 못한다. 이것들 중 아무것도 우리의 영혼에 쾌락을 주는 교만을 뿌리 뽑지 못한다.

우리의 통제 아래 있지 않음을 인정하지 않은 채 일의 경계만 엄격하게 설정한다면, 우리는 그저 작아진 경계 안에서 어찌할 바를 모르고 불행을 느낄 것이다. 겸손을 기르지 않고 휴가만 다녀온다면, 휴가 가방을 풀자마자 다시 스트레스를 받게 될 것이다. 우리가 시간적인 존재임을 인정하지 않은 채, 모든 가능한 시간에 일정을 채워 넣는다면, 우리는 일정표의 노예가 될 것이다. 애초에 어디에서부터 틀어졌는지 알지 못한 채 "어그러진 대로 살고자" 한다면, 우리는 결코 그 이상으로 자라나지 못할 것이다.

불안의 원천이 교만임을 받아들이지 않는 한, 우리의 포도나무는 계속 시들어 갈 것이다.

겸손한 뿌리

"겸손, 그것은 저 밑에 있는 달콤한 뿌리
거기로부터 모든 하늘의 미덕들이 싹터 오르지."
— 토마스 모어Thomas Moore

프랑스의 포도 재배업자들이 필록세라가 병충해의 원인임을 받아들이려고 노력한 이유는 부분적으로, 자신들의 정체성이 사라질 수도 있다는 위협 때문이었다. 와인 양조는 역사, 지역 문화, 강한 지역색이 풍부하게 어우러진 전통이다. 수많은 종류의 치즈처럼, 와인도 생산지와 관련되어 있다. 생산지에 대한 모든 것―특정한 토양, 연간 날씨 주기, 그 지역에서만 무성하게 자라는 독특한 품종―이 고스란히 병 속에 담기는 것이다. 샴페인은 단순히 스파클링 와인에 붙인 별명이 아니다. 샴페인은 프랑스의 샹파뉴Champagne 지역의 자부심으로 생산된 와인이다.

필록세라가 병충해의 원인이라면, 포도 재배업자들에게는 한 가지 선택지만 있을 뿐이었다. 바로 "재구성"reconstitution으로 알려져 있는 근본적인 해결책이다. 자신들의 포도원을 지키기 위해서는, 필록세라의 공격에 면역력이 있는 북아메리카의 뿌리줄기에 건강한 포도나무들을 몇 대에 걸쳐서 접목해야 했다. 포도 덩쿨은 그 개체가 지닌 정체성을 유지하겠지만, 뿌리는 외래종이 될 것이다. 몇몇 포도 재배업자들에게는 이러한 제안이 병충해 자체보다 더욱 실족할 만한 것이었다. 자신들이 길러온 포도를 향한 자부심pride이 있었기에, 자신들의 포도 뿌리로도 충분하다고 스스로를 납득시켰다. 그래서 자기 포도나무를 북아메리카의 포도뿌리에 접붙이지 않고, 병충해와 싸우기 위해 계속 살충제와 다른 치료제들을 사용하였다. 하지만 포도나무들은 계속 죽어가고 있을 뿐이었다.

교만과의 싸움에 있어 무엇이 위태로운지, 이 지점에서 불현 듯 드러나기 시작한다. 위태로운 것은 바로 나 자신의 정체성 이다.

십자가에 자기 자신을 포기하시기 몇 시간 전인 요한복음 15장 에서, 예수님은 제자들을 향해 열매를 맺기 위해서는 반드시 "예수님 안에" 거해야 한다고 말씀하셨다.

> 나는 참 포도나무요, 내 아버지는 포도 재배인이시다. (…)
> 내 안에 거하라. 나도 너희 안에 거하리라. 가지가 포도나무에
> 붙어 있지 않으면, 자기 스스로 열매를 맺을 수 없는 것처럼,
> 너희도 내 안에 거하지 않으면 열매를 맺을 수 없다. 나는 포도
> 나무요, 너희는 가지다. 사람이 내 안에 거하고, 내가 그 안에
> 거하면, 그 사람은 열매를 많이 맺을 것이다. 나를 떠나서는
> 너희가 아무 것도 할 수 없다.[6]

"나를 떠나서는 너희가 아무 것도 할 수 없다"는 말에 실족케 하는 것이 있다. 예수님을 떠나면, 우리의 이파리들은 노랗게 변한 다음 땅에 떨어질 것이다. 예수님을 떠나면, 우리가 맺은 열매는 묽고 시큼해서 어디에도 쓸모가 없을 것이다. 예수님을 떠나면, 우리는 시들어 죽게 될 것이다.

6   요한복음 15:1, 4-5.

프랑스의 포도 재배업자들이 자기 자존심pride을 붙들고 있느냐, 아니면 포도원을 지키느냐 사이에서 선택해야 했던 것처럼, 우리 또한 선택해야만 한다. 이 지점에서의 문제는 '우리가 증상을 볼 수 있느냐 없느냐' 혹은 '우리가 평온치 못한 원인이 무엇인지 아느냐 모르느냐' 하는 것이 아니다. 문제는 우리가 해결책을 받아들이기 꺼려한다는 점이다. 문제는 자기 자신에 대한 집착이다. **우리가** 고치려고 하고, **우리가** 더 나아지려고 하고, **우리가** 하나님이나 다른 사람의 인정을 받으려 하고, **우리 자신이** "중요해 지려고" 한다.

그러나 이것은 또한 예수께서 우리가 그분께로 나아오라고 부르신 이유이기도 하다. 예수께 나아옴으로써, 우리는 우리가 어떤 사람이며 또 어떤 사람이 아닌지를 기억하게 된다. 예수께 나아옴으로써, 우리는 하나님과 대면하며 자기 자신과 대면하게 된다. 철학자 디트리히 폰 힐데브란트는 "겸손은 오직 자기 하나님과 인격적으로 마주함 가운데 있으며, 이 만남을 통해 피조물이라는 자신의 조건을 완전히 자각하게 되고, 마지막 남은 자기 영광의 조각을 내던지게 된다"[7]라고 썼다.

그렇다면 겸손은 단순히 기질일 수 없으며, 글귀 모음일 수도 없다. 겸손은 우리 자신을 정확히 이해하는 것이며, 세상에서 우리의 위치를 정확히 이해하는 것이다. 겸손은 우리가 어디에서

---

7   Dietrich von Hildebrand, *Humility: Wellspring of Virtue* (Manchester, NH: Sophia Institute Press, 1997), p. 24.

왔으며, 우리 인간들이 누구인지를 아는 것이다. 겸손은 하나님이 없이는 우리가 아무것도 아님을 이해하는 것이다. 그분의 돌보심이 없다면, 그분의 공급이, 그분의 사랑이 없다면, 우리는 언제나 먼지일 수밖에 없다. 아니면 19세기 앤드류 머리Andrew Murray 목사님이 쓴 고전 『겸손』(Humility, 여러 번역본이 있음)에 있는 문구처럼, "겸손은 단순하다. 피조물이라는 우리의 위치를 인정하고, 하나님의 자리를 하나님께 내어드리는 것이다."

그러나 이것은 또한 쉼을 얻고자 예수님께 나아가기가 너무 어려운 이유이기도 하다. 우리가 그분께 접목되기 전에 우리의 썩은 뿌리들, 즉 우리의 자만self-sufficiency과 자아ego를 잘라내야 한다. 우리 스스로 뿌리내릴 수 있다는 허세를 포기해야 한다. 겸손을 하나의 개념으로는 믿지만, 실제로는 하나님 앞에서 겸손하려 하지 않는 교만을 거부해야 한다. 당연히 문제는 우리의 그 교만이다. 우리가 치료받지 못하게 하는 바로 그 교만.

그래서 우리가 그분께로 오라는 부르심에 응답하기도 전에, 예수님께서 우리에게 오신 것이다. 우리가 마땅히 겸손해야 하는 만큼 자신을 낮추지 못하였기에, 예수께서 자신을 겸손하게 낮추셨다. 그렇게 하심으로써 그분은 겸손의 본이 되셨으며, 동시에 우리를 겸손하게 하는 수단이 되셨다. 자신의 삶, 죽음, 부활을 통해서 예수께서는 참된 정체성, 즉 하나님께 자신의 삶을 의존하는 하나님의 백성이라는 우리의 정체성을 보여주신다. 그리고 자신의 삶, 죽음, 부활을 통해서, 이 겸손한 삶을 다시 한번 우리에게 심어 주신다.

그리스도 안에 뿌리내리기

"하나님의 생명은 우리가 그 안에 서서 자랄 수 있는 뿌리이다."

— 앤드류 머리

1980년대에 들어서면서 과학자들과 포도 재배업자들은 마침내 제퍼슨의 꿈을 실현시켰다. 포도원에서 몬티첼로 와인을 생산할 수 있게 된 것이다. 제퍼슨이 처음 시도한지 거의 200년만이었다. 과학자들과 재배업자들은 결국 프랑스 와인 산업을 구하였던 것과 동일한 방식으로—필록세라에 저항력이 있는 북아메리카 뿌리줄기에 유럽의 꺾꽂이 순을 접목함으로써 실현한 것이었다.

우리 또한 접목되어야 한다. 자신의 스트레스로부터 벗어나서 쉼을 얻고자 한다면, 자신의 교만으로부터 벗어날 수 있는 어떤 희망을 얻고자 한다면, 겸손 그 자체이신 분께 접붙임을 받아야 한다. 우리는 더 이상 그분을 단순히 모방하려는 것에 만족할 수 없다. 그분을 반영하기 위해서는 그분의 일부가 되어야 한다.

그리고 이것은 '우리는 누구이며 어디에서 왔는지'에 대한 진리를 기억함으로써 시작된다. 닷츠 미용실의 노인 제퍼슨 씨처럼, 우리는 우리의 뿌리를 배워야만 한다. 그리고 우리는 이것을 예수님 그분과 마주함으로써 배운다. 그분은 자신의 인성을 통해, 우리가 되어야 하는 바를 보여주신다. 그분의 신성을 통해, 우리가 되어야 하는 바대로 될 수 있게 하신다. 그리고 우리가 그렇게 될 때, 하나님이 의도하신 대로 우리가 존재하게 될 때, 우리는 쉼을 얻을 것이다.

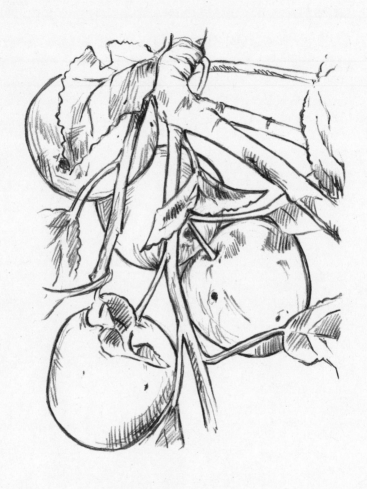

사과 Domestic apple; *Malus domestica*

4

사과나무

> "아득한 곳에 있는 어느 멋진 나무를 / 뜻하지 않게 보았습니다.
> / 나무에는 아름다운 색이 어우러진 열매가 열려 있었습니다. /
> 불그레하면서 금빛이 찬란한 열매였죠."
>
> ─ 존 밀턴John Milton

어느 날 오후, 현관 계단 위에 세로 1미터에 가로가 15센티
미터인 상자가 왔다. 난 그 상자에 대해 별달리 생각하지 않았다.
나는 그 크기에 담길 만한 물건을 주문한 적이 없었지만, 나단이
간헐적으로 교회 물건을 집으로 배달시키곤 하였기 때문이다.
그런데 박스 안쪽을 보니, 우리 교회 물건이 아니었다. 반품
딱지에 이렇게 적혀 있었다.

노스캐롤라이나주 리즈빌시

센추리 농장 과수원

데이비드 C. 버넌

갑자기 이런 소포가 왔다고 해서 놀라지는 않았다. 나단이 씨앗·모종 전단지를 보고 주문하는 일이 간헐적으로 있었기 때문이다. 몇 년 전 우리가 집을 샀을 때는 집 주변 땅들이 아직 일구어지지 않은 상태였다. 상상 속 그림을 채워 넣을 수 있는 하얀 도화지와 같았다. 몇 주 만에 나단은 초목—산울타리hedgerows, 산딸기나무, 아스파라거스 화단—을 심기 시작했다. 앞뜰에 있는 호랑가시 덤불을 뜯어내고(내가 호랑가시 덤불을 안 좋아하기 때문에) 그 자리를 수선화, 금낭화, 부들레야butterfly bush, 회양목, 수국 같은 관상식물로 대신하였다.

상자를 받은 지 몇 시간 후에 나단이 집에 왔다. 그리고 박스를 보자마자 눈이 반짝반짝해졌다.

"오오, 좋다. 이게 드디어 왔구나!"

"뭐가?"

너무 흥분해서 나에게 대답도 하지 않고, 상자를 들고 주방에 가서 식탁 위에 올려놓았다. 뒷주머니에 있는 칼을 빼서 잡고는 재빨리 상자를 자르고 휙 열었다. 그리고 종이와 비닐로 된 포장에 재빨리 손을 넣은 다음, 죽은 나무인 듯 보이는 막대기 다섯 개를 빼냈다. 그의 얼굴에 빛이 났다.

"이게 내가 주문한 사과나무들이야."

나는 몸을 기울여 자세히 보았다. "나무"가 아니라 그저 꺾꽂이모였고, 내 새끼손가락만큼 얇은 게 90센티미터 정도 뻗어 있었고, 맨뿌리가 드러나 있었다. 이것은 사과나무 과수원의 시작이라기보다 사과나무 가지로 짠 소쿠리의 시작에 더 가까웠다. 나는 나단을 쳐다보다가 다시 막대기를 보았고, 그리고 다시 나단을 보았다.

"이게 나무야?"

"그럼 나무가 아니고 뭐겠어? 이 나무들은 정원 남쪽 가장자리 선을 따라 심을 거야. 토지경계선에." 나단은 막대기들을 식탁 위에 눕혀 놓고, 막대기마다 붙어 있는 하얀 딱지에 적힌 손글씨를 읽었다. "존슨키퍼Johnson Keeper. 윌리엄스페이버릿William's Favorite. 이소퍼스스피첸버그Esopus Spitzenburg(제퍼슨이 가장 좋아했던 것 중 하나), 옐로우준Yellow June, 메리리드Mary Reid."

나단은 내 발 앞에 공을 떨어뜨린 강아지처럼 나를 바라보았다.

"이것들은 몇 세대에 걸쳐 대물림해 내려온 품종이야. 옛 남부 사과 재배를 전문적으로 하는 노스캐롤라이나의 과수원에서 온 거야." 그는 옐로우준이라는 딱지가 붙은 꺾꽂이모를 만지작 거렸다. "내가 이걸 아는데, 이게 꽃가루가 좋거든. 그리고 이거 (존슨키퍼)는 10월 하순에 잘 익고, 겨울에 보관하기도 좋아."

그는 이 막대기들에 대한 자신의 계획을 계속 말하였다— 이 나무들이 어떻게 각기 다른 시점에 열매를 맺게 될지, 자신이 사슴이나 설치류로부터 어떻게 나무들을 보호할지, 이 나무들이 지역 농산물 유산으로 남겨지기를 얼마나 원하는지. 그의 말을 반쯤 흘리며 듣다가, 상자 가장자리를 자세히 들여다보았다. 한쪽 구석에 하얀 종이 조각이 굴러다니고 있었다. 청구서였다.

나는 그것을 꺼내서 판판하게 폈다. 꺾꽂이 이름 하나하나가 정성스레 적혀 있었고, 개당 25달러였다.

엄밀히 말하면 나단은 사과를 재배하는 것 이상으로 가산 heirloom[1] 사과에 관심이 있었다. 그는 늘 과일 나무를 기르고 싶어했는데, 가산 품종 사과를 선택하여 두 마리 토끼를 동시에 잡았던 것이다. 그는 먹을 수 있는 과일을 재배하는 동시에, 광범위한 종다양성 보존 운동의 구성원이 되었다. 식량 생산이 뒤뜰과 가족농장에서 대규모 산업체로 옮겨가면서, 질병에 저항력이 강하고 저장기간이 긴 특정 사과들만 재배되었다. 이로써 기업의 효율성은 증가하였지만, 생물의 다양성은 감소하였다. 1800년대 중반에는 사과 품종이 수 천 가지였지만, 오늘날에는 이삼십 여 품종이 시장을 장악하고 있다. 주변의 평범한 식재료 가게에 가보면 늘 같은 종류의 사과들이 있다—후지Fuji, 그래니스미스 Granny Smith, 골든딜리셔스와 홍딜리셔스Yellow and Red Delicious, 맥킨토시McIntosh, 허니크리스프Honeycrisp. 연노랑사과Yellow Transparent나 와인샙Winesap을 맛보려면 농장 중에서도 구석진 곳을 뒤져서 노인들에게 물어보아야 한다. 그렇게 해도 찾을 수 없다면, 센추리 농장 과수원에 꺾꽂이모 하나당 25달러를 내고 주문한 다음 직접 재배해야 한다.

---

[1] 일부 보호활동가들은 "가산"(家産; heirloom, 식물과 관련하여 사용)과 "유산"(遺産; heritage, 동물과 관련하여 사용)을 구분한다. 내가 조사해본 결과 이 두 용어가 상호 교환적으로 사용될 수 있다는 것을 확인하였으나, 이 책의 목적상 상기한 차이점을 고수하여 사용하였다.

그런데 가산 사과를 번식시키는 데 따르는 난점 중 하나는 단순히 씨앗을 가지고는 원하는 나무를 재배할 수 없다는 점이다. 사과나무가 열매를 맺으려면 반드시 수분이 이루어져야 하는데, 사과나무들이 보통 이화수분異花受粉 되기 때문이다. 예를 들어 옐로우준의 꽃가루가 메리리드의 꽃에 수분되면, 그 결과로 나오는 열매는 메리리드 사과지만, 그 열매 속의 씨는 다음 대에서 완전히 다른 종을 만들어 낸다. 그 씨앗을 땅에 심는다면, 옐로우준과 메리리드 사이의 잡종을 얻게 될 것이다. 어떤 유전 정보가 지배적인지 보장할 수 없다.

그래서 재배업자가 어떤 특정 종의 사과를 보전하려면, 원래 나무에서 어린 가지(꽃눈이 있는 잔가지나 새순)를 잘라서 뿌리 줄기에 접붙여야 한다. 프랑스 포도 농부들이 질병을 막기 위해 접붙임 했던 것과는 달리, 사과 농부들은 특정 유전자 성분을 보존하기 위해 접붙임을 한다. 식품 전문 작가인 로완 제이콥슨 Rowan Jacobsen은 다음과 같이 기술하고 있다. "모든 매킨토시 나무는 1811년 존 매킨토시가 자신의 농장에서 발견한 모수original tree에서 접붙임 한 것이거나, 아니면 그 접붙임 한 것에서 다시 접붙임 한 것이다. 모든 그래니스미스는 1800년대 중반 마리아 앤 스미스가 호주의 한 퇴비더미에서 발견한 우발변이종으로부터 유래한다."[2] 그리고 이렇게 과거로 계속 거슬러 올라가면, 기원전

---

2   Rowan Jacobsen, "Why Your Supermarket Sells Only 5 Kinds of Apples," *Mother Jones*, Mar/Apr 2013, http://www.motherjones.com/environment/2013/04/heritage- apples-john-bunker-maine.

약 2000년경 우리가 현재 먹는 사과_Malus domestica_가 처음 재배된 중앙아시아의 어느 동산에까지 이를 것이다.

첫 열매들

"사과나무의 역사가 인간의 역사와

얼마나 밀접한지 정말 놀라울 따름이다."

— 헨리 데이비드 소로_Henry David Thoreau_, 『야생 사과』(_Wild Apples_, 이레 역간)

가산 사과를 경작하는 것과 마찬가지로, 겸손을 경작하는 것은 가족력과 유전자 계보에 관한 과제이다. 겸손함을 기르는 것은 거의 멸종되다시피 한 다양한 인간 정체성을 회복하는 것과 여러모로 관련되어 있다. 최초의 사과나무와 마찬가지로, 이 모든 것은 중앙아시아의 어느 동산에서 시작된다.

이전 장에서, 나는 겸손을 올바른 자아감으로, 즉 내가 어디에서 왔으며 이 세상 속에서 우리가 어디에 속해 있는지를 이해하는 것이라고 정의했다. 이 정의는 성경이 인간의 기원을 어떻게 묘사하고 있는지를 떠올리면 더욱 분명해진다. 창세기 1장은 인간 존재가 하나님의 형상대로 지음 받았으며, 이 땅에서 하나님을 반영하고 대리하도록 되어 있었다고 말해준다.

하나님이 말씀하시기를 "우리의 형상을 따라서, 우리의 모양 likeness대로 우리가 사람[3]을 만들자. 그리고 이들이 (…) 온갖 들짐승과 땅 위를 기어다니는 모든 길짐승을 다스리게 하자" 하시고, 하나님이 자기 형상 곧 하나님의 형상대로 사람을 창조 하셨다. 하나님이 그들을 남자와 여자로 창조하셨다.[4]

그리고 창세기 2장은 하나님이 인류를 어떻게 창조하셨는지를 말해줌으로써, 인간됨의 의미를 이해하기 위한 또 하나의 층을 더해주고 있다.

여호와 하나님이 땅의 흙으로 사람을 지으시고, 그의 코에 생 명의 기운을 불어넣으시니, 사람이 생명체가 되었다. 그리고 여호와 하나님이 동쪽에 있는 에덴에 동산을 일구시고, 그 지 으신 사람을 거기에 두셨다.[5]

인간이 땅을 다스리도록 지음 받았음에도 불구하고, 또한 땅 **으로부터** 지음 받았다는 사실은 매력적이다. 그리고 아마 훨씬 더 중요한 점은, 우리가 오직 하나님의 영에 의해서만 살아 있는 생명체가 되었다는 점이다. 하나님이 불어주시는 생기가 없다면,

---

3   사람으로 번역된 히브리어 *adam*은 여기에서는 "인류"(mankind)를 지칭하며, 이 본문의 뒷부분에서만 첫 번째 남자 아담(Adam)을 지시하는 고유명사로 사용된다.

4   창세기 1:26-27.

5   창세기 2:7-8.

우리는 아무것도 아니다. 그저 흙덩이일 뿐.

이 흙을 통한 형상화는 성경 도처에서 그대로 반복된다. 시편 103편에서 다윗은 하나님이 우리에게 보여주시는 긍휼을 노래하는데, 그 이유 중 하나는 "주님께서 우리가 그저 먼지임을 기억하시기"[6] 때문이다. 선지자 예레미야의 글은 인간을 토기장이의 돌림판 위에 있는 흙덩어리에 비유하며, 진흙이 만들어지고 빚어지는 것은 주권을 쥐고 있는 토기장이의 손에 달려 있다고 전한다.[7] 예수님은 씨 뿌리는 자의 비유에서 인간의 마음을 하나님의 말씀을 받거나 거절하는 여러 형태의 토양에 비유하신다. 또한 바울은 고린도 교인들에게 보내는 두 번째 편지에서, 우리는 단지 "심히 큰 능력이 우리에게서 나오는 것이 아니라 하나님으로부터 나온다는 사실을 보여주기 위한 질그릇(진흙그릇)"[8]임을 일깨워준다.

더욱 흥미로운 점은 영단어 "인간human"과 "겸손humility"은 동일한 라틴어 어원 *humus*를 공유하는데, 이 단어의 의미가 먼지, 흙, 땅을 의미한다는 점이다(원예를 하는 사람들은 영양분이 풍부한 특정 토양을 지칭하는 humus(부엽토)가 라틴어에서 차용한 단어임을 금세 알아볼 것이다). 고대 히브리어도 유사한 언어적 패턴을 보여준다. 창조 이야기에서 *adam*(아담)이라는 단어

6   시편 103:14.

7   예레미야 18:1-6.

8   고린도후서 4:7.

는 "인류"를 의미하는 집합 명사이며, "흙"을 의미하는 히브리 단어 *adamah*(아다마)로부터 왔다. 적어도 언어학적으로는 땅과 인간과 겸손 사이에 연관성이 내재되어 있다.

바꿔 말하면, 겸손은 우리가 어디로부터 왔는지를 기억함으로써 시작된다. 인간이 된다는 것은 흙이 된다는 것임을 기억함으로써 겸손이 시작된다. 겸손은 우리가 "흙이니, 흙으로 돌아갈 것임"[9]을 기억함으로써 시작된다.

인간과 겸손 사이의 연관성은 영적 유전자 역사상 또 다른 중대한 일을 이해하는 데 도움이 된다. 하나님께서 남자와 여자를 만드신 후, 서로를 돌보고 세계를 경작하는 일을 맡기셨다. 본문에 나와 있듯이, 그들은 "생육하고 번성하며" 또한 "다스리게" 되어 있었다. 자신들의 생명을 창조주께 의존하며, 마찬가지로 그러한 삶의 동반자로서 서로에 대해 의존적으로 살아가도록 되어 있었다.[10]

위임의 일환으로, 또한 하나님께서는 선악을 알게 하는 나무에 저지선을 그으셨다. 남자와 여자는 동산 안의 모든 다른 나무의 열매는 먹을 수 있었지만, 이 나무만큼은 먹을 수 없었다. 이것은

---

9   창세기 3:19.

10   창세기 2:18에서 "사람이 혼자 사는 것이 좋지 않다"고 표현하신 하나님의 말씀은, 단지 결혼이나 낭만적인 관계에 있는 사람들만이 인간의 모든 가능성이 발휘되는 것을 경험한다는 의미로 이해되어서는 안 된다. 남자와 여자는 인간 실존의 모든 영역의 도처에서 상호 의존적이지, 그저 생식하여 번성하는 능력에 있어서만 상호 의존적인 것이 아니다. 상호 의존은 확실히 성적 특징을 포함하지만, 성적 특징에 한정되는 것은 아니다. 삼위일체 관계가 우리와 닮은 상호 의존과 친교(communion)를 계시하는 것이 그 이유이다.

피조물과 창조자의 경계선이었다. 오직 창조주 하나님께만 이 나무에 접근할 권한이 있었다. 오직 그분만이 선악을 알(또는 정할) 권한이 있었다. 선악을 알게 하는 나무의 열매를 먹는 것은 본질적으로 하나님이 하나님이심을 거부하는 것이며, 그분의 자리에 인간을 앉히는 것이다. 그 열매를 먹는 것은 피조물이 하나님을 의존하고 있다는 사실 일체를 부인하는 것이다. 그 열매를 먹는 것은 우리 자신의 인간됨을 부인하는 것이다.

금지된 열매

수세기 동안 기독교 예술가들은 선악을 알게 하는 나무를 종종 사과로 표현하였다. 역사가들은 왜 사과로 표현했는지 정확한 이유를 규명하지 못한다―예술가들이 어쩌면 살구나 석류 같은 과일을 선택할 수도 있었다. 하지만 오늘날까지, 굽은 도롯가에 있는 작은벽돌교회까지도 선악과를 사과나무로 그리고 있다. 내가 네다섯 살 아이들에게 창조 이야기를 가르칠 때 사용하는 색칠공부 페이지에는, 크고 부자연스러운 빨간 사과들이 가지에 걸려 있는 우스꽝스런 나무 그림이 예외 없이 꼭 들어 있다. 금지된 열매를 누가 처음 사과로 그렸는지를 불문하고, 그러한 함축은 아마도 존 밀턴John Milton의 『실낙원』(Paradise Lost)에서 가장 불변하는(그리고 원숙한) 모습으로 확실히 자리 잡은 것 같다. 제9권에서 밀턴은 뱀이 여자를 유혹하는 장면을 나무와 열매에 대한 묘사로 열어간다. 여기서 뱀이 이렇게 말한다.

"아득한 곳에 있는 어느 멋진 나무를
뜻하지 않게 보았습니다.
나무에는 아름다운 색이 어우러진 열매가 열려 있었습니다.
불그레하면서 금빛이 찬란한 열매였죠.
가까이에서 보고자 다가갔습니다.
가지에서 맛있는 냄새가 풍겨오더군요.
(…)
나는 이 아름다운 사과를 맛보기 원하는
나의 세련된 입맛을 만족시키기로 결심했습니다.
지체하지 않았죠.
굶주림과 갈증이 동시에 몰아닥치며 나를 설득하였고,
나는 저 매혹적인 과일 향기에 순식간에 빠져버렸습니다.
이내 나는 이끼로 뒤덮힌 나무 몸통에 내 몸을 감았습니다.
가지가 땅에서 높은 곳에 있어서
그대나 아담도 있는 힘껏 뻗어야 닿을 수 있을 거에요.
나무 주위에는 별의별 다른 짐승들이
같은 욕망으로 갈망하고 부러워하며 서 있었지만,
아무도 닿을 수 없었죠.

밀턴이, 금지된 열매가 (사과든 아니든) "땅에서 높은 곳까지" 자라서, 뱀이 열매에 닿기 위해서 기어올랐다고 묘사한 것이 중요하다. 뱀이 여자에게 "그대나 아담도 있는 힘껏 뻗어야 닿을 수 있을 거에요"라고 설명한 것처럼 금지된 열매는 높은 곳에 있었다. 여자와 남자가 열매를 먹기 위해서는 자신들이 만들어진 땅(흙)에서 떠나야 했다. 그들이 열매를 먹기 위해서는 자신들을 위로 올려야 했다.

이 올라섬, 이 교만은 성경 이야기의 핵심이기도 하다. 창세기 3장에서 뱀은 열매를 가지고 직접적으로 여자를 유혹하지 않는다(여자가 열매를 "보암직한" 것으로 알고 있었음에도). 그 대신 뱀은, 하나님께서 하와의 자존심pride을 희생시키면서 자기 자존심을 지키고 계신 것처럼 암시하면서 유혹하기 시작한다. 뱀이 쉬쉬거리며 말한다. "이걸 먹는 날에는 너희 눈이 밝아지고, 하나님처럼 되어서, 선악을 알게 된다는 것을 하나님이 아시니까."[11] 이러한 제안은 물론 뱀의 교만이 빚어낸 산물이다. 이사야는 그것을 다음과 같은 식으로 묘사했다. "네가 속으로 말하기를, '내가 하늘에 올라가겠다. 하나님의 별들보다 더 높은 곳에 나의 보좌를 두겠다. (…) 나 자신을 지극히 높은 이와 같아지게 만들겠다."[12]

자아. 그것의 위태로움은 여기에 있다. 그것은 우리 자신을

11   창세기 3:5.
12   이사야 14:13-14.

실제보다 더 중요한 존재로 믿도록 요구한다. 우리 자신을 위로 올리라고 요구한다. 실제보다 더 커 보이려고 깃털을 부풀리는 수탉. 무리 중 우두머리임을 확신하고자 큰 소리로 짖어대는 애완견. 우위에 있음을 피력하고자 자기 가슴을 두드리는 고릴라.

너무나 자주, 자아는 현재 우리가 느끼는 불안의 뿌리를 이룬다.

우리는 스스로 생각하는 것만큼 자신이 중요하다는 것을 증명하려고, 남에게 뒤처지지 않도록 녹초가 될 만큼 노력한다. 우리는 친구들의 성공을 바라보면서, 그들과 함께 기뻐하기 보다는 오히려, 어쩐지 자신이 작아짐을 느낀다. 목회 사역에서조차 이런 모습을 볼 수 있다. 그래서 자신도 다른 이들만큼이나 꼭 필요한 존재라고 스스로를 안심시키기 위해, 영적 "성공들"을 남몰래 집계하곤 한다. 아니면 어느 날 아침 소셜미디어의 게시물들을 스크롤하며 보다가, 어느 여자(당신이 몰래 자기 자신과 비교하고 있던 여자)가 지금 막 소셜미디어에 올린, 얼마 전 다녀온 그녀의 가족 여행 사진을 보았다(그 여행지는 당신의 형편으로는 갈 수 없는 곳이다). 그녀는 앉아 있었는데, 바닷바람으로 고스러진 머릿결조차 자연스럽게 아름다웠고, 단정하면서도 강인해 보이는 아이들의 허리를 팔로 두르고 있었다. 그녀의 사랑스런 남편은 그녀옆에 서서 미소 짓고 있었다. 당신은 갑자기 사진 몇 장으로 남은 하루를 잡친 것이다.

왜일까? 왜 다른 사람의 성공이 당신을 그렇게까지 휘저어놓을까? 왜 그녀의 휴가 사진이 당신의 인생을 덜 중요하고 더 작아 보이도록 만드는가? G. K. 체스터턴의 말을 뒤집어 본다면, 당신의 삶이 작아 보이는 이유는 아마도 당신의 삶에서 그저 당신 자신이 너무 커졌기 때문일 것이다.[13]

그 뿌리에는 교만이 있다. 교만은 우리의 정체성을 하나님의 정체성과 혼동하게 만들며, 우리 자신을 실제보다 더 크게 생각하도록 만든다. 그러나 일단 우리가 우리 자신을 이런 식으로 생각하기 시작하면, 다른 사람들도 나에 대해 그렇게 생각해 주기를 기대한다. 이것을 자각하지 못하면, 우리는 더 많은 영광과 더 많은 명예를 기대하기 시작한다. 왜냐하면 우리 자신이 정말로 실제보다 더 좋은 사람인 것처럼 믿기 때문이다. 그래서 평범한 일상─소셜미디어를 보는 것과 같은─에서 일어나는 일들이 우리가 실상은 그렇지 않음을 일깨워 줄 때, 우리의 자아는 타격을 입는다. 목회자이자 신학자인 팀 켈러Tim Keller가 자신의 책 『복음 안에서 발견한 참된 자유』에서 설명한 것처럼, "자아는 상처받기 쉽다. 그 이유는 바람을 너무 많이 불어넣은 풍선처럼, 너무 부풀어져 있는 것은 금방이라도 바람이 빠질 위험에 놓여 있기 때문이다."[14]

---

13   체스터턴은 자신의 에세이 「미치광이」(The Maniac)에서 이렇게 묻는다. "그런데 만약 이 사람들이 당신에 대해 전혀 신경 쓰지 않는다는 사실을 당신이 안다면, 당신은 얼마나 더 행복해지겠는가! 당신의 인생에서 당신의 자아가 더 작아진다면, 당신이 그저 일반적인 호기심과 즐거운 마음을 가지고 진정으로 다른 사람을 볼 수 있다면, 당신의 인생은 얼마나 더 거대해지겠는가."

14   Timothy Keller, *The Freedom of Self-Forgetfulness: The Path to True Christian Joy* (Chorley, England: 10Publishing, 2012), p. 20. 『복음 안에서 발견한 참된 자유』(복있는 사람, 2012).

우리는 우리의 자아감이 너무 부풀려졌다고 주장할 필요가 있는데, 이는 또한 신학자들이 교만을 다른 모든 죄의 뿌리로 주목하는 이유이기도 하다. 교만은 인류의 타락the fall에 앞장서 있었을 뿐만 아니라, 모든 타락에 앞장서 있다.[15] 우리는 다른 사람들이 누리고 있는 것을 자신도 누릴 자격이 있다고 믿기 때문에 탐을 낸다. 우리는 자신이 얼마나 중요한 사람인지 다른 이들에게 일깨워주기 위해 자랑한다. 우리는 자신이 더 강하고 더 의롭다는 것을 증명하기 위해 싸운다. 그래서 비교와 경쟁이 라는 이 고단한 게임이 계속 돌고 돈다. C. S. 루이스가 쓴 것처럼, "교만은 무언가를 가지고 있어도 즐겁지 않고, 오직 옆 사람보다 더 많이 가져야 즐거움을 느낀다. (…) 당신을 교만하게 만드는 것은 비교이다. 즉 남들 위에 있다는 즐거움이 사람을 교만하게 만든다."[16]

자아감이 상하는 일이 있었을 때—자신보다 더 많은 것을 가진 사람 또는 자기보다 더 성공한 사람을 보았을 때—우리의 자아는 위축되기 시작한다. 우리가 스스로 작다고 느끼는 이유는, 우리가

---

15 교만과 죄된 행동 사이의 연관성을 이해하는 것은 중요하다. 고의적으로 죄를 짓고 있는지 여부에 기초하여 자기 마음의 상태를 평가하는 것은 많은 경우에 있어 매우 위험하다. 당연히, 문제는 교만이 문자 그대로 우리의 눈을 가려서 자기 자신의 마음 상태를 보지 못하게 한다는 점이다. 그래서 우리는 자신의 선택이 전적으로 정당하다고 느낄 수도 있다. 이렇게 되면, 우리의 삶에 죄가 있음에도 우리가 겸손한 사람이라고 스스로에게 확신을 불어넣을 수 있다. 이 때문에, 우리는 신뢰할 수 있는 친구들이 책망할 때, 그 책망을 빨리 받아들여야 한다. 그러한 친구들은 대개 우리가 단순히 보지 못하는 것들을 본다.

16 C. S. Lewis, *Mere Christianity: Comprising The Case for Christianity, Christian Behaviour, and Beyond Personality* (New York: Touchstone, 1996), p. 110. 『순전한 기독교』(장경철·이종태 옮김, 홍성사, 2001).

다른 사람들보다 작기 때문이 아니라, 자기 자신을 "마땅히 생각해야 하는 바 이상으로"[17] 생각하고 있었기 때문이다. 우리는 자기 자신을 위에 올려놓았다. 가장 기본적인 물리법칙이 요구하는 것처럼, 올라간 것은 내려와야만 한다.

교만과 싸우는 우리의 투쟁을 생각해보면, 결국 동산에서 일어나는 일은 놀라울 것이 없다. 뱀은 여자의 자아에 호소하고, 너무나 빨리 여자는 뱀을 믿는다. 여자와 여자의 남편은 거짓을 삼켰으며, 거짓은 그들의 일부가 되었다. 그리고 갑자기 그들은 동역자 대신 경쟁자가 되었고, 그들의 일은 자신의 가치를 증명하기 위한 부단한 활동이 되었다. 피조물이 스스로 창조주처럼 행동할 때, 겸손은 거의 사라져버린다.

오래된 사과나무

"그대를 위하여, 오래된 사과나무여,
그대가 싹을 틔운 그곳에서, 그대는 또 꽃을 피우고,
그대는 또 풍족히 사과를 낳지!"
— 19세기 영어 축배사

많은 보호활동가들이 가산 사과를 경작하는 이유는 그저 특이한 품종을 먹고 싶어서 하는 것이 아니다. 가산 사과가 멸종되지 않도록 보존하기 위해 일하는 것이다. 뒤뜰 과수원과 가족 농장의 구획이 재정비되고 쇼핑몰이 되면서, 수많은 사과나무들이 잘려 나가거나 질병으로 수명이 다할 때까지 방치되었다. 어떤 것들은 잡목들 사이에서 자라거나 들판과 농장의 한구석에서 자라고 있겠지만, 우리는 그것들이 어디에서 자라고 있는지 혹은 그것들이 무엇인지 모르고 있다. 언젠가 양념, 파이, 과일주, 사과주스, 과일초를 만들기 위해 쓰였던 사과나무들은 그 고유의 유전적 특징과 더불어 문자 그대로 우리에게서 사라졌다.

그러나 보호활동가들이 "사라진" 나무들의 위치를 찾을 수 있는 한 가지 방법은 풍문에 귀를 기울이는 것이다. 사과수색가인 톰 브라운Tom Brown은 나이든 지역 주민들과의 관계를 발전시켜서, "그분들의 사과 기억"[18] 이라고 부르는 정보를 캐낸다(노스캐롤라이나 서쪽의 피드몬트에서 가산 사과나무를 수색하는 브라운이 처음 가산 사과나무에 관심을 갖게 된 것은, 지역 주민들이 하퍼스 시들링Harper's Seedling이라는 먹도 보도 못한 품종에 대해 이야기하는 것을 들으면서였다). 브라운은 어떤 품종에 대한 소문을 들으면 그것을 찾아 나선다. 때로는 정처 없이 이어진 관계망 — 퀸스베리플레이스 남쪽에 그런 류의 사과가 있었다고 기억하는 이웃들, 할아버지가 심어 놓은 나무 그늘 아래에 소들을 풀어 풀을

---

18   Tom Brown, "The Search for Rare, Heritage Apples," *Mother Earth News*, February 1, 2013, http://www.motherearthnews.com/real-food/rare-heritage-apples-zb01302zrob.aspx.

뜯게 하는 늙은 농부들, 사과나무 자체에 대해서는 모르지만 사과나무를 알고 있는 사람이 누구일지는 알고 있는 목사들—을 이용하여 이집 저집 묻고 다닌다. 그리고 마침내 브라운이 나무를 찾아 확인하면, 그 종자의 미래 세대를 보존하기 위해 꺾꽂이용 나뭇가지를 잘라낸다.

타락이 있은 때부터, 겸손이 회복되어서 인간들이 무르익은 겸손의 열매를 다시 한번 맛보며, 하나님께서 의도하신 그대로 살 수 있으리라는 풍문이 늘 있어왔다. 소문이 처음 나온 것은, 하나님께서 여자의 후손이 그녀를 유혹했던 뱀을 부술 것이라고 약속하셨을 때였다. 그러나 그 소문은 성경의 나머지 부분에서도 계속 메아리친다—시냇가에 심은 나무가 잘 자라서 좋은 열매를 맺는다는 소문,[19] 다윗의 나무에서 건강한 한 가지, 어린가지가 나오리라는 소문,[20] 마른 땅에서 자라날 수 있는 연한 순에 대한 소문.[21]

그러나 가장 유력한 소문 중 하나는 죽은 나무에서 새순이 돋아서 열매를 맺는 일에 관한 소문이다. 가산 사과 재배자들의 언어로 표현하자면, 지역 주민들은 한 때 잘 자라나서 달콤한 열매

19 시편 1:3.

20 예레미야 23:5. 흥미롭게도 "어린가지(scion)"라는 단어에는 두 가지 의미가 있다. 첫째는 식물학적 의미이다. 미래에 자라날 가능성이 있는 싹을 지닌 나무에서 얻은 순이나 가지. 이것은 사과수색가들이 찾는 것이다—그들은 어린가지를 거두기에 충분한 생명력을 지닌 나무를 찾기 원한다. 둘째는 명망가의 후손, 즉 왕조를 이을 수 있는 계승자를 묘사하는 데 사용한다.

21 이사야 53:2

—당신이 두 손으로 잡아야 할 만큼 큰 열매—를 풍성히 맺었던 나무를 기억한다. 아삭하면서도 즙이 많다. 그러나 그 나무는 끔찍한 병에 걸려 죽었다. 주민들은 그 나무가 영원히 사라졌다고 생각했다. 그리고 그 나무의 그루터기를 지나갈 때마다 자신들이 그 나무를 잃어버렸다는 사실이 기억났다. 그러나 그로부터 몇 년 후, 어디선가 모르게 싹이 돋아났다. 싹이 돋아난 어린가지. 생명의 기미. 이사야는 이것을 다음과 같이 말하고 있다.

이새의 그루터기에서 한 싹이 나오고,
그 뿌리에서 한 가지가 나와서 열매를 맺을 것이다.
여호와의 영이 그의 위에 강림하신다.
곧 지혜와 총명의 영이요,
모략과 재능의 영이요,
지식의 영이며 여호와를 경외하는 영이 내려오시니,
그가 여호와를 경외하는 것을 즐거움으로 삼는다.
(…) 그 날에 이새의 뿌리에서 한 싹이 나서
만민의 깃발signal로 설 것이요,
민족들이 그를 찾아 모여들어서
그가 있는 곳이 영광스럽게 될 것이다.[22]

22   이사야 11:1-3, 10.

이제 우리는 다시 제자리로 돌아온다. 이제 우리는 그림 전체를 조망한다. 예수 그리스도는 유일한 참된 가지이시며 잃어버렸던 품종이시다. 예수 그리스도는 홀로 여호와를 경외하여 좋은 열매를 맺는 분이시다. 예수 그리스도는 우리의 겸손함과 인간됨 모두를 회복시키시는 분이시다. 그리고 그분의 영광스러운 안식처—그분의 가지의 그늘 아래—에서 우리는 안식을 찾는다.

인간의 모습으로

"우리가 그분과 같이 되게 하시려고, 그분은 우리와 같이 되셨다."
— 알렉산드리아의 아타나시우스Athanasius of Alexandria

아마 성경의 어떤 구절도 빌립보서 2장 3-11절 만큼 예수님의 겸손함을 드러내고 있지는 않을 것이다. 초대교회 신자들에게 사도 바울은 "이기적인 야망이나 허영심으로 하지 말고, 다만 겸손한 마음으로 각각 자기보다 남을 낮게 여기십시오"라고 호소한다. 다시 말해, 자아를 부풀리고자 하는 욕구에 이끌려서 어떤 선택을 해서는 안 된다는 것이다. 사도 바울은 이러한 모습이 어떤 것인지 보기 위해서, 그리스도 예수의 "마음"을 품으라고, 온유하고 겸손하신 분께 배우라고 말한다. 그것은 다음과 같다.

- 예수님은 자신의 가치를 증명하기 위해 싸워야 한다고 믿지 않으셨고, 오히려 "하나님의 본체이심에도 하나님과 동등됨을 취하려 하지 않으셨다."

- 예수님은 자기 자신을 성취하려고 노력하는 대신, "자기 자신을 비우셨다."

- 자기 자신의 안락과 영광을 위해 일하지 않으셨고, 그 대신 "종의 모습을 취하셨다."

- 인간의 한계들을 벗어 버리시거나 이를 모른 척하시는 대신, "인간과 같은 모습으로 나셨다."

- 순종하기를 거부하며 무엇을 하라는 말은 듣지 않아야 한다고 주장하시는 대신, "죽음에 이르기까지 순종하심으로 자신을 겸손히 낮추셨다."

바울이 묘사하고 있는 것은 단순히 선한 행동에 대한 체크리스트가 아니다. 바로 그 예수님의 존재에 관한 것 — 세상 속에서 인간 존재로 살아가신 방식에 대한 것 — 이 인간됨을 급진적으로 바꾸어 놓았다. 바로 첫 남자와 첫 여자의 선택이 이후 세대에 영향을 미친 것처럼, 그렇게 예수님의 선택도 모든 세대에 영향을 미쳤다.[23] 그분의 죽음과 부활이 우리를 회복시키는 것만큼이나, 그분의 삶도 우리를 회복시킨다. 이것은 성육신의 수수께끼이자 소망이다. 패트릭 헨리 리어던Patrick Henry Reardon은

23 고린도전서 15:22.

『우리가 놓친 예수님』에서 다음과 같이 썼다.

> 성육신의 교리는 인간 역사 속에서 하나님의 아들의 개인적
> 경험들—말씀이신 분이 겪으신 바로 그것들—을 통해 우리
> 가 구속되었음을 확언한다. (…) 인간의 구속은 그분께서 우
> 리의 실존을 겪으시며 변형시키시고 거룩케deify 하시면서 영
> 원한 말씀이신 분의 인성 안에서 일어났다.[24]

예수님의 인성humanity은 우리의 인간됨humanity을 회복시킨다.
예수님의 겸손은 우리의 겸손을 회복시킨다.

우리에게 남은 유혹은 예수님을 완전히 우회하는 것이다.
유혹은 이러한 구절들을 읽으며 우리의 행동을 위한 본보기로
삼아서, 우리 자신의 힘으로 그렇게 살아내고자 하는 것으로
다가온다. 우리는 예수님이 완벽한 인간이시라고 믿으며, 그분의
겸손을 이상적인 것으로 여기기도 한다. 하지만 동시에 예수님이
빠진 이상을 추구하고자 노력한다. 우리는 자기 자신이 마치
예수님인 것처럼 그 이야기 안에 자신을 끼워 넣는다. 우리는
"예수님의 손과 발"이 되는 것에 대해 말하면서, 동시에 예수님
으로부터 자립하여 행동해 나간다. 우리는 "예수님이 무엇을
하실까What would Jesus do?"라고 묻지만, 실제로는 이 말을 "예수님이

---

24 Patrick Henry Reardon, *The Jesus We Missed: The Surprising Truth about the Humanity of Christ* (Nashville: Thomas Nelson, 2012), 27.

나라면 어떻게 하실까What would Jesus do if He were me?"라는 의미로
사용한다.●

우리는 하나님이 우리에게 불어넣어주신 생명의 숨결이 없으면,
우리는 아무것도 아닌 그저 먼지라는 사실을 잊는다.

이 책의 핵심 문제이자 주제는 다음과 같다. 우리는 예수님이
아니다. 예수님이 자신을 통해 우리의 인간됨을 회복시키시려
오신 것이지, 우리가 예수님인 것이 아니다. 우리가 전적으로
선한 의도를 가질 수 있을는지는 몰라도, 그분과 따로 떨어져서
무언가를 추구하고자 한다면, 심지어 겸손을 추구한다 할지라도,
우리는 그저 또 다시 자신의 교만으로 행동할 뿐이다. 이러한
유혹은 너무 현실적이기도 하고 또 굉장히 널리 통용되고 있어서,
바울은 다음과 같이 계속 이어간다.

> 그러므로 [예수님의 겸손한 순종으로 말미암아]
>
> 하나님께서 그분을 지극히 높이시고,
>
> 모든 이름 위에 뛰어난 이름을 주셨습니다.
>
> 하늘과 땅 위와 땅 아래 있는 모든 것들이
>
> 예수의 이름 앞에 무릎을 꿇게 하시고,
>
> 모든 혀가 예수 그리스도를 주님으로 고백하여,

●　　"What would Jesus do?"는 찰스 쉘던(Charles Sheldon)의 유명한 책 제목으로, 간단하게
　　WWJD라고도 하며, 미국에서 널리 쓰이는 표현이다. 문자적인 의미는 "**예수님**이 무엇을 하실
　　까?" 혹은 "**예수님**이 어떻게 하실까?"에 가깝지만, 일반적으로 그 책의 맥락을 따라 "예수님
　　이라면 어떻게 하실까" 즉, "**나**는 무엇을 해야 하나?"라는 의미로 이 문장을 사용한다.

이 지점에서 불현듯, 우리는 이야기 속에서 우리가 들어가야 할 알맞은 위치를 발견하게 된다. 바로 얼굴을 땅에 대는 것이다. 우리는 예수님을 체현하도록embody 부름 받은 것이 아니다. 그분은 이미 체화되셨고incarnated, 지금도 여전히 그러하시다! 우리는 예수님이 되도록 부름 받은 것이 아니다. 우리는 그분 발 앞에 엎드려 경배하도록 부름 받았다. "말씀이 육신이 되셔서, 우리와 함께 지내셨는데, 우리는 그분의 영광을 보았다. 그 영광은 아버지께로부터 온 독생자의 영광이었고, 은혜와 진리로 충만하였다."[26] 라고 확언하도록 부름 받았다. 그리고 우리는 이렇게 경배함으로써, **그분께** 합당한 자리를 인지함으로써, 마침내 겸손해지는 것이다.

우리가 하나님의 영광에 사로잡힐 때, 우리는 자신의 것에 대한 근심을 잊어버린다. 모든 선함과 진실함과 아름다움의 근원이신 분께 우리의 시선을 고정할 때, 우리가 그러한 근원이 아님을 받아드릴 수 있다. 그분의 가치와 위엄으로 인해 우리 마음이 사로잡힐 때, 우리는 자기 자신에게 너무 빠져들지 않게 된다. 그리고 매력적이게도 우리가 하나님의 영광을 구할 때, 우리는 우리 주위 사람들 안에 있는 하나님의 영광을 알아볼 수

25   빌립보서 2:9-11.
26   요한복음 1:14.

있을 것이다. 우리는 이러한 것들을 우리의 영광을 위협하는 것으로 보지 않고, 오히려 그분의 아름다움이 투영된 것으로 보게 된다.

그리고 불현듯 세상이 충분히 넓게 보이기 시작한다. "이 세상은 확실히 당신과 나 모두를 담을 수 있을 만큼 충분히 넓다."[27] 경쟁하는 대신 서로를 돌볼 수 있다. 자신과 남을 비교하는 대신 서로에 대해 긍휼함을 지닐 수 있다. 서로 지배하려고 하는 대신 서로 자라나게 도울 수 있다.

생명나무

"자신이 나왔던 뿌리가 없이는 그 어떤 나무도 자라날 수 없다.
(…) 겸손이 그 나무의 뿌리라면, 모든 가지와 잎과 열매를 통해서
분명 그 본성을 볼 수 있을 것이다."

— 앤드류 머리

성경 교사인 젠 윌킨Jen Wilkin은 자신의 책 『우리는 그분과 다르다』에서 다음과 같이 썼다.

---

27 From Laurence Sterne's *The Life and Opinions of Tristram Shandy, Gentleman*, Book II, Ch. 12 (1760).

우리는 뱀이 모호하게 만든 진리를 반드시 회복해야 한다. 우리는 하나님의 무한한 신성의 측면에서가 아니라, 우리의 유한한 인성의 측면에서 하나님을 닮아야 한다. (…) 우리는 유한함으로 인해 무한하신 하나님을 예배하도록, 그렇게 유한하게 창조되었다. (…) 내가 내 힘의 한계에 다다를 때, 나는 그 힘이 결코 약해지지 아니하시는 분을 예배한다. 내 이성이 한계에 다다를 때, 나는 그 지식에 우리가 미치지 못하는 분을 예배한다.[28]

『겸손한 뿌리』의 나머지 부분에서는 이러한 유한함 속에 사는 것이 어떻게 쉼을 가져다주는지를 모색할 것이다. 우리는 겸손이나 자신과 타인에 대한 이해에 영향을 주는 방식을 볼 것이다. 겸손이 우리의 몸, 마음, 심지어 야심에 대해 생각하는 방식을 어떻게 바꾸는지 볼 것이다. 이 목적은 루이스가 지적한 것과 같이 "평생 당신을 불안하고restless 불행하게 만들어 온 체면에 대한 생각, 그 어리석고 무의미한 생각에서 벗어나는 것이다."[29]

그러나 이것은 즉효약이 아니다. 우리가 찾는 것은 지속적인 자라남이다. 그런 류의 자라남은 평생에 걸쳐 예수님의 겸손함

---

28   Jen Wilkin, *None Like Him: 10 Ways God Is Different from Us (and Why That's a Good Thing)* (Wheaton, IL: Crossway, 2016), p. 11.

29   C. S. Lewis, *Mere Christianity*, p. 114.

과 마주하고 배우면서 일어나는 것이다. 우리는 겸손의 회복이라는 열매를 찾아서 다시 한번 그 열매를 즐기는 과정 가운데 있다.

II

여호와께서 이렇게 말씀하신다.

"보라, 내가 예루살렘에 평강을 강물처럼 주며,

뭇 나라의 영광을 넘치는 시냇물처럼 주리니

(…) 너희가 이를 보고 마음이 기뻐서

너희 뼈가 새로 돋은 풀잎처럼 풍성해지리라."

— 이사야 66:12, 14

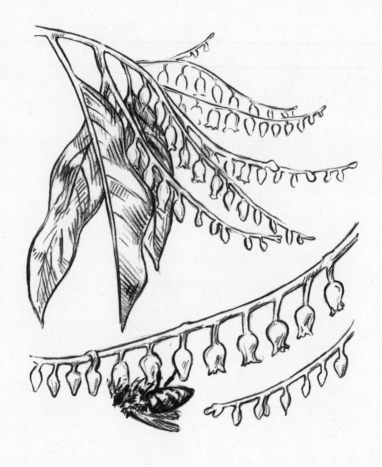

사워우드 나무 Sourwood tree; *Oxydendrum arboretum*

5

꿀

"아무리 백만장자라 해도 갓 구운 빵에 버터를 발라서 꿀차와

먹는 것보다 더 좋은 음식을 먹을 수는 없을 것이다."

— 도디 스미스Dodie Smith

"꿀 좋와애요?"

러스의 목소리가 예배당에 우렁차게 퍼지면서, 나는 그가 또 보청기를 잊고 왔다는 것을 알았다. 11시가 되기 직전이었고, 예배당에는 사람들로 거의 가득 찼다. 나는 늘 그렇듯이 오르간 쪽 두 번째 줄 중앙 통로 쪽에 있는 내 자리로 종종걸음으로 가고 있었는데, 러스의 목소리에 멈춰 서고 말았다. 입례곡 연주가 이미 시작되었지만, 나는 멈춰서 러스를 향해 몸을 돌렸다. 그는 늘 큰 몸집을 유지해 왔는데, 얼마 전부터는 몸이 구부러지고 볼 때마다 가슴이 더 들어갔다. 그는 나이가 들면서 피부에 흑색종이 생겼고, 최근에 의사가 피부암을 제거하여 붕대를 감고 있었다.

"그래요, 러스. 우리는. 꿀을. 사랑해요." 나는 뒤쪽을 향해 단어를 하나하나씩 또박또박 외쳤다.

그는 눈가에 주름을 보이며 미소 지었고, 잘 알았고 고맙다는 듯 고개를 끄덕였다.

"잘 댔네! 사모니미랑 목사님 좀 드리려고 바다 논 곤데." 그는 1리터 크기의 유리병을 내 손에 내밀었다. "이발싸가 준 곤데, 사모니미 이제껏 머거본 꿀 중 최고일 겁니다."

러스가 자기 자리로 살며시 돌아가면서, 나도 내 자리로 서둘러 돌아왔다. 우리는 입례곡의 마지막 음들의 사라짐과 동시에 자기 자리에 앉았다. 러스의 이런 음식 선물은 이례적인 일이 아니었다. 우리가 처음 러스를 만났을 때, 그는 80대 중반의 홀아비였고, 철도청 퇴직자였다. "그건 직업이 아니었어. 연애였지." 그가 보청기를 잊지 않고 우리와 정상적으로 대화할 수 있는 날에 했던 말이다. 러스는 은퇴생활을 하면서 기차 모형에 손을 댔고, 교회에 오기도 하고, 빵을 굽기도 했다. 주일 아침마다 우리는 자주 우리 자리에 있는 갈색 종이봉투를 보았다. 비스킷이나 롤 혹은 파이가 들어 있었다. 그리고 아주 간혹, 러스는 남편한테는 말하지 않겠다는 약속의 의미로 윙크를 하면서 초콜릿 한 박스를 슬며시 주었다.

그러나 이번 주일에 준 것은 현지 생산 꿀local honey이었다. 신들이 마신다는 달콤한 넥타르.•

• 그리스 신화에 나오는 신들의 음료로 꽃꿀을 지칭하기도 한다.

대부분의 인간 역사에서, 모든 꿀은 현지 생산물이었다. 꿀은 꽃피는 식물이 내는 산물로, 바로 그 근처에 사는 사람들이 먹을 수 있는 것이었다. 현지 꿀은 꿀벌이 활동하는 범위에 사는 식물이 무엇이냐에 따라 색과 향이 다양하다. 이런 식물로는 우리 대부분이 상상하는 (클로버와 같은) 야생화도 있지만, 꽃꿀을 내는 텃밭의 채소들과 사워우드sourwood, 밤나무chestnut, 튤립나무tulip poplar, 아카시아나무locust, 단풍나무maple와 같이 꽃을 피우는 나무들도 있다. 와인이 특정 지역의 경작 조건이 낳은 생산물인 점과 아주 유사하게, 현지 꿀도 그 지역의 독특한 생태적 요소들이 빚어낸 작품이다. 그래서인지 몇몇 주도적인 사람들은 자기 지역의 꿀에 계절성 알레르기 예방효과가 있다고 주장하기도 한다.

현지 꿀은 그 특유의 맛과 건강에 좋다는 이유로, 미식가들 사이에서 유행하게 되었다. 뿐만 아니라 현지 꿀에 대한 관심은 광범위한 농장에서 식탁으로 운동farm-to-table movement — 지속 가능하고, 지역 유기농 생산물이며, 윤리적으로 재배되고 유통된 음식을 우선시하는 운동—과도 엮여 있다. 당신은 아마도 이 운동을 깨끗한 음식, 유기농 무첨가 음식, 슬로푸드slow food, 리얼푸드real food와 관련하여 알고 있을 것이다. 어떤 이들은 이 운동을 시골 근방에 사는 것이라 말하기도 한다. 그리고 어떤 사람들은 실제로 농가에 살고 있다. 식재료에 대한 그들의 관심은 도시 근교에 거주하는 많은 가정주부들에게 무허가 생우유를 찾게 하고, 풀을 먹은 소고기와 사료를 먹은 소고기의 차이점을 공부하며, 주말에 직거래 시장에서 현지 꿀을 구입하는 것으로 나타난다.

아이러니하게도, 우리 동네에 사는 사람들 대부분은 현지 꿀을 사고팔면서도 자신들이 농장에서 식탁으로 운동의 구성원이라 생각하지 않을 것이다. 그들은 어느 정도 로커보어*이지만, 폐렴으로 번질 정도로 심한 기관지염을 앓고 있지 않는 한, 정제밀가루나 항생제에 대해 특별히 걱정하는 사람들이 아니다. 그리고 유기농 식품을 사고 싶다고 해도, 그럴 형편이 못된다. 그래서 러스가 주일에 나에게 건네 준 유리병은 여러모로 우리의 이야기를 들려주고 있는 것이다. 유리병에는 간단하게 다음과 같이 적혀 있었다.

순 수 한 꿀 PURE HONEY
웨이드 섯본의 꿀벌들에게서 채취함

이게 전부였다. '현지에서 생산한', '유기농의', '지속 가능한'과 같은 홍보성 문구는 없었다. 건강에 좋다든지, 공정 거래를 했다든지, 혹은 선한 일을 한다는 주장도 없었다. 여러 면에서 웨이드 섯본 같은 양봉가들은 잃어버린 삶의 방식을 되찾아오려 하지 않는다. 잃어버린 적이 없기 때문이다.

●　　현지 식품(로컬푸드)을 찾고 소비하는 사람들.

이 주변에 사는 사람들은 땅과 밀접하게 생활한다. 그들은 땅이란 받은 것이며 또한 그 받은 것을 돌보아야 한다고 생각하기 때문이다. 그리고 자신의 채소들을 기른다. 할아버지도 그렇게 했었고, 씨앗이 멕시코에서 온 채소보다 저렴하기 때문이다. 그리고 사냥을 한다. 사슴고기를 좋아하기도 하고, 사슴들이 자신이 기르는 비비추를 계속 먹어버리기 때문이다.

그리고 현지 꿀을 구입한다. 이발사가 그것을 팔기 때문이고, 또 이제껏 먹어본 꿀 중 최고이기 때문이다.

흙으로 된 몸

"어떤 이가 어디에서든 부유하고 강인하려면,
자기가 태어난 땅에서 살아야 한다."
— 헨리 데이비드 소로

이렇게 실제적으로 땅에 다가선다는 것은 여러 면에서, 창세기 1:28로 돌아가서 그 말씀에 귀를 기울인다는 것이다. 하나님은 인간을 자신의 형상대로 지으시고, 남자와 여자에게 "생육하고 번성하여 땅에 충만하라, 땅을 정복하라, 바다의 물고기와 하늘의 새와 땅에 움직이는 모든 생물을 다스리라"고 위임하셨다. 인간 존재는 하나님의 형상을 지닌 자로서, 하나님을 대신하여 땅에 대해 인격적인 책임을 지고 다스리며 통치해야 한다. 그러나 이 피조 세계에 대한 위임은 소유자로의 부르심이 아니다. 청지기로의 부르심이다. 당신이 받은 것이 300평이든 18만 평의 가족 농장이든 상관없이, "당신이 받은 것을 돌보는" 겸손한 인식으로의 부르심이다.

자기 몸의 지체까지도 받은 것이며, 돌보아야 하는 것이다.

당신은 자기 몸에 대한 청지기직이 땅에 대한 청지기직의 한 부분이라고 생각해본 적이 없을 지도 모른다. 하지만 그것은 그리 과한 생각이 아니다. 우리는 어쨌든 흙으로 만들어졌고, 오직 하나님의 영의 기운으로만 생명을 유지할 수 있는 여러 물질과 원소들의 혼합물이다. 또한 우리 몸의 성공─생육하고 번성하는 능력─은 본래부터 땅의 성공과 연결되어 있다. 자연주의자인 웬델 베리는 "우리 몸을 다루는 것과 땅을 다루는 것 사이에 어떤 깊은 유사점이 있다고 해서 딱히 놀랄 것은 없다"라고 썼다.[1] 그렇다면 우리는 어떻게 "우리가 받은 것을 돌보아야 하는가?" 겸손은 우리 몸의 청지기직을 수행하는 방식을 어떻게 알려주고 있는가?

겸손이 당신에게 가르쳐 주는 것은 첫째로, 당신 몸이 물질이란 사실을 귀하게 받아들이라는 것이다. 당신 몸이 물질이라는 점은 자명해 보일 것이다. 우리가 "몸"이란 단어를 쓸 때, 우리는 자기

---

1   Wendell Berry, "The Body and the Earth," in *The Art of the Commonplace: Agrarian Essays of Wendell Berry*, ed. Norman Wirzba (Washington, DC: Counterpoint, 2003), p. 93.

자신의 비물질적인 부분과는 완전히 구별되는 물질적인 부분에 대해 이야기하고 있는 것이다(비록 본디 서로 연관된 부분이지만). 그래서 문제는 우리가 몸을 물질적인 것으로 인식하고 있느냐 하는 점이 아니라, 이 물질이라는 본질을 선한 것으로 인식하느냐 하는 점이다. 우리는 우리 몸을 겸손히 받아들이며 귀하게 여기는 가, 아니면 수치심과 난처함과 죄책감의 근원으로 보고 있는가? 신학자 그레그 앨리슨Gregg Allison 박사는 "많은 사람들이 자신의 몸을 혐오하고 있으며, 많은 그리스도인들이 기껏해야 영적인 성숙을 방해하는 것으로 여기며, 최악의 경우에는 본질적으로 악한 것 혹은 죄의 궁극적인 근원으로 여긴다."[2]는 점에 주목한다.

실제로, 유명한 연구가인 브레네 브라운Brené Brown은 수치심의 거의 보편적인 근원이 신체 이미지("자기 몸에 대해 생각하고 느끼는 방식")라고 했다. 그리고 이 수치심의 뿌리는 자기 자신의 경험과 불안감만큼이나 다양한데, 광범위한 문화가 던져주는 메시지들로 인해 악화된다. 그리고 때로는 심지어 교회에서 받은 메시지로 인해 악화된다.[3]

패션 잡지를 휙휙 넘기거나 소셜 미디어에 올라온 게시물들을

---

2   Gregg Allison, "Toward a Theology of Human Embodiment," *Southern Baptist Journal of Theology*, 13/2 (Summer 2009), http://www.sbts.edu/wp-content/uploads/sites/5/2009/ 10/sbjt-2009summer-allison.pdf.

3   명확히 말해서, 나는 신체 이미지와 대응되는 수치심의 일반적인 의미에 대해 논하고 있다. 즉, 우리의 유한함과 불완전함, 몸의 변화로부터 우리가 경험하는 수치심이다. 자기 몸에 대한 뿌리 깊고 추악한 모독을 겪은 후에 그 안에서 온전함을 찾고자 하는 물리적, 성적 트라우마에 동반되는 수치심에 대해 이야기하는 것이 아니다.

스크롤하면, 완벽하게 조각된 모습을 재현한 사진들, 흠잡을 데 없는 몸의 모습들이 마구 쏟아진다. 그리고 어김없이 이를 평가하게 된다. 그 결과, 곧 결혼할 신부들은 결혼 준비를 위한 다이어트에 집착하고, 산모들은 출산하고 몇 주 이내에 "내 몸을 원래대로 돌려놓아야 한다"는 스트레스를 받으며, 기업들은 모두 자연 노화를 방지하는 일에 달려든다.

교회 안에서는 여러 메시지들이 혼합되어 있을 수 있다. 여성들은 "아주 매력적인 아내"로 칭찬받는 동시에 자신들의 몸이 유혹의 근원이란 말을 듣는다. 형제들이 몸에 대한 사랑을 갈구하기 때문에 반드시 해체해야 하는 시한폭탄이란 식의 말을 듣는다. 남자들도 신체에 대한 수치심을 경험한다. 남자들은 자신이 너무 작다거나, 말랐다거나, 뚱뚱하다거나, 몸에 털이 많다거나, 머리에 털이 부족하다거나, 근육에 탄력이 너무 없다고 믿을 수 있다. 남자들 또한 성에 관한 혼란스런 메시지를 듣는다. 한편으로 아름다움에 대한 자연스러운 인식이 성욕으로 치부되고, 여성(또는 다른 남성)의 매력을 인지하는 것조차 수치심을 낳는다. 그러나 나이가 들어서 남자의 성욕이 시들해질 때, 남자다움을 회복하기 위해 자그마한 파란 약*을 찾아야 한다는 동일한 수치심으로 다가온다.

그 결과 우리는 육체가 선하다는 사실을 광범위하고도 뿌리 깊게 거부하게 된다. 브라운은 "수치심과 신체 이미지"라는 제목의

● 　비아그라(발기부전제).

글에서 다음과 같이 결론을 맺는다.

> 신체에 대한 수치심은 매우 강력하고, 대부분 굉장히 깊이 뿌리내리고 있는데 (…) 다른 많은 범주에서 우리가 수치심을 느끼는 이유와 방식에도 영향을 미친다. (…) "바로 우리 자신의 몸"이 우리에게 역겨움이나 무가치하다는 느낌을 줄 때, 수치심은 우리 자신에 대한 인식과 우리가 세상에 다가서는 방식을 근본적으로 바꾸어 버릴 수 있다.[4]

우리는 자기 몸에 대해 청지기로서 관리해야 할 가치가 있다고 믿지 않기 때문에, 자신의 몸을 등한시한다. 우리는 자신의 살갗이 거듭되는 유혹의 원천이라 믿기 때문에, 자기 살갗에 대해 편치 못한 마음이 있다. 우리는 잠시 동안만이라도 이 흙이라는 감옥에서 달아날 수 있는 정서적, 영적 경험들을 좇아다닌다.

그런데 하나님께서는 우리가 우리 몸에서 달아나도록 의도하셨는가? 하나님께서 고안하시고 또 "선하다"고 말씀하셨던 바로 그것에서 달아나도록 의도하셨는가?

---

4 Brené Brown, "Shame and Body Image" at Mothers Movement Online, November 2004, http://www.mothersmovement.org/features/body_image/b_brown_body_shame.htm.

부끄러움 없는

"하나님이 지으신 그 모든 것을 보시니, 보시기에 심히 좋았더라."

— 창세기 1:31

성경에서 몸의 수치심에 대해 처음 언급한 것은 남자와 여자가 금지된 열매를 섭취한 직후이다. 이보다 앞서, 하나님께서는 남자와 여자의 몸을 축복하셨고, 그들은 "벌거벗었으나 부끄러워하지 않았다." 그러나 금지된 열매를 먹은 이후로는 그 둘의 눈이 밝아져, "자신들이 알몸인 것을 알았다."[5] 그리고 자기 몸을 가리려고 했다. 여기서 자연스럽게 제기될 수 있는 질문은 "왜인가? 왜 갑자기 자기 몸에 대해 부끄러워하는가? 무엇이 변하였는가?" 하는 것이다.

가장 중요한 변화는 남자와 여자가 하나님처럼 되기를 욕망하여, 교만하게 스스로를 높였다는 점이다. 그러나 그 열매는 그들을 하나님처럼 만들어 주는 대신, 그들이 하나님과 얼마나 다른지를 드러내 주었다. 갑자기 그들은 분명하게 보게 되었고, 그들의 몸은 자신들의 피조물됨과 자신들이 시도하였던 반역에 대해 분명하고도 고통스럽게 상기시켜 주었다. 교만이 그들에게 하나님과 같이 될 수 있을 것이라고 말했다면, 그들의 육체는 절대 그럴 수 없다는 것을 노골적으로 말해주었다.

5　창세기 3:7.

그래서 작은벽돌교회의 주일학교에서는 창조와 타락에 대해 배우고 사과를 빨갛게 색칠하며 다음과 같은 교리문답도 배운다.

"하나님께 몸이 있습니까?"

"아니오. 하나님은 영이시며, 사람과는 달리 몸을 가지고 계시지 않습니다."

우리는 우리의 한계를 배운다. 우리가 하나님과 같지 않음을 배운다. 우리는 겸손을 배운다.

육체가 불완전함을 받아들이지 않는 것은 "하늘로 오르기를" 욕망하는 것과 동일한 교만이며, 자연스러운 인간의 한계를 넘어서 살려고 욕망하는 것과 동일한 교만이다. 그래서 문화는 몸이 완벽해 질 수 있다는 거짓말을 팔고 있지만, 우리는 자신의 교만 때문에 그 거짓말을 사고 만다. 우리가 영원할 수 있으며, 언제나 나이 들지 않고 결코 주름지지 않으며 늙지 않을 수 있다는 거짓말을 곧이듣는다. 우리가 전능할 수 있으며, 늘 생산력이 있고 전혀 피곤치 않아서 쉼이 필요치 않게 될 수 있다는 거짓말을 곧이듣는다. 우리가 모든 곳에 존재할 수 있어서 무엇이든 가능하며, 모든 것이 손에 닿아서 놓칠 일도 없다는 거짓말을 곧이듣는다. 우리의 몸이 그게 아님을 상기시켜 주면, 우리 몸이 주름지고 처지고 약해지면, 우리는 우리 몸을 부끄러워한다.

우리는 우리 몸이 어떠한 것이라서 미워하는 것이 아니라, 어떠한 것이 아니라서 미워한다. 우리는 우리 몸이 하나님과 같지 않아서 미워한다. 우리의 몸이 완전한 것이 아니라서 미워한다.

우리의 몸이 무한하지 않기에 미워한다. 그리고 동산에서의 남자와 여자가 그랬던 것처럼, 하나님과 같이 될 수 있으리라 속삭이는 교만은 거부하지 않으면서, 그 대신 우리가 그렇게 될 수 없다는 사실을 말해주는 우리의 몸을 거부한다.

이것은 성육신이 매우 중요한 이유이다. 이것은 예수님이 "사람들과 같이 되시고, 사람의 형상으로 나타나셔야"[6] 했던 이유이다. 예수님은 겸손을 되돌려 놓기 위해서 인간의 한계를 선한 것으로 받아들이셨다. 인간됨을 회복시키시기 위해서 시공간에 매여 있는 것의 선함을 드러내셨다. 우리를 수치심으로부터 자유롭게 하시고자, 인간이 된다는 것이 전혀 부끄럽지 않음을 입증해 주셨다. **"그분은 근본 하나님의 본체시지만, 하나님과 동등됨을 취할 것으로 여기지 않으시고······"**[7] 그리고 예수님은 피조물로 지음 받은 것이 선함을 보여주시려고, 하나님과 동등됨은 우리가 욕심내야 하는 열매가 아님을 보여주셨다. 우리가 도달하여 따내길 원해야 하는 열매가 아님을 보여주셨다.

브라운은 자신의 글에서 우리의 육체적 수치심을 받아들이기 위한 첫걸음은 "자신의 비밀스런 목표와 기대를 인정하는 것"이라고 언급한다. 신학적으로 말하자면, 완벽함에 대한 우리의 비밀스런 목표와 기대를 인정하는 것을 의미한다. 많은 사람들이 인간적으로 불가능한 초월적인 것을 움켜쥐고 있다. 겸손은 우리의

6   빌립보서2:6-8.

7   위 구절.

한계를 일깨워준다. 겸손은 우리가 일그러진 세상에 살고 있는 육체적인 존재임을 가르쳐 준다. 겸손은 우리 자체가 유한하고 불완전하다는 것뿐만 아니라, 우리의 몸과 몸의 의미가 우리를 둘러싼 거짓 메시지들에 의해 형성되어 왔음을 가르쳐 준다. 단지 "자기 몸 사랑함"을 배운다고 해서 수치심에서 자유로워질 수 없다. 왜냐하면 자기 몸을 정말 사랑할 수 없을 때가 있기 때문이다. 우리를 수치심에서 자유롭게 하는 것은 겸손함이다. 우리를 수치심에서 자유롭게 하는 것은 우리가 신이 아니란 사실을 받아들이는 것이다. 하나님께서 결코 우리를 신적 존재로 의도하시지 않았음을 받아들이는 것이다.

그리고 일단 그렇게 하면, 자신의 육체적인 본성을 받아들이는 자유로운 존재가 된다. 자신의 불완전함에 대한 강박을 멈추는 자유로운 존재가 된다. 인간됨은 곧 불완전하게 존재하는 것임을 알기 때문이다. 세대를 거듭해서 구성된 당신만의 고유한 유전자를 기쁘게 여길 수 있는 자유로운 존재가 된다. 자신을 수치스럽게 하는 거짓말들—대중매체에서 들은 거짓말이든, 가족이나 친구에게서 들은 거짓말이든, 아니면 자기 머리에서 나온 거짓말이든 —을 거부할 수 있는 자유로운 존재가 된다. 오직 한분, 중요한 생각을 지니신 분의 목소리를 들을 수 있는 자유로운 존재가 된다.

하나님께서 우리의 몸이 "선하다고" 선포해 주시는 것을 들을 수 있는 자유로운 존재가 된다.

순수한 꿀

"그 아이가 악을 버리고 선을 선택할 줄 알 때가 되면
엉긴 젖과 꿀을 먹게 될 것이라" — 이사야 7:15

지역적 책임을 강조하는 것 외에도, 농장에서 식탁으로 운동은
윤리적인 식량 생산과 소비도 장려한다. 이것은 여러 실천들을
포괄하지만, 가장 기본적인 의미에서는 땅과 생산자와 소비자
모두에게 해를 끼치지 않는 윤리적인 식량 연계망이다. 꿀 산업
에 있어서의 윤리적인 실천이란 공급자 표시와 내용물 정보를
정확하게 붙여 놓는 것이다. 러스가 나에게 준 것과 같이 꿀
병에 "순수한 꿀"라고 적혀 있다면, 이 병에는 순수하게 다른
첨가물이 전혀 없는 꿀이 들어있어야 한다. 대규모 유통업자들
에게 있어 이 실천은 원생산자에까지 이르는 공급과정을 기술
하는 것을 의미한다. 하지만 인도와 중국같이 먼 곳에서 생산
하는 꿀을 수입하는 경우가 점점 늘어나면서, 이렇게 하기가
점점 어려워진다. 엄격히 감독되지 않는다면, "순수한 꿀"이라는
표시가 붙은 것도 사실 설탕 혹은 꿀향시럽이 혼합된 꿀일 수
있다.

공정하게 말해서, 꿀에 다른 첨가물을 섞고 싶은 유혹은 수출
시장에만 국한된 것이 아니다. 인간이 존재하는 곳이라면 어디
든지 서로서로 한 발 앞서고 싶은 유혹이 있다. 1983년 버지니아

아라레트 출신의 전통 양봉가인 애덤 클레멘트Adam Clement가 전하는 구전 역사를 보면, 순수성이 떨어지는 꿀을 파는 사람들에 대해 클레멘트가 질문을 받는 모습이 나온다. 대공황 이후 블루 리지에서 양봉업을 해온 클레멘트는 이것이 사실임을 알려주었다. "설탕물에 명반을 넣어 시럽을 만드는 사람들을 알고 있는데, 이렇게 하면 약간의 꿀로 많은 상품을 만들 수 있지만, 이것은 단지 맑은 꿀처럼 보이는 꿀향 설탕물일 뿐입니다."[8] 그리고 클레 멘트는 본인은 "채집한 그대로 꿀을 팔고 있다"고 재빨리 덧붙였다.

클레멘트와 같은 양봉가들에게 윤리란 복잡한 일이 아니다. 증명서나 감독위원회가 필요하지도 않다. 단순히 "채집한 그대로 팔면" 된다. 명예로운 신사가 되기 위해서는 자신의 꿀이 언제나 순수하리라 보증하는 것으로 충분하다. 나중에 인터뷰 진행자가 "사워우드 꿀"과 같은 특정 종의 꿀을 어떻게 식별하여 표시하 는지 물어보자, 클레멘트는 벌들이 방문한 모든 꽃을 알 수는 없다고 하면서 단순한 설명을 하나 내놓았다. "사워우드 꽃을 손등에 내리치면 꽃꿀이 손등에 묻을 겁니다. 이것으로 사워우드 꿀이 어떤 맛을 내는지 알 수 있죠. 이런 맛이 안 난다면, 그건 사워우드 꿀이 아닙니다."

지역사회에서 꿀의 순수성을 지키기 위해 단속하고 보증을 해주자, 클레멘트의 매우 발달된 미각과 그의 말에 귀 기울이는

---

8   Bob Heafner, "Adam Clement—Beekeeper," *The Mountain Laurel*, September 1983, http://www.mtnlaurel.com/arts-and-crafts/118-mr-adam-clement-beekeeper.html.

것이 그리 필요치 않은 시기가 찾아왔다. 양봉가들이 "순수한 꿀"이 아닌 다른 것을 팔려고 한다면, 모든 사람들이 알게 되는 시기가 있었다. 그러나 오늘날에는 대부분의 사람들이 식품의 원산지와 먼 거리에 살기 때문에, 내용물 표시법을 통한 규제와 진위확인이 필요하다. 클레멘트 씨와 같은 집단이 없기에, 몇몇 주에서는 내용물 표시에 관한 좀 더 강화된 지침을 제정하고 있다. 예를 들어 "사워우드 꿀"이라고 표시한 꿀은 적어도 51퍼센트 이상의 사워우드 꽃꿀을 함유하고 있어야 하며, 검사를 통해 확인받아야 한다는 조항이 포함되어 있다.[9]

꿀의 윤리는 여러 면에 있어서 인간의 경쟁 및 인간의 행동을 규제하려는 시도에 대한 더 큰 이야기를 들려준다. 하나님은 우리를 하나님의 형상대로 지으시면서, 우리를 서로 의존하는 존재로 지으셨다. 식량 생산자와 소비자가 서로 의존하고 있는 것처럼 상호간의 성공은 서로에게 묶여 있다. 그리고 이 상호 의존의 가장 분명한 예 중 하나는 우리의 육체에서, 생물학적 남성성과 여성성에서 발견된다. 상호간의 선과 더 넓은 공동체의 선을 위해 협력하여 일하도록 의도되어 있음을 우리 몸 자체가 가르쳐준다. 사실 바로 그 남녀 간의 차이점이 땅을 관리하며 "생육하고 번성하기 위해"(문자적 의미에서나 전형적 의미에서

9   양봉가들이 내용물 표시를 날조하고픈 유혹을 받는 이유 중 하나는 사워우드 꿀은 다소 희귀하면서도 그 가치가 매우 높다는 점이다. 실제로 토종 애팔래치아 사워우드 꿀의 확연한 맛은 2005년과 2007년 세계양봉대회(Apimondia, the International Federation of Beekeepers' Associations)에서 "세계 최고의 꿀"이라는 이름을 얻었다.

모두) 주어진 것이다. 교만이 이 그림 안으로 들어올 때, 아니나 다를까 우리의 연합을 위해 의도된 바로 그것이 분열과 경쟁의 원천이 된다.

남녀 간의 경쟁에 관한 첫 낌새는 타락 직후에 나타난다. 남자와 여자는 남성성과 여성성을 번영과 복의 원천으로 생각하는 대신, 자신들의 차이를 이제 유혹의 원천으로 여긴다. 창세기 3:16에서 하나님은 여자에게 경고하신다. "너는 남편을 원하고, 남편은 너를 다스릴 것이다." 신학자들은 이 본문에 대해 여러 다른 해석을 내놓지만(몇몇 해석은 다른 해석들보다 더 난해하다), 이 본문이 담고 있는 현실 세계에 대한 함축을 이해하기 위해서 신학자가 될 필요는 없다. 다만 남자와 여자가 경쟁하기 위하여 자신들의 생물학적 차이를 어떻게 이용하는지 ─ 우리가 우리 몸을 어떻게 사용하는지 ─ 를 봐야 한다.

일반적으로 남성은 여성보다 신체적으로 강하며, 그래서 자연스럽게 남성들은 여성들을 지배하기 위해 힘을 사용하고자 하는 유혹을 받는다. 우리는 남성이 여성을 신체적으로 학대하거나 폭행할 때마다 이런 점을 본다. 남성이 여성을 희롱하고 협박하려고 힘을 사용하는 것을 본다. 또한 남성이 자신의 아이를 임신한 여성을 외면하고 떠날 때에도 이런 점이 나타난다. 남자가 여자를 버릴 때, 아버지가 아니라 어머니의 몸 안에서 태아가 자란다는 사실을 자신에게 유리하게 사용한다. 힘이 곧 정의인 일그러진 세상에서, 남성들의 신체적인 구조에는 여성들이 갖지

못한 유리한 점이 있다.[10]

여성들은 이를 보상받기 위해, 자신들이 가지고 있는 남성들이 원하는 점을 기회로 삼고자 하는 유혹을 받을 수 있다. 여성은 남성만큼 강한 신체를 가지고 있지 않지만, 생명을 낳을 능력이 있다. 그녀의 생식능력(성적인 능력까지도 포함하여)은 권력을 얻을 수 있는 하나의 잠재적인 원천이다. 남자들이 여자를 욕망하기 때문에, 여자들은 남자들의 관심을 사로잡으려고 자기 자신을 대상화하고 싶은 유혹에 빠질 수 있다. 하나님의 형상으로 지음 받았다는 사실에서 자신의 가치, 중요성, 권한을 찾는 대신, 남자에게서 자신의 가치를 찾으려는 유혹을 받게 되는 것이다. 여성이 자신의 성적인 측면을 과시할 때, 반드시 섹스의 대상이 되길 원한다고 볼 수는 없다. 다만 이를 통해 여성들은 성적인 능력만으로도 일그러진 세상을 지배할 수 있음을 배우게 된다.

이러한 성적 역학은 우리가 절제되지 않은 남자의 힘을 집단적으로 찬양하고 여성의 성적인 면모를 공공연히 드러내는 것과 같은 광범위하고 조직적인 방식의 행동을 낳는다. 우리는 남성이 다른 남성을 묵사발로 만드는 것을 보고 환호하며, 여성들이 서로

---

10   남녀 간의 생물학적 차이는 낙태가 존재하는 이유의 한 부분이다. 낙태의 과정을 통해, 여성들은 남성들이 자연적으로 가지고 있는 생물학적 "자유"를 똑같이 흉내 낸다. 아이를 임신한 후에, 남자는 여자 곁에 머물지 말지를 선택할 수 있지만, 물리적으로 남자를 여자에게 묶어 두지는 않는다. 그래서 많은 이들이 책임을 짊어지는 대신 떠나고 만다. 불행히도, 낙태는 이를 바로잡아 주는 대신 가중시킨다. 낙태는 여성들이 남성들과 똑같은 식으로 유기할 수 있는 길을 열어주는데, 결과적으로 함께 임신시킨 아이를 돌보아야 하는 책임을 면할 수 있는 가능성을 남성에게 보여줌으로써, 악순환이 더욱 가중된다. 단지 아이가 없으면, 남자는 전혀 족쇄가 없다고 느낄 수 있다.

경쟁하며 자신의 몸을 사용하는 것에 갈채를 보낸다. 우리가 연합하도록 주신 바로 그것—생물학적 차이—이 이제 우리를 갈라놓는다. 매우 현실적이며 또한 매우 위험한 문제이기에, 그리스도인들은 자주 남자와 여자의 몸가짐에 관한 기준을 마련할 필요를 느낀다. 우리는 어떤 것이 정숙하고 어떤 것이 그렇지 않은지에 대해 엄격한 견해를 내보이며, 여성이 특정한 방식으로 옷을 입어야 한다고 말한다. 우리는 모든 여성들이 성적인 부분을 통해 남성을 지배하려는 경향이 있다고 확인시키면서, 남성들에게 여성인 친구가 있어서는 안 된다고 말한다. 우리는 서로를 의심하면서, 항상 몸짓과 표정과 복장 뒤에 있는 더 깊은 동기를 찾으려고 한다.

그러나 그렇게 하면, 우리는 더 큰 점을 놓치게 된다. 주 정부에서 규정을 내놓았기 때문에, 양봉가 애덤 클레멘트가 "순수한 꿀"을 파는 것이 아니다. 클레멘트 씨가 신의信義의 사람이기 때문에 "순수한 꿀"을 파는 것이다.

물론 외부의 법으로 품질이나 행동의 기준을 수립할 수는 있겠지만, 문제는 그 법에 양봉가들이 실제로 올바르게 행동하도록 만드는 능력은 없다는 점이다. 정부는 기준을 만들고 강제성을 부여하려고 노력할 수 있겠지만(강제성을 부여하는 것도 쉽지 않다는 사실이 드러나겠지만), 그 기준 자체는 애덤 클레멘트가 "채집한 그대로 팔도록" 동기를 부여해준 그런 내적인 도덕성을 만들어 내지 못한다. 우리도 마찬가지이다. 우리 몸에 들여야 할 것은 무엇이며 들이지 말아야 할 것은 무엇인지, 몸에 걸쳐야 할 것은 무엇이고 걸치지 말아야 할 것은 무엇인지, 우리 몸에 어울리는 것은 무엇이며 그렇지 않은 것은 무엇인지에 대한 규례를 정할 수는 있다. 하지만 이러한 규례가 우리를 윤리적인 사람으로 만들어 줄 수는 없다. 이러한 규례가 남녀 간의 분열을 치유할 수는 없다. 이러한 규례는 성 전쟁에 평화를 가져다주지 못한다.

골로새 교회에 보내는 편지에서 사도 바울은 인간의 행동을 변화시킴에 있어 그러한 규정들의 무익함에 대해 다룬다. 어떤 특정 세력은 자신들이 주장한 일종의 금욕주의가 육체의 정욕을 억제할 것이라고 조장함으로써 권력을 얻었다. 다른 신자들이 자신들의 특정 규칙을 따르지 않으면, 그 신자들을 판단하고 "참된" 신자의 자격을 박탈하였다. 그러나 바울은 그러한 규례들이 실질적으로 우리를 변화시킬 능력이 없다고 반격하였다. 바울은 기록하기를, 그러한 "인간의 계율과 가르침은 자신이 만든 종교와 금욕주의와 몸을 혹독하게 하는 데에는 지혜 있는 모습이지만, 육체의 욕망을 따르는 것을 금하는 데에는 아무런 유익도 없습니다."[11]

율법주의 아래에서 골로새인들은 자기 자신에 대한 깊고도 확실한 신뢰가 있었다. 그들은 특정 행동 기준을 고수함으로써 정결함에 도달할 수 있다고 믿었다. 바울은 기록하기를, "하나님

11   골로새서 2:23.

이 자라게" 하시므로 "머리[그리스도]로부터 온 몸이 (…) 자라는 것인데", 골로새인들은 "머리를 붙드는" 대신 자신들의 규례를 꽉 붙들고 있으며, 규례에 도달하기 위해 자신들의 능력을 전적으로 신뢰하고 있다고 썼다. 달리 말하면 그들은 교만해 있었다. 앤드류 머리는 이렇게 썼다. "거룩함을 흉내 낸 모조품의 주된 특징은 겸손의 결핍이다. (…) 우리가 추구한다고 혹은 얻었다고 천명하는 거룩함이 진리요 생명인지 여부를 판가름하는 훌륭한 시험이 있다. 바로 그 거룩함이 **우리 안에 겸손을 점점 더하고 있는지 여부**를 살피는 것이다."[12]

결국 골로새인들의 교만은 자신들이 무엇을 바라보고 있었는지를 통해, 무엇이 그들의 이목을 사로잡았는지를 통해 드러났다. 영원한 현실에는 관심을 갖지 않고, 덧없는 현실을 규제하는 것에 관심을 두었다. 그리스도의 영광에 사로잡히는 대신, 자기 자신의 영광에 사로잡혔다. 그러나 우리의 변화는 오직 그리스도를 바라봄으로써 되는 것이다. 오직 스스로 "종의 모습"을 취하신 그리스도를 바라봄으로써만, 우리는 섬김을 배울 수 있다. 남·여 관계를 규제하려 함으로써는 교묘한 속임수와 지배의 고리를 끊을 수 없다. 그 고리를 끊을 수 있는 것은 남자와 여자가 모두 자신들의 눈을 그리스도께로 돌리는 것이다. 바울은 이렇게 말한다. "그러므로 그리스도와 함께 다시 살리심을 받았으면, 위의 것을 추구하십시오. 거기에 그리스도께서 계십니다. (…) 위의 것에 마음을

12　앤드류 머리의 책 『겸손』(Humility)은 1895년 처음 출간되었다.

두고, 땅의 것에 마음을 두지 마십시오." 우리가 위의 것을 구할 때, "우리의 생명이신 그리스도"를 볼 때, 우리는 겸손해진다. 우리를 변화시키는 것은 자존심이 아니라, 이러한 겸손함이다. 우리를 윤리적인 사람으로 만들어 주는 것은 교만이 아니라, 이러한 겸손이다. 그리고 바로 다음 구절 즉 "성적 부도덕, 더러움, 욕정, 악한 욕망, 탐욕을 죽이라는 부르심"에 응답할 수 있는 것은 이러한 겸손이다.[13]

왜냐하면 우리를 정결함으로 끌어들이는 것은 교만이 아니라 겸손이기 때문이다.

일단 겸손한 사람이 된다면, 우리에게는 "순수한 꿀"을 팔도록 강제하는 외부의 규정이 필요치 않게 될 것이다. 우리는 서로에게 안전한, 신의의 사람이 될 것이다. 우리는 "분함, 노여움, 악의, 비방, 부끄러운 말"을 벗어 버릴 것이다.[14] 일단 겸손한 사람이 되면, 우리는 자신의 몸을 더 이상 타인과 경쟁하기 위해 사용하지 않을 것이다. 왜냐하면 우리는 "자신을 창조하신 이의 형상을 따라 지식까지 새로워지는 새 자아"[15]를 입게 될 것이기 때문이다. 일단 우리가 겸손한 사람이 된다면, 남자들은 더 이상 자신의 우월함을 입증할 필요를 느끼지 않을 것이며, 여자들은 더 이상 육체적인 매력이 절실하다고 느끼지 않을 것이다. 우리는 서로를

---

13   율법주의에 맞서는 바울의 논증 전체와 어떻게 정결함을 얻을 수 있는지는 골로새서 2:8-
       3:17에서 찾아볼 수 있다.

14   골로새서 3:8.

15   골로새서 3:10.

섬기는 일에 우리 몸을 사용할 것이다. 그리고 다른 이를 향한 우리의 사랑이 깨끗해 질 것이다.

썩지 않을 것으로 다시 살아나고

"되살아나는 것은 영혼이 아니다. (…) 영화롭게 된 몸이다."

— 플래너리 오코너Flannery O'Connor

"바로의 무덤서 꿀 발견한 거 아라여?" 어느 주일엔가 러스가 웨이드 섯븐이라고 적힌 수금칠 된 항아리를 나에게 주면서 소리쳤다. 나는 "모르겠는데요, 처음 들어봐요"라고 대답했다. 내 대답이 자연스럽게 러스가 다음 말을 잇도록 유인한 셈이다.

"그게 수 천년덩안 저녀 썩찌도 않았어. 왜냐미언 꿀은 썩치 안크든." 그는 앙상한 손가락으로 내가 손에 들고 있는 항아리를 가리키며 고개를 끄덕였다. "선반에 보간해 두면 몇 년이고 괜찬늘 거에여."

러스는 지난 겨울 자신의 90번째 생일 다음날 세상을 떠났다. 그는 죽기 전에 장기간 병으로 고통스러워했고, 체중이 엄청 줄어서 거의 못 알아볼 정도가 됐다. 제2차 세계대전에 참전했고, 가족을 부양했으며, 철도 위에서 일했고, 나에게 현지 꿀을 가져 다준 거대했던 남자는 점점 야위다가 우리 눈앞에서 증발해

버리듯 죽어갔다. 삶은 문자 그대로 그를 삼켰다. "그[하나님]가 만일 뜻을 정하시고 그의 영과 생기를 거두어 가시면, 모든 육체가 다함께 멸망하고 사람은 흙으로 돌아가리라."[16]

나는 장례식장에서 그의 관을 향해 발을 옮길 수 없었다. 내가 앉은 자리에서 보는 것만으로 충분했다. 우리가 눈물을 흘리는 순간에도, "예수를 나의 구주 삼고"(Blessed Assurance; 복된 확신)를 부르며 "진짜" 러스는 여기에 없다고 이야기하는 순간에도, 나는 잘 알고 있었기 때문이다. 나는 이러한 몸과 영혼의 분리가 옳지 않음을 알고 있었다. 러스의 일부는 다른 어딘가에 있었지만, 일부는 여전히 우리와 함께 있었다. 그는 자신의 몸 안에서 살았고, 사랑받았고, 죽었다. 우리 자신에게 달리 말하는 것은 별다른 위안이 되지 못했다.

이러한 몸이 중요한 문제가 아니라면, 무엇이 중요한 문제 겠는가? 그렇다. 이러한 몸은 지금처럼 불완전하고 유한하기에 우리에게 중요한 문제로 다가오며, 이는 우리가 사랑했던 사람이 그들 자신으로부터 분리될 때 우리가 슬퍼하는 이유다. 또한 우리가 언젠가는 몸과 영혼이 다시 결합될 것이라는 소망을 붙들고 있는 이유이기도 하다. 우리가 부활에 대한 소망을 붙드는 이유다. 우리가 다음 구절들을 붙드는 이유다. "나팔 소리가 울릴 때에, 죽은 자들이 썩지 않을 것으로 다시 살아나고, 우리도 변화되리라. 이 썩을 몸이 반드시 썩지 않을 것을 입을 것이고,

16   욥기 34:14-15.

이 죽을 몸이 반드시 죽지 않음을 입으리라."[17] 달콤한 현지 꿀처럼 썩지 않는 것이다.

그래서 이것은 자신이 사랑했던 사람을 가깝고도 먼 땅 속에 묻은 여러 세대의 성도들과 함께, 땅 속에 누워서 부활을 기다리는 여러 세대의 성도들과 함께, 우리가 다음과 같이 확언하는 이유이다: "몸의 부활과 영원히 사는 것을 믿습니다. 아멘."[18]

아멘.

---

17   고린도전서 15:52-53.

18   사도신경

스위트바질(나륵풀) Sweet Basil; *Ocimum basilicum*

6

허브

"가능한 햇빛이 잘 들고 남쪽이나 동쪽으로 완만하게 경사진
평평한 땅을 선택하라. 채마밭은 편의상 집에서 가까워야 한다."
— 『1843년 셰이커교인의 텃밭서』

(The Shaker Book of the Garden, 1843)

어느 어머니의 날Mother's Day이었다. 나는 남편에게 허브밭을
일구게 도와달라고 하였다. 우리는 몇 년 동안 허브를 대충 기르고
있었다—테라스에 민트 화분 몇 개, 토마토 근처에 약간의 고수
무더기 정도였다. 난 제대로 된 채마밭을 일구기로 결심했다. 나는
문 바깥쪽에 꽃과 허브와 작은 채소를 함께 기를 수 있는 공간을
원했다.

프랑스인들은 그런 공간을 자르뎅 포타제jardin potager로 알고
있을 터이고, 스코틀랜드인들은 케일야드kailyard로 알고 있겠지만,
나에게는 채마밭kitchen garden이다. 편리함과 유용성에 중점을

두었기 때문이다. 채마밭은 단지 땅에 자라는 작물의 종류에 따라 붙여진 이름이 아니라, 부엌kitchen과 가깝기 때문에 붙여진 이름이다. 내 경우에는 채마밭이 뒷문에서 정말 가깝기 때문에, 요리 도중 바질basil을 깜빡했다는 사실이 기억나면, 슬쩍 바깥에 나가서 줄기 몇 개를 잘라 와도 늦지 않아서, 소스가 타기 전에 바질을 넣을 수 있다.

그래서 어느 오월 중순의 주말에, 나단과 나는 채마밭을 시작하기 위해 동네 온실에 들렸다. 묘판들을 이리저리 둘러보니, 심을 만한 것들이 너무 많아서 갈피를 잡을 수 없었다—차와 젤리를 만들 때 쓸 민트, 신선한 살사salsa와 과카몰리guacamole에 넣을 고수, 페스토와 카프레제 샐러드와 레모네이드에 넣을 바질, 통닭구이에 넣을 로즈메리rosemary와 타임thyme. 온실을 나설 무렵, 내 채마밭에 심을 작물이 여기서 더 늘어나버렸다. 라벤더, 레몬그라스lemongrass, 딜dill, 곱슬파슬리와 넓적파슬리curled and flat parsley, 파인애플세이지pineapple sage(놀랍게도 파인애플과 맛이 정말 비슷하다)까지.

현대적으로 말하면, 허브는 풍미와 향의 강렬함에 있어서 그리고 해충에 대한 타고난 저항력에 있어서 다른 식용 식물들과 구별된다. 허브에서 추출한 방향유의 농도가 비교적 높기 때문에, 우리는 샐러드에 상추, 시금치, 아루굴라arugula를 담아 채우지 결코 같은 양의 민트, 세이지sage, 바질로 채우지 않는다. 또한 방향유의 농도는 허브가 인류 역사에서 줄곧 향수, 조미료, 약으로 사용된 이유이기도 하다. 허브의 풍미는 매혹적이어서 나는 내 허브밭을 지날 때마다 라벤더의 잔가지를 꺾어서 두 손바닥으로 문지른 다음 깊이 들이마시고 싶은 유혹을 잘 뿌리치지 못한다. 그리고 바질Ocimum basilicum 줄기에서 잎이 뜯어져 나간 것을 보면, 아홉 살 난 아들의 소행이란 것을 안다. 아들도 나처럼 유혹에 넘어가서 어디에선가 행복하게 바질을 오물거리고 있는 것이다.

허브는 다재다능해서 "의사들의 친구이자 요리사들의 찬양"[1]이라는 별명을 얻었고, 인류 역사 내내 육체적으로나 정신적으로 삶의 질을 증진시키는 데에 사용되었다. 유익한 식물에 대한 지식은 대대로 구전되기도 했지만, 로마제국에서 중동 지역과 무어 아프리카에 이르는 수많은 의사들은 오랫동안 허브의 치료 효과를 목록화하여 전승하였으며, 특히 극동 지방에서의 기록은 기원전 3000년까지 거슬러 올라간다. 중세 기간 동안 수녀와 수사들이 "약초" 밭을 일구는 것이 수도생활의 일부가 되면서 허브는 수도원의 영역에 들어갔다.

그러나 17세기에 근대 과학이 등장하면서, 전통적인 약초처방herbalism은 철저히 재검토되었다. 왜냐하면 약초처방에는 매우 자주 민간의 미신과 점성술이 혼재되어 있었기 때문이다(중세에는 미나리아재비buttercup를 담아서 목에 두르고 다니면 광기가 치료된다는 말이 저잣거리에 나돌았다). 과학이 발전하면서 허브와

---

1   이 문구는 샤를마뉴(Charlemagne)와 그의 가정교사인 앨퀸(Alcuin)에게서 유래했다.

허브의 용도에 대한 연구가 각각 식물학과 현대약리학이라는 독립적인 영역으로 나뉘었다(중첩되는 부분도 있겠지만). 오늘날에는 방향유와 방향요법aromatherapy에 대한 관심이 높아지면서 나누인 분야들이 다시 통합되고 있다. 중국 의사들이 허브가 육체와 정서에 주는 유익에 대해 관찰하고 처음 기록한 지 수천 년이 지난 오늘날, 서구의 많은 중산층 주부들은 민트가 감각기관을 자극하는 데 쓰이고, 라벤더는 불안을 완화하는데, 레몬밤lemon balm은 불면증 치료에 쓰인다는 것을 알고 있다. 그리고 만약 정신 건강이 좋지 않다면, 햄릿에서 오필리아가 했던 말을 조언으로 인용할 수도 있다. "여기 로즈마리가 있어요. 로즈마리는 기억하기 위한 것이죠."

이 흥미로운 식물들과 우리 내면생활 사이의 관계가 무엇이든 간에[2] 그로부터 정서의 본질과 영적인 부분의 형성과정에 대한 흥미로운 질문이 나온다. 특히 이와 관련하여, 겸손을 기르는 것이 정서적으로 건강한 생활에 어떤 영향 주는가? 감정은 단순히 생화학적 작용의 문제인가, 아니면 겸손이 정서적 그늘이나 변화에 어떤 지침을 제공해 줄 수 있는가?

---

[2]   임상연구는 여전히 한계가 있겠지만, 메릴랜드대학교 메디컬 센터는 "몇몇 전문가들은 우리의 후각이 중요한 역할을 한다고 믿는다[방향 요법]. 코 속의 '냄새' 수용체는 정서와 기억을 담는 창고 역할을 하는 뇌의 일부분(편도체와 해마)과 이어져 있다. 몇몇 연구자들은 방향유 분자를 들이마실 때, 방향유 분자가 뇌의 이 부분을 자극하여 물리적, 정서적, 정신적 건강에 영향을 미친다고 믿는다"고 언급하였다. http://umm.edu/health/medical/altmed/treatment/aromatherapy.

진정한 자아들

겸손이 어떻게 우리의 정서적인 생활을 형성하는지를 이해함에 있어 어려운 점 중 하나는, 간단히 말해서 정서라는 게 과연 무엇인지 이해하기가 어렵다는 점이다. 우리가 지금 "정서"emotions라고 부르는 것은 역사 전체에 걸쳐 기분, 열정, 욕구, 애정, 감상적인 것을 지칭해 왔다. 런던에서 정서의 역사를 다루는 퀸메리센터의 센터장인 토머스 딕슨Thomas Dixon은 "정서"라는 단어가 18세기까지는 영어 사전에 들어 있지도 않았으며, 그저 "신체적 장애"를 가리키는 말이었음에 주목하였다. "정서"라는 용어가 우리의 내면생활 혹은 정신적 생활을 지칭하기 시작한 것은 불과 1800년대 말에 임상심리학이 출현하면서였다.[3]

여전히 언어학자들과 연구자들은 정서를 무엇으로 정의해야 할지 어려워하지만, 우리는 자신의 감정●과 마주하고(혹은 느끼고) 있을 때 그것이 무엇인지 안다. 우리는 두려움, 역겨움, 분노, 놀람, 행복, 슬픔, 무안함, 흥분, 경멸감, 수치심, 만족감, 자신감, 우스움을 안다. 우리는 그것의 너비와 깊이를 알고 있으며, 그것의 다양한 맛과 강도도 알고 있다. 어떤 감정은 선명하고, 어떤 것은 달콤하며, 어떤 것은 격렬하다. 또한 우리는 우리의 감정이 어떻게 우리의 결정을 이끌어내는지에 대해서도 이해하고 있다.

3　Thomas Dixon, "'Emotion': The History of a Keyword in Crisis," *Emotion Review* 4 (2012): 338-44.

●　emotion을 문맥에 따라 감정 또는 정서로 번역하였다

그리고 어떻게 수치심이 사람을 숨게끔 만들 수 있는지를, 어떻게 분노가 파괴적인 행동으로 이어질 수 있는지를, 어떻게 두려움이 우리를 폭력적인 관계로 몰고 갈 수 있는지를 알고 있다. 감정에는 강력한 힘이 있어서, 실제로 고대 세계의 스토아 철학자들은 감정을 완전히 부인한 채 오직 이성으로만 결정을 내릴 것을 제안하였다. 하지만 기독교 철학이 등장하면서, 아우구스티누스와 토마스 아퀴나스와 같은 사람들은 인간의 정서를 다른 방식으로 읽어나갔다. 그리스도를 통하여 우리의 악한 열정들이 거룩한 감정affections으로 변화될 수 있다는 것이다. 그리스도를 통한다면, 냉담한 마음도 연민으로 변할 수 있으며 정욕이 사랑으로 변화될 수 있다.

그리고 이러한 변화는 겸손과 함께 시작된다.

겸손 그 자체는 감정적인 상태가 아님을 기억하라. 겸손은 자기 자신에 대해 어떤 특정한 방식으로 느끼고 있는 것이 아니다. 겸손은 작다거나 낮다고 느낀다든지, 혹은 무안하다거나 굴욕적인humiliated 감정을 느끼는 것이 아니다. 신학적으로 말하자면, 겸손이란 하나님이 누구이신지를 올바르게 이해하는 것이며, 그리고 그 결과로 우리가 누구인지를 올바르게 이해하는 것이다. 우리는 이러한 이해로 인해 특정한 느낌이 들 수도 있다—창조주의 보살핌 가운데 안전함을 느낄 수도 있고, 창조주에 대한 불순종으로 인해 두려움을 느낄 수도 있다. 그러나 이러한 감정은 하나님에 대한 '올바른 인식'의 결과이다. 미국의 신학자이자 청교도 목사인 조나단 에드워즈는 이렇게 썼다.

거룩한 감정은 빛이 없는 열이 아니다. 거룩한 감정은 언제나 이해를 가져오는 지식으로부터 나온다. 마음으로 받아들인 어떤 영적인 교훈, 어떤 빛이나 실제적인 지식으로부터 나온다. 하나님의 자녀는 은혜로운 감정을 느끼는데, 이는 전보다 더욱 하나님의 것에 대해 알고 이해하기 때문이며, 하나님과 그리스도 그리고 복음에 나타난 영광스러운 일들을 더 많이 알고 이해하기 때문이다.[4]

달리 표현하자면, 자신의 감정 그 자체에 집중함으로써는 정서적 불확실성(스트레스와 염려)을 해결하지 못한다. 근본 원인에 접근하여 해결해야 한다. 마음이 온화하고 겸손하신 예수님께로부터 배움으로써 해결해야 한다.

이 책이 전제하는 바는 대부분의 정서적 불안정이 교만에 뿌리를 두고 있다는 것이다. 단지 우리의 지적 능력이나 육체적 능력에 대한 교만만이 아니라, 자신의 감정을 진리의 원천으로 우선시하는 교만도 해당된다. 이를 이해하기 위해서는 정서적 진정성authenticity에 대한 우리 문화의 고착관념을 봐야 한다. 진정성은 우리가 이해해온 바와 같이 "있는 그대로 말하는 것"을

---

4   Jonathan Edwards, *The Religious Affections* (1746; repr. Mineola: Dover Publications, 2013), p. 192. 『신앙감정론』(정성욱 옮김, 부흥과개혁사, 2005) 등 여러 역본이 있음.

칭찬하며, "자기 자신에게 정직하도록" 격려한다. 그러나 오늘날, 자기 자신에게 정직하다는 것은 스스로에 대해 정직히 평가하는 것을 의미하지 않는다. 단지 자기 자신이 느끼는 감정을 진리로 받아들인다는 의미이다. 한 청년은 이렇게 말했다. "도덕이란 내가 강렬하게 느끼는 방식이다. 왜냐하면 내 가슴이 그것을 느낄 수 있기 때문이다. 대체로 (…) 내가 그것을 가슴으로 느껴야지, 무엇이 옳고 그른지를 도덕적으로 결정기가 더 쉬워진다. (…) 그리고 좋은 것이라고 느껴진다면, 나는 그대로 할 것이다."[5]

조나단 그랜트는 자신의 책 『신적인 섹스』에서 이러한 관점을 다음과 같이 묘사한다. 이런 관점에서 진정한 진리는 "자기 안에서 발견되거나 적어도 자기 자신의 고유한 인격 안에 울림이 있는 것이어야 한다."[6] 그리고 그랜트는 진정성에 대한 우리의 고착 관념을 로맨틱한 관계를 통해 추적하면서, 우리가 어떻게 자기 자신의 정서적 경험에 갇힐 수 있는지를 보여주었다. 예를 들면 다음과 같은 것이다. 자신의 배우자를 향한 올바른 사랑을 느끼고자 애쓴다면, 결혼 관계를 유지하기 위해 분투하는 것만으로는 충분하지 않다. 우리의 감정으로 정의된 "진리"는 당신에게 로맨틱한 교분이 없을 때 이를 표현할 것을, 심지어 결혼 생활을 포기할 것을 요구한다. 그리고 그랜트는 이런 식의 진정성이 가르치는

---

5   Christian Smith and Patricia Snell, *Souls in Transition: The Religious and Spiritual Lives of Emerging Adults* (Oxford: Oxford University Press, 2009), p. 51.

6   Jonathan Grant, *Divine Sex: A Compelling Vision for Christian Relationships in a Hyper-sexualized Age* (Grand Rapids: Brazos Press, 2015), p. 30.

바에 대해 다음과 같이 썼다. "애석하게도 우리의 낭만이 사라졌음에도 계속 함께한다면, 그리고 우리에게 자녀가 있다면, 자녀들은 우리들의 위선에 오염될 것이다. 우리가 새로운 사람을 찾아가는 것이야말로 정말 최선의 관계이다."[7]

그러나 만약 우리의 정서적 경험을 우선시하는 것이 애초부터 정서적 혼란으로 이끄는 것이라면 어떻게 하겠는가? 진리를 밝혀주는 외부의 실재reality가 없다고 간주하여, 우리가 자신의 감정의 노예가 된다면 어떻게 하겠는가?

어떻게 겸손이 우리의 내적인 생활에 쉼을 가져다주는지가 여기에 있다: 바로 겸손이 "하나님은 우리 마음보다 크심"[8]을 우리에게 가르쳐 준다는 점이다. 겸손은 우리가 감정에 따라갈 필요가 없다고 가르친다. 왜냐하면 중요한 현실reality은 오직 하나님의 것이기 때문이다.

우리가 감정의 올무에 사로잡히는 방식을 이해하기 위해, 친구가 당신에 대해 뒷담화한 것을 알게 된 상황을 생각해보자. 당신은 아마 화가 나고, 괴로우며 두려움을 느낄 것이다. 적어도 나는 그럴 것 같다. 나는 친구의 이중적인 모습에 화가 나서 한 방 먹이고 싶을 것 같다. 그들이 나에 대해 가지고 있는 생각 때문에 상처를 받을 것이고, 자신감을 되찾고 안심하기 위해서 다른 사람들에게 집착할 것 같다. 다른 사람들이 내 친구의 말을 믿게 될까

---

7   위의 책, p. 31.

8   요한일서 3:20.

두려워서, 나에 대한 사람들의 생각을 바로잡고자 바쁘게 움직일 것 같다. 내가 이렇게 하려는 이유는 이것이 가장 현명한 행동 수순이기 때문이 아니라, 나 자신을 지켜내고자 내 감정들이 나를 몰아가고 있기 때문이다. 그런데 만약 겸손이 내 자아감을 내 감정보다 더 큰 무언가(또는 누군가) 속에 뿌리내리게 한다면 어떨까? 만약 겸손이 다른 사람들이 나에 대해 어떻게 생각하는지에 대한 강박에서 자유롭게 할 수 있다면 어떨까? 나 자신에 대해 내가 느끼는 강박까지도 자유롭게 할 수 있다면 어떨까?

고린도전서 4장에서 바울은, 어떻게 겸손이 자아감sense of self을 감정으로부터 벗어나게 하는지, 그리고 어떻게 겸손이 자아감을 원래 있어야할 올바른 곳에 있게 하는지 보여준다.

> 내가 여러분에게 판단을 받든지, 세상 법정에서 심판을 받든지, 나에게는 그것이 아주 사소한 일입니다. 그뿐 아니라 나도 나 자신을 판단하지 않습니다. 내가 알기로는 내게 자책할 일이 없습니다. 그렇다고 해서 나에게 죄가 없다는 말은 아닙니다. 나를 판단하시는 분은 주님이십니다.[9]

달리 말하면, 나에 대한 당신의 판단이 중요하지 않다는 것이다. 나 자신에 대한 나 스스로의 판단 역시 중요하지 않다. 나에 대해 중요한 판단을 내리시는 분은 오직 주님이시다. 그분만이 내

---

9 고린도전서 4:3-4.

마음을 정확하게 이해하실 수 있다(나조차 이해할 수 없는 내 마음을). 그리고 그분이 신실하게 판단하시고 보응하실 것을 신뢰한다. 팀 켈러는 이 구절에 대해 주해하면서 다음과 같이 썼다. "겸손한 사람은 비판으로 인해 특별히 심한 상처를 받지 않을 것이다. 비판은 겸손한 사람을 압도하지 않으며, 밤늦도록 잠 못 들게 하지 않을 것이다. (…) 비판에 압도되는 사람은 다른 사람들의 생각과 의견에 너무 많은 가치를 두고 있는 것이다."[10]

"하나님은 우리 마음보다 크시다."

불현듯 어떻게 겸손이 우리를 자유하게 하는지가 보인다. 하나님의 판단이 가장 중요하기 때문에, 나는 나에 대한 친구들의 판단에 걱정하지 않아도 된다. 홧김에 응수하는 대신, 나는 그리스도를 통하여 나에 대한 하나님의 판단 가운데 쉼을 누릴 수 있다. 오해 받음으로 인해 괴로워하는 대신, 내가 나를 아는 것보다 하나님께서 훨씬 더 나를 잘 이해하고 계시다는 사실을 생각하며 안식할 수 있다. 모두에게 나의 훌륭한 인격을 납득시키려고 조급해하는 대신, 나의 진실을 입증해(바로잡아) 주실 수 있는 하나님 안에서 쉴 수 있다. 불현듯 나는 감시와 체면의 자리로부터 벗어나 곤란한 상황에도 대응할 수 있는 자유로운 존재가 된다. 불현듯 나는 내 마음보다 더 큰 관점으로 세상을 볼 수 있는 자유로운 존재가 된다.

---

10 Timothy Keller, *The Freedom of Self-Forgetfulness: The Path to True Christian Joy* (Chorley, England: 10Publishing, 2012), p. 33. 『복음 안에서 발견한 참된 자유』(장호준 옮김, 복있는사람, 2012).

거룩한 뻔뻔함

"오랜 시간 동안 나는 환자들이 양심이나 슬픔의 문제로 정신질환을 앓고 있음을 보았다. 나는 의사이기 이전에, 하나님 행세를 해야 했다. 사실 우리가 가진 최고의 기술은 마음에 신뢰와 평화가 생기도록 희망을 불어넣는 것이다."

— 니콜라스 컬페퍼Nicholas Culpeper, 17세기 약초의醫이자 영국 청교도

내 허브밭에 허브를 심은 지 24시간 만에 허브의 절반 이상이 죽었다. 충격이었다. 그리고 당황스러웠다. 내가 나단에게 허브 뜰에 대한 생각을 처음 꺼냈을 때, 나는 허브뜰을 책임지겠노라고 약속했다. 이로써 나도 "땅을 조금" 갖게 될 것이고, 내 약속을 입증하기 위해서 그 일의 대부분을 스스로 했다. 심지어 직접 땅을 파고 갈았다. 나단이 못미더워하는 눈치였지만—결국 가끔 나는 화초를 살리는 것을 보여주려고 애쓴다—이것은 나 자신을 입증할 기회였다. 그래서 나는 허브를 연구하기 위해 도서관에서 한 무더기의 책을 가져왔다. 나는 내가 원하는 품종의 목록을 작성했고, 우리가 그 품종들을 산 후 그다음 토요일에 나는 마지막으로 흙을 뒤집고 옮겨 심고 물을 주었다. 게다가 화단에 뿌리 덮개를 뿌리기까지 했다.

하지만 다음날 아침, 나는 기차가 한 량 지나간 듯한 원예장의 재난을 목격했다. 하루 전만해도 생생하게 잘 자라던 식물들이

이제는 병에 걸린 듯 축 처졌다. 나의 요리 실력과 약재술을 영광스럽게 해주리라 바랐던 이파리들은 누렇게 시들며 줄기에서 떨어지고 있었다. 내가 손댄 것들만 다 변해버렸다. 최악이었다. 내 자존심도 상처를 입었지만, 게다가 거의 70달러를 날렸고, 시간도 많이 들였었다. 모든 것이 허사였다. 난 실패했다. 모든 게 다 내 잘못이었다.

내 잘못이 아닌 부분을 빼면.

정신없이 한 시간 동안 인터넷을 검색했고, 내 불쌍한 병든 허브와 관련된 설명을 우연히 발견했다. "가뭄, 배수불량, 비료 화상, 농약 오용에 의한 손상과 유사하다. 증상으로는 잎 가장자리의 황변, 불에 탄 듯한 잎, 마른 잎, 그리고/또는 식물의 죽음이 있다."[11] 이를 통해 내가 뜰에 "산성" 뿌리덮개를 뿌렸다는 것이 드러났다.

보아하니, 뿌리덮개는 충분한 산소가 없이 분해될 때 쉰내가 난다. 과도한 수분이 뿌리덮개 더미나 봉지 가운데 갇히면, 뿌리덮개는 퇴비가 되기 시작한다. 그러나 충분한 산소가 없으면, 유독성 부산물을 만들어내는데, 이 부산물은 pH를 극적으로 낮춰서 산도를 높인다.

일반적으로 산성 뿌리덮개는 그 독성을 알리는 악취를 낸다. 하지만 이유가 무엇인지 몰라도, 우리가 사온 뿌리덮개 봉지에는

---

11   "Beware of Toxic Mulch," Cornell gardening resources, Cornell University, last updated October 20, 2015, http://www.gardening.cornell.edu/factsheets/mulch/toxicmulch.html.

그런 냄새가 없었다. 그리고 일단 정원사가 자신의 정원에 산성 뿌리덮개를 뿌리면, 그다음에 정원사가 할 수 있는 일은 아무것도 없다. 독소가 토양으로 녹아들면서 연약한 뿌리들을 태워버린다. 경험 많은 정원사였다면 예방책으로 뿌리덮개를 모두 버렸을는지도 모르지만, 나로서는 쉰내도 없이 뿌리덮개에 독이 있다는 사실을 알 길이 없었다. 나는 내 불쌍한 어린 허브들이 심하게 손상된 것을 보며 좌절했다. 그러나 내가 전적으로 책임지지는 않았다. 물론 내 **감정**으로 본다면 전적인 나의 책임이었지만.

겸손은 우리를 타인의 비난으로부터 자유롭게 할 뿐만 아니라, 자책과 불필요한 죄책으로부터도 자유롭게 한다. 왜냐하면 겸손은 우리에게 감정이 실재의 척도가 아님을 가르치기 때문이다. 또한 겸손이 우리에게 가르치기를, 우리에게 유죄 판결을 내릴 권리가 있는 유일한 분은 하나님 자신뿐이시다. 사실 이 진리는 "하나님은 우리 마음보다 더 크시다"는 요한의 확신을 담은 구절의 더 큰 맥락을 표현한 것이다. 요한은 하나님의 부르심에 대한 확신을 얻고자 분투하는 신자들에게 이 편지를 쓰면서, 그들의 감정이 믿음의 기초가 아님을 상기시키고 있다. "이로써 우리가 진리에 속한 줄 알고, 우리 마음을 주 앞에서 굳세게 할 것입니다. 이는 혹 우리 마음이 우리 자신을 책망할 일이 있더라도, **하나님은 우리 마음보다 더 크시고** 모든 것을 아시기 때문입니다."[12] 달리 표현하면, 믿음의 기초는 나 자신이 내 믿음에 대해 어떻게 느끼고

---

12   요한일서 3:19-20.

있는가 하는 것이 아니라, 믿음의 대상에 있다.

우리가 불필요한 죄책감을 떠맡고자 유혹 받는 이유 하나는, 그렇게 하면 실제로 겸손해질 필요 없이도 겸손하게 보일 수 있기 때문이다. 우리는 스스로에게 겸손하다고lowly 계속 확신시키면서 자기중심을 지킬 수도 있다. 그러나 우리가 자기심취를 하거나 자신의 연약함에 집착하게 되었을 때, 우리는 그야말로 다시 자기 자신에게 주목하게 된다. 그리고 자기 자신을 판단함으로써, 스스로 하나님의 위치에 앉는다. 우리는 사실상, 성령께는 "죄, 의, 판단에 대하여 세상을 책망하시는 성령의 사역"[13]을 충분히 감당할 만한 역량이 없다고 말하고 있는 것이다. 만약 그분께 그런 역량이 없다면, 우리가 그분을 위해서 그 일을 해야 할 것이다.

엘리스 피터스Ellis Peters는 캐드펠 수도사(그는 아주 흥미롭게도 약초밭을 가꾸는 12세기 수도사이다) 시리즈 중 하나인 추리소설 『얼음 속의 처녀』에서 이렇게 썼다. "당신의 어깨 위에 비난이 쏟아지는 순간에도, 비난과 칭찬을 나눠주시는 하나님 고유의 역할을 가로채지 마라. 그 또한 일종의 오만이리. 순수한 염려가 변하여 하나님의 위치를 찬탈하는 것은 너무도 쉬운 일이다. 완벽에 미치지 못한다고 자기 자신을 비난하는 것은 스스로 신격을 사칭하는 것이다."[14]

---

13 요한복음 16:8.

14 Ellis Peters, *The Virgin in the Ice: The Sixth Chronicle of Brother Cadfael* (New York: Morrow, 1983), pp. 98-99. 『얼음 속의 처녀』(최인석 옮김, 북하우스, 1998).

아니면 힐데브란트가 말했듯이, "거룩함 가운데로 부름 받지 못할 정도로 자신이 너무 형편없는 사람인지 아닌지를 스스로 판단하여 추측하지 않고, 다만 그저 하나님의 자비로운 사랑에 머리 숙여 경배함으로 응답하는 것, 이것이 참된 겸손인지를 정확히 확인하는 길이다."

그리고 이 머리 숙임, 이 겸손함은 신뢰로 이어진다. 힐데브란트는 계속해서 이렇게 말한다. "내가 부르심을 받을 만큼 가치 있는지 여부를 묻는 것은 핵심을 벗어난 것이다. 하나님이 부르셨다는 것, 그 한 가지가 핵심이다."[15]

우리의 감정이 하나님의 부르심의 척도가 아님을 이해한다면, 남녀 간에 자신감의 격차를 좁히는 데 크게 도움이 될 수도 있다. 『애틀랜틱』(Atlantic) 2014년 5월호 표지기사에서 저널리스트인 캐티 케이Katty Kay와 클레어 쉽맨Claire Shipman은 자신의 능력을 평가함에 있어서 남녀가 서로 다른 경향을 보이는 사회학적 현상에 대해 썼다. 통제된 평가를 통해 아무런 능력의 차이가 없음을 보았을 때조차도, 남자는 자신의 능력을 과대평가하는 경향이 있는 반면, 여성은 과소평가하는 경향이 있다는 것이다. 사회학자들은 자신감의 차이에 대해 여러 원인—화학적 차이까지도 포함하여—을 제시한다. 그리고 그러한 자신감의 차이에서 나오는 결과로 여성은 자기불신self-doubt으로 인해 행동을

---

15 Dietrich von Hildebrand, *Humility: Wellspring of Virtue* (Manchester, NH: Sophia Institute Press, 1997), p. 51.

취하지 않게 되는 반면, 남성들은 지나친 자신감으로 인해 하지 말아야 할 행동을 한다.

물론 이것으로 모든 남성들이 자기 능력에 대해 과장된 인식을 가지고 있다거나, 혹은 어떤 여성들은 그 이상 겸손할 수 없다는 것을 의미하려는 것이 아니다. 다만 이 연구가 드러내 주는 점은 우리의 감정이 늘 실재와 일치하지는 않는다는 것이다. 그리고 감정들이 실재와 일치하지 않기 때문에, 우리는 감정을 인도자로 삼을 수 없다. 특히 우리의 삶에 대한 성령의 부르심에 있어서 감정을 인도자로 삼을 수 없다.

하나님이 도저히 당신을 작가로, 복음 전하는 자로, 위탁 아동들을 옹호하는 자로 부르실 수 없으리라는 당신의 믿음은 아무것도 의미하는 바가 없다. 특히 언제나 우리의 모든 요구와 생각 너머에서 초월하여 일하시는 하나님에 대해 이야기하면서 그렇게 자기 감정을 믿는 것은 더욱 무의미하다. 반대의 경우도 마찬가지다. 당신이 교회에서 설교하고 양육해야 한다거나 소셜 미디어 왕국을 앞장서서 인도해야 한다는 느낌은 아무것도 의미하는 바가 없다. 특히 당신에게 은사가 부족하고 실패를 거듭 경험하고 있으며, 그 길 말고 다른 길을 찾아보란 말을 자주 듣는다면 더욱 그렇다.

감정의 겸손―하나님은 우리 마음보다 크심을 이해하는 것―은 이 양 극단을 해결한다. 겸손은 확신의 부족이 하나님께서 우리에게 은사를 주시고 부르셨는지 여부를 결정하지 않음을 상기시켜 준다. 또한 겸손은 확신이 곧 하나님의 은사와 부르심을 의미하지 않음을 상기시켜 준다. 단지 자신감 있다는 이유가 해야 할 일임을 의미하지는 않는다.[16] 궁극적으로, 겸손은 감정의 불협화음을 가라앉힘으로써 하나님의 부르심을 들을 수 있도록 당신을 자유롭게 하며, 당신을 쉼과 번영의 장소로 인도한다.

나단이 내 정원에 일어난 일을 보았을 때, 그는 나를 옆으로 끌어당겨서 자신이 나를 비난하고 있지 않음을, 그리고 나도 나 자신을 비난해서는 안 된다는 것을 확인시켜 주었다. 그가 말했다. "돈은 걱정하지마. 정원을 가꾸다 보면 이런 일은 늘 일어나니까. 게다가 이제 전보다 더 많은 것을 알게 된 거잖아, 그렇지?" 그리고 그는 내 슬픔, 즉 화상 입어 죽은 허브를 대체하려고 나가서 모종을 사왔다. 또한 아직 살아 있는 허브들에게서 죽은 잎을 떼어내며 허브들을 살릴 수 있도록 도와주었고, 여름이 끝날 무렵에는 우리가 밭이 망가지기 전과의 차이점을 알지 못할 것이라고 장담해 주었다.

나는 그를 믿어야 할지 말아야 할지 몰랐다.

---

16 『애틀랜틱』 기사에서 저자들은 "더닝-크루거 효과"(Dunning-Kruger effect)에 주목하였다. 이 효과는 코넬대학교의 심리학자인 데이비드 더닝(David Dunning)과 저스틴 크루거(Justin Kruger)의 연구에 따라 명명되었다. 더닝-크루거 효과는 "어떤 사람들이 자신의 능력을 상당히 과대평가하는 경향으로, 유능한 사람이 적을수록 더욱 과대평가한다는 것이다."

나의 영으로

"힘으로나 능력으로 되는 것이 아니라, 다만 나의 영으로 되는 것이다.
만군의 여호와의 말씀이다." — 스가랴 4:6

겸손이 우리를 스스로에 대한 정죄로부터 자유롭게 하는 만큼, 또한 타인을 향한 정죄 및 감정을 사용하여 타인을 조종하는 것으로부터 우리를 해방시켜 준다. 우리가 자신의 삶에서 성령의 역할을 인정할 때, 우리는 또한 다른 이들의 삶 속에서도 성령께서 일하심을 어렵지 않게 인정할 수 있을 것이다. 뿐만 아니라 "하나님이 우리 마음보다 크심"을 기억할 때, 감정을 겸손하게 다룰 때, 우리는 하나님께서 하나님의 일을 하실 공간을 내어드릴 수 있을 것이다.

우리가 다른 이의 감정을 부추기고 싶은 유혹을 받는 이유 하나는, 그것이 꽤 효과가 있기 때문이다. 우리는 실제로 다른 사람들이 감정적인 반응을 하도록 자극하여, 특정한 행동을 하게 만들 수 있다. 아리스토텔레스는 효과적인 설득에 관한 논문인 『수사학』(Rhetoric)에서 감정의 힘을 가리키면서, "청중들로 하여금 내가 바라는 판단을 내리게 하려면 청중의 감정pathos을 일으키는 것이 좋다"고 권고하였다. 아리스토텔레스에게 있어 파토스pathos는 에토스ethos(도덕에 호소)와 결합되어야 하는 것이다. 이 둘이 함께 작용할 때 사람을 전인격적으로 사로잡을 수 있다.

이것들은 마음, 감정, 그리고 우리가 서 있는 도덕적인 맥락을 모두 존중한다. 그러나 솔직히 말하면, 그러한 탄탄하고 도덕적인 논증에는 일이 많이 들어간다. 지름길로 가는 것이 훨씬 쉽다. 그저 다른 사람들의 감정을 조장하는 편이 훨씬 쉽다. 왜냐하면 인간은 자신의 감정에 따라 행동하기 매우 쉽고, 자신이 하는 일은 모두 어떤 감정적인 자극에 반응하는 것이기 때문이다. 그래서 사람들의 감정을 자극하면 당신이 원하는 곳으로 사람들을 이끌 수 있다. 이것은 정치인들이 자기에게 투표하도록 당신을 설득하기 위해서, 두려움과 탐욕을 불러일으키는 이유이다. 이것은 광고주들이 청량음료를 사도록 향수나 욕망을 불러일으키는 이유다. 이것은 블로거들이 충격적인 문구를 낚시질 제목으로 사용하는 이유이다. 그리고 이것은 유명한 설교자들이 돈을 내도록 부추기고자 죄책감과 자기의自己義에 호소하는 이유이다.

또한 이것은 교회에서, 친구 관계에서, 가족 관계에서 우리가 서로를 조종하는 이유이다.

우리는 우리가 하고 있는 일에 잘못된 점이 있다고 해서 늘 잘못을 인정하지는 않는다. 이는 부분적으로는 자신의 목표가 숭고하다고 믿고 있기 때문이다. 우리는 자선기금을 모으길 원한다거나 누군가 그리스도께 헌신하는 것을 보기 원한다. 그래서 지름길로 가는 것이 당연하다고 생각한다. 우리는 서구인들의 도움을 절박하게 기다리고 있는 빈곤한 마을 사람들을 돕고자, 그들의 인간성이 말살되는 사진을 게시한다. 우리는 구도자들에게 "너무 늦기 전에" 그리스도를 향한 결정을 내려야 한다고 압박한다. 그러나 그렇게 할 때, 우리는 우리의 교만을 드러내는 것이며, 우리가 장려하고자 노력하는 바로 그 진리를 파괴하는 것이다.

어떻게 감정적으로 압박하는 것이 믿음으로 오는 여정의 기반을 약화시킬 수 있는지 생각해보라. 우리는 두려운 마음을 이용하여 "너무 늦기 전에" 결단하도록 설득하면서, 하나님의 모습을 단지 구도자들의 목숨을 앗아갈 기회를 기다리고 있는 우주 깡패로 만들어 버린다. 겁박이 끝날 즈음에 구도자들이 어떤 식의 헌신을 하기로 한다는 등 그 호소에 응할 수도 있겠지만, 그것은 어떤 대가를 치르고 얻은 결과인가? 정서적인 압박이 없어진 다음에는 무엇으로 그들이 결단을 지키도록 강요할 것인가?

우리는 감정적인 부추김을 그만두고, 그 대신 하나님의 성품에 대한 진리를 이야기해야 한다. 그 진리는 하나님은 다정하시며, 우리에 대하여 오래 참으시며, 누군가 멸망하기를 원하시는 분이 아니라는 것이다.[17] 우리가 그분께 달려가게 만드는 것이 바로 그 다정함kindness이다. 그 진리는 우리가 하나님을 거절했음에도 불구하고 하나님께서 우리를 오랫동안 기다려 오셨다는 것이고, 그래서 우리가 그분을 사랑할 수밖에 없다는 것이다. 그리고 불현 듯 우리의 죄책감이나 두려움 혹은 압박이 아니라, 그리스도의

---

17   베드로후서 3:9.

사랑이 우리를 강권한다. 불현듯 성령님께서 그리스도의 영광을 증거하시는 자기의 일을 하고 계신다. 불현듯 복음이 한 사람을 변화시키고 있다.

이러한 접근은 바울이 "훌륭한 말이나 지혜로" 설교하지 않았다고 쓰며 묘사했던 것이다. 바울은 사람들을 설득하고 납득시키는 자신의 능력에 의존하는 대신 다음과 같이 쓰고 있다. "나는 예수 그리스도와 그가 십자가에 못 박히신 것 외에는 아무것도 알지 않기로 작정했습니다. (…) 그리고 설득력 있는 지혜로운 말로 메시지를 전달하려 하지 않고, 다만 성령과 능력 안에서 메시지를 전하였습니다. 그럼으로써 당신의 믿음이 사람의 지혜에 바탕을 두지 않고, 다만 하나님의 능력에 바탕을 두게 하려는 것이었습니다."[18]

달리 말하면, 바울은 사람들이 바울이라는 사람에게 근거하거나 바울의 설득력에 근거하여 결단 내리는 것을 원치 않았다. 다만 하나님의 능력에 의해 설득되기를 원했다. 그리고 이것은 바울이 하나님의 능력을 신뢰해야 했음을 의미한다. 대변자 mouthpiece 그 이상이 되지 않기 위해 자신을 겸손히 낮춰야 했음을 의미한다. 성령께서 마음을 변화시키기를 기다려야 했음을 의미한다.

그리고 이것은 정확히 겸손이 우리에게 가르치는 바이기도 하다. 겸손은 우리에게 기도하고, 진리를 말하며, 사랑해야 한다고

18 　고린도전서 2:1-5.

가르치지만, 들볶고, 압박하고, 죄책감을 심어주고, 감정을 부추겨야 한다고 가르치지는 않는다. 겸손은 우리에게 하나님을 신뢰할 것을 가르친다. 그리고 홀연히 우리의 짐이 벗어진다. (마치 우리가 언제는 할 수 있었던 것처럼) 다른 이들의 마음에 믿음을 만들어 내는 것은 더 이상 우리의 손에 있는 것이 아니다. 누군가와 그리스도의 관계는 더 이상 우리의 손에 있는 것이 아니다. 성령의 역사는 우리에 손에 있는 것이 아니다. 그분의 손에 있다.

나의 몫은 영원히

"한 아름의 달콤한 약용 허브와 꽃을 보존하려면, 꽃이 만발할 때 수확해서 완전히 말린 다음, 사용하기 전까지 상자에 밀봉하거나 병에 넣어 두어야 한다." ―『1834년 셰이커교인의 텃밭서』

여름이 끝나갈 무렵, 나단의 예상이 맞았다는 것이 증명되었다. 내 정원은 치유되었다. 바질에 잎이 나서 덤불이 되었다. 고수는 자라서 씨를 맺었다. 두 종의 파슬리는 모두 내가 다 쓸 수 없을 정도로 많이 나왔다. 정말 대실패로 시작했던 것이 풍성한 정원으로 변했다. 우리는 민트 젤리를 만들었고, 겨울에 쓰려고 오레가노oregano를 말렸으며, 라벤더 가지는 이불장 안에 침대시트 사이에 넣어두었다. 이 허브들―때로는 달콤하고, 때로는 쓴

—은 더 이상 판단의 원천이 아니며, 이제는 아름다움과 축복의 원천이 되었다.

그래서 겸손이 감정의 억압으로부터 우리를 자유롭게 할 때, 우리가 마침내 "하나님이 우리 마음보다 크심"을 배우게 될 때, 겸손은 또한 우리 내면생활의 깊이와 다양함을 맛보도록 자유로운 존재가 되게 한다. 우리는 하나님께서 우리의 감정들을 향해 의도하신 대로 되도록, 즉 우리 마음이 우리를 하나님께로 되돌리도록, 우리의 감정에 자유롭게 참여할 수 있다.

우리는 우리의 감정이 강력하기 때문에, 감정의 문을 닫거나 고대 스토아 철학자들이 그랬던 것처럼 감정을 부인하고 싶은 유혹을 받는다. 우리는 감정이 주도할 때 오는 위험, 즉 분노로 다른 사람을 비난하거나 속이기가 얼마나 쉬운지 알고 있다. 그러나 단순히 감정을 통제한다고 해서 우리가 겸손해지거나 건강한 사람이 되는 것은 아니다. 그보다도 겸손은 더 나은 것을 요구한다. 겸손은 오히려 우리에게 깊고 정확하게 느낄 것을 요구한다. "하나님이 우리 마음보다 크심"을 알기 때문이다.

낙심이나 괴로움으로부터 마음의 돌파구를 찾을 때, 당신은 하나님께서 당신을 돌보고 계심을 신뢰할 수 있다. "하나님이 당신의 마음보다 크시기" 때문이다. 기쁨과 성공의 시기에 하나님도 당신과 함께 기뻐하고 계심을 신뢰할 수 있다. "하나님이 당신의 마음보다 크시기" 때문이다. 의심과 두려움을 통해서도 하나님이 당신을 바로잡아 인도하고 계심을 신뢰할 수 있다.

"하나님이 당신의 마음보다 크시기" 때문이다. 하나님은 당신 마음의 깊은 곳까지도 다루실 수 있다. "하나님이 당신의 마음보다 크시기" 때문이다. 하나님은 우리의 감정을 꺼려하지 않으시기에, 당신이 그것들을 주님께 가져갈 때 당신도 당신의 감정들을 꺼려할 필요가 없다. 이런 의미에서 겸손은 당신의 내면 생활을 폐하는 것이 아니다. 그것을 구속하는redeem 것이다.

그래서 우리는 마침내 시편 기자와 더불어 담대하게 선포할 수 있다. "이 몸과 이 마음이 사그라져도 내 마음의 반석, 나의 몫은 언제나 하나님입니다."[19]

19　시편 73:26.

토마토 Tomato; *Solanum lycopersicum*

7

덩굴에서 익은

"우리가 당신에게 가르치고 있는 것은 반은 맞고 반은 틀리다.

우리의 문제는 어느 쪽 반이 맞는지를 모른다는 점이다."

— 찰스 시드니 버웰 박사Dr. Charles Sidney Burwell[1]

매년 일어나는 일이다. 매년 나는 그것이 오고 있음을 알지만, 매년 속는다.

그것은 보통 10월 중순에 발생한다. 그것은 정말로 완전 명청한 짓이다. 풍성한 여름철 결실 덕에 신선한 과일과 야채, 강렬한 색과 다양하고도 깊은 향, 빈 그릇을 들고 부엌문을 나섰다가 꽉 채워서 돌아오는 것이 익숙해졌다. 10월이 되어 마침내 정원의 결실도 다할 때쯤이면 나의 열매 따는 기술도 무르익는다.

그것은 보통 동네 마트에서 농산품 코너를 기웃거릴 때 일어

[1] 이 인용구의 여러 변종이 있지만, 하버드 의과대학은 이것이 버웰 박사가 학과장으로 재임한 기간(1935-1945)에 쓴 것으로 본다. https://hms.harvard.edu/about-hms/facts/past-deans-faculty-medicine.

난다. 나는 이 작고 빨간 공처럼 생긴 낯익은 것을 본다. 그것들은 지난 몇 달간 채집한 작고 빨간 열매들과 거의 똑같다. 그래서 그것들을 사는데, 집에 가져와서 씻은 다음 썰어서 한입 물어보면 곧바로 후회한다. 상점에서 산 토마토가 덩굴에서 익은 것과 비슷할 수도 있다고 믿었던 어리석음을 후회한다.

토마토Solanum lycopersicum는 처음 재배되었을 때부터 뒤뜰과 베란다의 단골 작물이었다. 화분에서, 창살에서, 퍼걸러* 위에서 자라며 햇빛에 무르익은 토마토는 일반은총을 내리시는 하나님의 사역이 가장 명백히 드러나는 모양 중 하나이다. 이 쓰임새 많은 과일은 소스, 샐러드, 수프, 빵, 젤리, 심지어 음료로도 사용된다. 텃밭을 일구는 사람들 중 대다수(추정치를 믿을 수 있다면 열에 아홉)와 같이, 나단과 나도 토마토를 재배한다. 하얀 빵 조각 사이에 마요네즈를 듬뿍 바르고 신선한 토마토를 썰어 넣지 못하는 여름은, 태양이 무덥게 내리쬔다 하더라도 여름이 아닐 것이다. 화로에서 끓여 통에 저장해 두는, 한 그릇의 토마토 스프가 없는 여름은 여름도 아닐 것이다. 아이들이 방울토마토를 볼에 가득히 채우며 웃다가 입에서 씨가 빠져나오는 일이 없는 여름은 여름이 아닐 것이다.

그러나 그런 여름을 맞으려면 2월 말부터는 준비해야 한다. 여전히 땅은 차갑고 하늘은 지저분한 잿빛이지만, 남편은 씨 봉투를 열어서 플라스틱 모종상자에 씨를 심으며 토마토 재배를

●　덩굴을 기르기 위해 지붕 위치에 나무 기둥을 얹은 것.

시작한다. 모종상자의 칸칸마다 자그마한 씨를 꾹 눌러 넣은 다음, 나무 난로 쪽 선반 위에 가져다 놓고 씨가 자라나도록 조명을 설치하여 가짜 낮과 가짜 밤을 만든다. 그런 다음 두 달 동안 출산을 기다리는 아버지처럼 염려하며 물을 주고 그것들을 자세히 지켜본다. 그러다 곧 싹이 나서 작은 토마토 줄기가 땅속에서 푸른 고개를 내민다. 4월쯤에는 15센티미터 정도까지 자라며, 어떤 것들은 작고 노란 꽃을 피우기 시작한다. 이때쯤 나단은 옮겨 심을 새 환경에 모종을 점차적으로 노출시키고 단련시키는 과정을 시작한다. 단련하지 않으면 연약한 식물들은 땅에 심기자마자 시들어서 죽을 것이다. 그래서 나단은 매일 아침 모종상자를 밖에 내놓고, 밤이 되면 지하실에 안전하게 가져다 놓는다.

어느 날 나는 그에게 말했다. "있잖아, 이건 당신이 유치원 반 아이들을 공원에 데려다 주는 모습 같아. 당신이 모종들을 싣고 가서 밖에서 놀게 한 다음, 다시 그것들을 실어서 집에 데려다 주는 것 같아. 당신은 모종들이 즐거워할 거라고 생각하는 거지?"

나단은 눈을 굴리고 고개를 끄덕임으로 대답했다. 나단은 정말 그런 마음이었다.

10-14일 정도 단련하면 모종들은 밭에 이식할 수 있는 상태가 된다. 모든 게 순조롭다면, 더욱 튼튼하게 자라서 창살을 올라탈 것이다. 그리고 노란 꽃은 녹색의 단단한 공처럼 변할 것이다. 그리고 우리는 칠월 초 즈음에 잘 익은 토마토를 먹게 될 것이다.

그러나 10월 중순에 마트에 가면 왠지 모르게 이 모든 것을 완전히 잊어버린다. 매대에 깔끔하게 쌓여 있거나 플라스틱 통에 담겨 있는 작고 빨간 과일은 진짜 토마토가 아니란 사실을 완전히 잊어버린다. 적어도 내가 생각하는 토마토 느낌은 잊어버린다. 이 토마토들은 사기임—장시간 트럭으로 싣고 와야 하고 또 윗부분까지 완벽히 빨간 토마토를 만들기 위해, 가스를 뿌려 빨갛게 변하게 만든 것임—을 잊어버린다. 나는 진짜와 가짜의 차이를 잊어버린다.

그 결과 나는 퍼석하고 맛없는 실망과 후회의 열매를 한입 가득 거둔다.

여호와를 경외함

"지식이 토마토를 과일로 아는 것이라면,
지혜는 토마토를 과일 샐러드에 넣지 않는 것이다."
— 마일즈 킹턴Miles Kington

진짜와 가짜의 차이를 배우는 것은 토마토에만 해당되는 것이 아니다. 어떤 의미에서는 삶 전체가 참과 거짓 사이에서 선택하는 과정이다. 잠언서는 우리에게 이 "지혜"를 선택할 수 있는 능력을 요구한다. 그리고 당신이 짐작하는 것처럼, 지혜는 궁극적으로 겸손의 소산물이다. 지혜로운 사람, 즉 좋은good 결정을 할 수 있는 사람은 오직 하나님이 누구신지를 이해하며 또 그 이해의 결과로서 자신이 누구인지를 이해하는 사람이다.

잠언서가 겸손을 요구하는 것으로 시작하는 이유가 이것이다. 잠언서의 주된 목표는 독자들이 "지혜와 훈계를 알도록" 돕는 것인데,[2] 잠언서는 이를 위한 실제적인 조언을 베풀기 전에, 여호와를 경외하는 것을 배움으로써 지혜로워지기 시작한다는 사실을 상기시켜 준다. 잠언 1:7은 다음과 같이 약속한다. "여호와를 경외하는 것이 지식의 근본beginning이거늘, 어리석은 사람은 지혜와 훈계를 멸시하느니라."

"어리석은 사람"이라는 말이 귀에 거슬릴지 모르지만, 잠언은 시종일관 "어리석은 사람"을 나쁜bad 삶을 선택하는 사람으로 단순하게 묘사하고 있다. 어리석은 사람은 돈에 대한 나쁜 선택을 한다. 관계에 있어서도 나쁜 선택을 한다. 자신의 일에 있어서도 나쁜 선택을 한다. 그리고 나쁜 선택을 하는 한 가지 주된 이유는 교만이다.

어리석음에 대한 이러한 정의는 어떤 면에서는 받아들이기 어려울 수 있다. 왜냐하면 우리는 좋은 결정을 할 수 있는 능력을 지식의 축적 정도와 연관 짓는 경향이 있기 때문이다. 우리는 좋은 결정을 내리는 것이 단지 올바른 자료를 모으고 그 자료들을 지적으로 처리하는 것에 관한 문제라고 믿는 경향이 있다. 그래서 우리는 "전문가"의 조언에 의존한다(박사학위자의 조언이든

2   잠언 1:2.

아니면 생활의 지혜를 올리는 블로거의 조언이든). 그리고 정보를 많이 알면 알수록 자신감도 커진다. 그러나 성경은 이와는 전적으로 다른 것에 지혜의 뿌리가 있다고 말한다. 하나님께 복종하는 것이 지혜의 뿌리라고 한다. 이러한 의미로 볼 때, 어리석은 자가 충분한 지식을 가지고 있지 않기 때문에 지혜가 없다는 말이 아니다. 어리석은 자는 지혜의 원천이신 그분께 복종하지 않기 때문에 지혜가 없다는 것이다.

이런 이유로 교육을 많이 받은 사람도 지혜가 거의 없을 수 있으며, 매우 종교적인 사람 또한 마찬가지다. 지혜는 정규 교육의 결과도 종교적인 행습의 결과도 아니다. 지혜는 겸손의 결과이다. 우리가 누구이며 하나님이 누구신지를 기억할 때, 우리는 또한 참된 지식이 어디로부터 오는지를 기억할 것이며, 우리가 경험한 사실들을 이해하기 위해서 그분의 도우심을 구하게 될 것이다.

그러나 어리석은 자가 하나님을 거부하면, 하나님의 도우심이 필요 없다고 믿으면, 좋은 결정을 내릴 수 있는 유일한 경로에서 스스로를 고립시키는 것이다. 어리석은 자는 문제를 통찰할 때 자기 자신의 경험과 생각에 갇히게 된다. 당연히 이와 더불어 나타나는 문제는 자기 경험을 완전한 것처럼 느낀다는 점이다. 늘 그렇게 느낄 것이다. 우리의 통찰력이 늘 정확해 보이는 이유는 단지 우리가 모른다는 사실을 알지 못하기 때문이다. 어리석은 자가 교훈을 받아들이지 않는 이유도 자기 자신의 관점을 확신하기 때문이다. 어리석은 자는 하나님으로부터 온 교훈이나 다른 이가 주는 가르침을 받아들이지 않는데, 그런 것들이 자신에게 필요 없다고 믿기 때문이다. 어리석은 자가 고의적으로 통찰을 거부하는 것은 아니다. 고의로 무지를 추구하는 것은 아니다. 단지 자신이 괜찮다고 생각하기 때문이다. 어리석은 자는 자기 자신의 생각에 만족한다.

반면에 겸손은 우리에게 항상 배울 것이 있다고 믿는 성향을 심어준다. 왜냐하면 겸손은 우리의 의존성과 유한함을 일깨워 주기 때문이다. 겸손은 또한 우리가 생각하는 것이 제한적임을 일깨워 준다. 겸손은 우리의 관점이 수정될 수 있는 부분, 혹은 우리의 이해가 자라날 자리가 늘 있음을 상기시켜 준다. 이것이 바로 잠언 18:15에서 "명철한 자의 마음은 지식을 얻고, 지혜로운 사람은 지식에 귀를 기울인다"라고 말하는 이유이다. 겸손한 사람은 지식을 구하는데, 자기 자신이 얼마나 모르고 있는지를 알기 때문이다. 겸손한 사람은 스스로 "지혜가 부족함"을 인정한다. 그래서 "모든 사람에게 후하게 주시고 나무라지 않으시는 하나님께"[3] 구하기를 두려워하지 않는다. 그리고 그렇게 해서 계속 더욱 지혜롭게 자란다.

---

3   야고보서 1:5.

"깊도다 하나님의 지혜와 지식의 부요함이여! 그의 판단은 헤아리지 못할 것이며, 그의 길은 찾지 못할 것이로다!" — 로마서 11:33

1800년대 후반, 미연방 대법원은 이후로 오랫동안의 판례를 확립하게 된 소송 사건을 심리하게 되었다. 그 소송은 뉴욕항의 세관원인 에드워드 헤든이 서인도제도에서 수입한 농산물에 세금을 부과한 것에 대해 대법원이 결정을 내리는 소송이었다. 이 농산물은 닉스 형제가 수입한 것이었다. 이 소송의 결과는 난해하고 본질적인 질문 하나에 달려 있었다. **토마토는 과일인가 채소인가?**

이 나라의 최고 법정에서 토마토의 본질에 대해 논쟁하는 모습을 그리는 것은 한편으로 즐거운 일이 아닐 수 없다. 뉴욕 항만청은 토마토를 채소로 분류하였기에, 토마토는 10%의 수입세 부과대상이었다. 그러나 닉스 형제는 토마토가 과일이므로 면세 대상이라고 주장하였다. 그래서 양측의 변호사들은 사전을 찾아 낭독하고, 과일과 야채의 차이에 대해 논쟁하였다. 대법관 호레이 그레이는 판결하기를, 과학적으로 말하자면 토마토는 과일인데, 과일이라 함은 "식물의 씨앗이나, 씨앗을 담고 있는 특정 부분, 특히 씨앗을 담거나 감싸고 있으면서 육즙이나 과즙이 많은 소산물"[4]이다.

4   판례, *Nix v. Hedden*, 149 U.S. 304 (1893).

그러나 일상적인 용도로 보면 토마토는 채소이다. 왜냐하면 토마토는 후식이 아니라 식사의 메인 요리에 사용되기 때문이다.

이 소송은 소송 장면—법복을 갖춰 입은 법관들, 박식한 변호사들, 책과 사전 더미들, 열정적인 논쟁, 대담한 논리, 이 모든 것이 겸손한 토마토에 영향을 미치는 모습—을 상상해보는 것만큼 재미있는 방식으로, 우리의 지식 추구에 있어 겸손이 필수적인 이유를 그려 준다. "토마토는 과일인가 채소인가?"하는 질문의 답을 구하면서, 법정은 대립되는 정의들과 분류 체계들 사이에서 진퇴양난에 빠졌다. 미국세금부호, 생물학, 일상적인 용도라는 쟁점이 겹쳐지면서 이 모든 것들을 동시에 완벽히 만족시키는 것이 불가능한 상황이 만들어졌다. 토마토가 채소라면 과일일 수 없다. 반대로 생물학이 토마토는 과일이라고 말한다면 채소일 수 없다. 판사들은 최종적으로 항만청을 지지하는 판결을 내렸다. 토마토가 일반적으로 채소라는 말로 사용된다는 상식에 우선순위를 둔 것이다. 다만 이로써 과학적 정확성은 희생될 수밖에 없었다.

불현듯 우리의 정신적 범주와 생각을 처리하는 능력의 한계가 더욱 분명해졌다. 겸손은 우리에게 지식이 우리 외부의 누군가로부터 온다고 가르칠 뿐만 아니라, 이에 더하여 우리는 우리가 가지고 있는 지식을 완벽히 범주화하여 처리할 수 없음을 상기시켜 준다. 겸손은 인간 이성의 한계를 가르쳐준다.

인간 이성의 한계를 받아들이는 것을 배우는 일은 모더니즘의 그늘에서 자라난 우리에게 특히 중요하다. 목사이자 작가인 짐

벨처Jim Belcher는 『깊이 있는 교회』에서 모더니즘을 "초월적인 진리를 거부하고, 그 대신 이성과 고독한 개인solitary individual 안에서 의미를 찾는 세계관"[5]으로 정의하였다. 다른 말로 하면, 모더니즘은 신적 계시를 거부하고 인간의 마음 가운데 지식을 위치시킨다. 그리고 모더니즘의 뿌리는 17세기의 계몽주의에서 찾을 수 있지만, 모더니즘이 인간 이성을 주축으로 여긴 그 영향력은 미연방이 건국될 때부터 끊임없이 계속되어 온 과학과 종교 사이의 잘못된 이분법의 오류에서부터 서구 문화 전반을 형성하여 왔다.

위대한 정치가이자 자연주의자인 토머스 제퍼슨은 계몽주의에 깊이 영향을 받은 사람이었다. 그는 자신의 글에 "모든 인간은 평등하게 창조되었다"와 같은 합리주의적인 언어를 넣었는데, 그 이유는 성경이 그렇게 계시하기 때문이 아니라, 그러한 "진리가 자명하다self-evident"고 생각했기 때문이었다. 다시 말해, "생각하는 사람이라면 누구나 내가 한 말이 진리임을 알 수 있다"는 것이다.[6] 제퍼슨 같은 사람들은 생각하기를, 진리에 도달하기 위해서는 단순히 관찰하고, 논증하고, 추론하는 인간의 능력을 완벽하게 만들면 되는 것이었다. 그러나 모더니즘은 인간의 정신에 한계가 있을 가능성과 인간의 이성이 죄로 오염되었을 가능성을

---

5 Jim Belcher, *Deep Church: A Third Way Beyond Emerging and Traditional* (Downers Grove, IL: IVP Books, 2009), p. 73. 『깊이 있는 교회』(전의우 옮김, 포이에마, 2011).

6 분명히 영국의 조지 3세는 제퍼슨의 주장이 자명하다고 보지 않았기에, 독립전쟁이 전개되는 내내 그러한 진리들에 대해 계속 "논쟁"하였다.

설명하지 못한다. 모더니즘은 인간이 "그의 길을 찾을 수 없는" 하나님을 설명하지 못한다.

올바른 길

서구 사상이 모더니즘에 의해 형성된 만큼, 서구 기독교도 마찬가지이다. 인간 이성과 합리성에 대한 서구인들의 사랑은 여러 다른 형태를 지니지만, 성경 구절을 자기 주장의 증거로 삼는 일, 성경의 원리와 적용을 혼동하는 것, 신앙을 만들어 내기 위해 변증학에 의존하는 것이 그에 포함될 수 있다. 대략 다음과 같은 것들이다.

- 자녀에게 정답을 가르치기만 하면, 자녀들은 신자가 될 것이다.
- 충분히 연구하기만 하면, 재정, 먹을 것, 오락, 입을 것, 교육 등에 대한 단 하나의 "성경적" 입장을 찾을 수 있다.
- 내 무신론 친구의 추론에서 논리적인 결함을 드러내기만 하면, 하나님의 존재를 확실히 증명할 수 있으며, 그렇게 하면 그 친구에게 믿음이 생길 것이다.
- 충분히 오래 공부하기만 하면, 결국 성경 전체를 풀 수 있는 모호한 구절의 숨겨진 의미를 알아낼 수 있다.

각 경우 모두 더 많은, 더 나은 지식을 통해 "올바른" 것을 끌어
낸다. 따라서 우리는 지식 추구에 부단히 매진해야 한다. 우리는
"정답"을 찾기 위해 사실을 조사하고 모아서, 구석구석 뒤져보아야
한다. 그러나 위험 부담이 그야말로 너무 크기 때문에, 우리는
의심하게 되며 어떤 것도 액면 그대로 받아들이지 않는다. **우리가
속으면 어떻게 하지?**

그러나 벨처가 『깊이 있는 교회』에서 지적했듯이, 그리스도인의
믿음은 우리의 이성 능력에 기초한 것이 아니다. "우리는 의심할
나위 없는 토대에 의지하여 걸어가는 것이 아니라, 계시된 진리를
믿는 믿음으로 걸어가는 것이다. 우리는 '나는 이해하기 위해
믿는다'고 말한 아우구스티누스를 따른다."[7] 벨처는 믿음이 이성
과는 무관하다는 견해를 지지하고 있는 것이 아니다. 아우구스
티누스를 언급함으로써 "인식론적 겸손"을 지지하고 있는 것이다.
즉 이성의 필요성을 인정하지만 동시에 우리의 생각이 제한적
임을 받아들이는 것이다. 이는 진리가 존재하지 않는다는 말이
아니다. 인간 존재가 진리를 알 수 없다는 말도 아니다. 겸손은
그저 상황에 대한 나의 이해가 틀릴 수도 있다는 여지를 두는
것이다. 아마 나는 모든 사실을 다 알고 있지 않을 것이다. 아마
내가 토마토를 채소로 믿는 것은 문화적 조건에 영향 받았기 때문
일 것이다. 혹은 난 그저 유한한 인간 존재일 것이다. 그리고 내가
그런 존재이기 때문에, 내 믿음이 나 자신의 지식에 기초할 수

7   Jim Belcher, *Deep Church*, p. 84.

없다. 내 믿음이 내 이해 능력에 기초할 수 없다.

다른 말로 하자면, 인식론적 겸손은 은혜의 여지를 두는 것이다.

궁극적으로 "옳은" 쪽은 우리여야 한다는 것, 그리고 우리가 "옳았음"을 옹호하는 것은 자기 신뢰와 교만의 한 형태이다. 이러한 틀로 보면, 하나님은 그리스도의 공로에 기초해서가 아니라, "올바른" 결론에 도달하여 "올바른" 답을 알고 있는 우리의 능력에 기초해서 우리를 용인하신다. 그러나 착각하지 말아야 한다. 필사적으로 자신의 즐거움을 억누르려고 노력하는 음울한 얼굴을 한 청교도만이 그러한 이성적인 율법주의자는 아니다. 이성적 율법주의는 교회의 전통이나 통로 한쪽에 묶여있는 것이 아니다. 아주 진보적인 견해들을 가지고 있으면서도 동시에 자신이 옳다는 교만을 붙들고 있는 것도 전적으로 가능하다. 결국 자신은 그런 후진 근본주의자들과 같지 아니하며, 자신은 "깨달은enlightened" 자라는 말이다.

17세기의 목사이자 찬송가 작시가인 아이작 왓츠Isaac Watts는 그의 고전적인 책『마음의 개선』에서 그러한 "독단적인 영혼"을 묘사하며 다음과 같이 썼다.

독단은 마음의 오만함으로 이어진다. (…) 그에게는 자신의 의견 하나하나가 태양광선으로 쓴 것처럼 보이나 보다. 그래서 내 이웃이 무언가를 볼 때, 내가 보는 것과 동일한 빛에 비추어 보지 않으면 화를 내고 (…) 그들이 진리에 저항하고 있다고,

자기 양심에 반하여 죄를 지고 있다고 대쪽같이 말한다.[8]

다시 말해, 독단적인 사람은 자신이 "옳다"는 것을 증명하기 위해서, 다른 모든 사람이 틀렸다는 것을 증명하려고 한다. 그리고 언젠가 자기 자신이 틀렸다는 사실에 직면하면 구제불능이 되어버린다. 만약 하나님의 은총이 그에게 머무는 이유가 그가 "옳았기" 때문이라면, 자신이 "틀렸다"라는 것은 너무 위험한 일이며 도무지 그러한 위험을 무릅쓸 수가 없을 것이다. 도저히 다른 사람에게 자신의 잘못을 고백할 수도, 사과할 수도 없다. 왓츠는 계속해서 다음과 같이 썼다.

> 과거 자신의 의견을 너무나 자신 있게 주장했기 때문에, 자신의 회오를 인정함으로써 (…) 과거 자신의 어리석음과 과오를 인정해야 할까봐 (…) 진실에 대해 살짝 눈감아 버리거나, 얼버무리고 싶은 유혹을 받는다. 그는 그렇게 할 수 있을 만큼의 충분한 겸손함이 없었다.[9]

우리의 의로움이 우리가 "올바른" 생각을 가지고 있거나

---

8   Isaac Watts, *The Improvement of the Mind, Or, A Supplement to the Art of Logic: Contain- ing a Variety of Remarks and Rules for the Attainment and Communication of Useful Knowl- edge in Religion, in the Sciences, and in Common Life; to Which Is Added, a Discourse on the Education of Children and Youth* (Morgan, PA: Soli Deo Gloria Publications, 1998), p. 13.

9   위의 책.

"올바른" 입장을 취하는 것에서 온다고 믿을 때, 우리는 그러한 자기 입장에서 조금도 물러날 수 없다. 그래서 우리는 궁지에 몰린 쥐처럼 우리를 바꾸려 하는 사람들과 싸우고 다투고 그들을 맹렬히 비난한다. 야고보 사도가 예견한 바와 같이, 이런 식의 합리주의적 교만 — 이러한 "땅에 속한 지혜"—은 궁극적으로 불안과 불일치로 이어진다.

> 여러분 마음속에 고약한 시기심과 이기적인 야심이 있으면, 자랑하지 말고 진리를 거슬러 속이지 마십시오. 이러한 지혜는 위에서 내려온 것이 아니라, 땅에 속한 것이고 육에 속한 것이며 악마적인 것입니다. 시기심과 이기적인 야심이 있는 곳에는 혼란과 모든 악한 행위가 있습니다.[10]

만약 하나님께서 모든 문제에 대해 우리의 올바름을 토대로 우리를 받아들이신다면, 우리는 자신이 옳다는 것을 증명하기 위해 싸워야 한다. 하지만 하나님께서 우리의 올바름을 토대로 우리를 받아들이신다는 것이 정말 사실이라면, 어느 누구에게도 아무런 소망이 없을 것이다.

그러나 만약 하나님께서 예수님의 올바름을 토대로 우리를 받아들이신다면, 우리는 안전할 것이다.

우리는 진리 그 자체이신 분 안에서 안전하다. 그리고 우리가

10   야고보서 3:14-16.

안전함을 느낄 때, 우리는 홀연히 우리가 모든 것을 알지 못할 수도 있다는 가능성에 우리 자신을 열어 놓을 수 있다. 우리가 결코 할 수 없다는 불가능성에 자신을 열어 놓을 수 있다. 그리고 마침내 우리는 쉼을 누릴 수 있다. 우리는 마음을 놓을 수 있다. 우리는 어떤 결정을 내리기 전에 밤늦게까지 잠 안자고 모든 가능한 상황을 세세히 찾으며 걱정하고 조마조마하지 않아도 된다. 의학이나 교육이나 신학의 전문가가 되지 않아도 된다. 성경의 모든 본문을 완벽하게 분석하지parse 않아도 된다. 다른 사람이 어디가 틀렸는지 지적하지 않아도 된다.

야고보는 이어서 말한다. "그러나 위에서 내려오는 지혜는 첫째 순결하고, 다음으로 화평하고 온화하며 합당한 생각에 열려있으며, 자비와 선한 열매가 가득하고, 편견과 거짓이 없습니다."[11] 당신이 안전함을 느낀다면 싸움을 멈출 수 있다. 당신 자신의 마음이 당신을 안전하게 만들었기 때문이 아니라, 예수—위에서 내려온 지혜—께서 당신을 안전하게 하신 까닭이다. 그렇다면 혹시 자기 마음을 신뢰하지 말라고 우리에게 경고를 준 아이작 왓츠가 썼던 찬양 가사도 궁금한가?

영광의 왕자께서 죽으신   When I survey the wondrous cross
경이로운 십자가를 바라볼 때   On which the Prince of glory died,

11   야고보서 3:17.

내 가장 부요히 여긴 것을 버리며　My richest gain I count but loss,

내 모든 교만함에 격멸을 퍼부으리　And pour contempt on all my pride.[12]

덩굴에서 무르익는

"달콤함과 산미감이 서로 완벽하게 어울리며 과즙이 입 안에 터진다.
(…) 진짜 토마토의 맛은 태양과 따뜻한 토양과 좋은 여름 날씨에서
뽑아낸 즙의 맛이다." — 배리 에스타브룩Barry Estabrook

저널리스트 배리 에스타브룩은 자신의 책『토마토 랜드』에서
미국 토마토 산업 상태를 연대순으로 정리하면서, 지난 50년
동안 슈퍼마켓 토마토가 왜 맛과 영양가를 모두 잃었는지 기록
하고 있다.[13] 에스타브룩의 책은 토마토 산업에 종사하는 재배자
들이 토마토가 몇날 몇주의 운송과정을 견뎌낼 수 있도록 맛보다
보존력에 우선순위를 두었다고 언급한다. 토마토가 지닌 맛은
"냉해"로도 손실될 수 있다. 냉해는 토마토가 차가운 창고에 저장
될 때 발생하는 현상이다(집에서 잘 익은 토마토를 냉장고에

12　Watts's hymn "When I Survey the Wondrous Cross" was first published in *Hymns and Spiritual Songs* in 1707. "주 달려 죽은 십자가",『21세기찬송가』(한국찬송가공회), 149장(통일 147장) 1절. 한글찬송가 가사는 "주 달려 죽은 십자가 / 우리가 생각할 때에 / 세상에 속한 욕심을 / 헛된 줄 알고 버리네"이다.

13　Barry Estabrook, *Tomatoland: How Modern Industrial Agriculture Destroyed Our Most Alluring Fruit* (Kansas City: Andrews McMeel Publishing, 2011).

넣어 둔 적이 있다면, 그 결과는 다음 날 물렁해지고 맛이 빠진 덩어리를 버리는 것, 냉기가 토마토 맛을 망친다는 점을 알게 된다는 것뿐이다). 그러나 맛을 잃게 하는 가장 중요한 요인은 토마토가 아직 녹색일 때 수확한다는 점이다. 빨갛게 되려는 기미도 보이지 않은 상태에서 토마토를 딴 다음, 에틸렌 가스를 뿌린다. 그러면 토마토 색이 빨갛게 변하며 익게 된다.

토마토의 붉은 껍질은 자연적으로 잘 익었음을 나타낸다. 그러나 강제로 빨갛게 된 토마토에 대해서는 붉은색이 반드시 잘 익었음을 의미하지 않는다. 우리는 잘 익지도 않은 토마토를 사서 먹게 될 수도 있고, 아마 그럴 가능성이 높다. 하지만 토마토를 한 입 먹어보기 전까지는 그게 어떤 토마토인지 알 길이 거의 없다. 저널리스트 토머스 화이트사이드Thomas Whiteside는 1977년에 이미 "어느 정도 신선한 토마토는 거의 사라졌다"고 말했다. 그리고 "토마토 모양에, 토마토 색을 띠고, 토마토라고 불리며, 시중에서 명품 토마토 가격에 팔리고 있는 것이 있는데, 그것의 맛이 토마토 맛과 같은지에 대해 심각한 의문이 든다"[14]고 하였다.

가게에서 파는 토마토에 관한 딜레마는 어떻게 겸손이 시간의 흐름에 따라 관념과 지식이 무르익을 공간을 만들어내는지에 대한 통찰을 제공한다. 겸손은 인간 지식의 근원과 한계를 가르쳐 줄 뿐만 아니라, 배움의 과정에 참여하는 방법을 가르쳐 준다. 겸손은 우리의 믿음이 자연스럽게 성장하기 위해, 성장하기도

14 Thomas Whiteside, "Tomatoes," *The New Yorker*, January 24, 1977, 36

전에 미리 정해져 있는 인위적으로 성숙하게 꾸며진 해답들을 버려두라고 가르친다.

달리 말하자면, 겸손은 답을 아는 것에는 관심을 덜 기울이고, 답을 **배우는 일**에 더 관심을 기울이도록 가르친다.

공평하게 말하자면, 토마토 재배자들이 에틸렌 가스를 뿌리는 이유는 부분적으로 시장의 요구 때문이다. 우리는 소비자로서 제철에든지 제철이 아닌 때든지 신선한 토마토를 먹고 싶어 한다. 우리는 하루 중 아무 때라도, 일주일 중 아무 요일에라도 마트에 빨간 토마토를 사러 갈 수 있기를 원한다. 우리는 토마토가 있는 곳이 언제든 닿을 수 있는 곳임을 알기 원한다. 확실성을 원한다.

거의 마찬가지로, 우리는 인생의 문제들에 대한 대답들이 언제든 닿을 수 있는 곳에 있음을 알기 원한다. 앎의 확실성을 원하는 것이다. 어떤 문제나 선택의 여지가 생길 때, 우리는 성장 과정을 겪고 싶어 하지 않는다. 우리는 즉시 답을 알기 원한다. 그래서 우리는 포장하여 판매하는 퍼석한 토마토에 만족해한다. 즉시 손쉽게 구할 수 있기 때문이다. 마찬가지로 우리는 포장하여 모습을 갖춘 푸석한 해답들에 만족해한다. 즉시 손쉽게 얻을 수 있기 때문이다. 그러나 겸손은 그보다 더 나은 길을 가르치고 있다. 겸손은 답을 구하기 위해서 하나님을 기다리라고 가르친다. 겸손은 지식이 나무에 붙어서 익게 두라고 가르친다.

예수님께서는 죽음을 맞기 바로 전에 제자들을 가르치고 제자들과 기도하는 데 시간을 보내셨다. 열매를 맺기 위해서 예수님 안에 거해야만 함을 일깨워 주셨다. 또한 제자들이 배우고 자라날 수 있도록 돕는 분, 즉 성령을 보내신다고 약속해 주셨다. "아직 내가 너희에게 할 말이 많으나, 너희가 지금은 그 말들을 감당하지 못할 것이다. 그러나 진리의 영이 오시면, 그가 너희를 모든 진리 가운데로 인도하실 것이다."[15]

흥미로운 점은, 예수께서는 제자들의 이해가 자라나는 것에 관심을 두고 계시면서도, 제자들이 모든 것을 알지 못한다는 사실에 불편함을 느끼지 않으셨다—제자들이 아직 더 많은 것을 알만한 준비가 되어 있지 않다는 사실도 일부 반영되었을 것이다. 또한 예수께서는 그 자라나는 과정을 인도하실 성령의 능력을 확신하셨다. 그러나 이보다 약간 전에 말씀하신 바와 같이, 이 자라남의 진전은 오직 관계 안에서만 가능하다. 제자들이 예수께 의존할 때에만 가능하다. 예수님, 즉 포도나무와 이어져 있을 때에만 가능하다.

예수님의 말씀은 여러 면에서 잠언 3장을 반향하는 메아리이다—"너는 마음을 다하여 여호와를 신뢰하고, 너 자신의 명철under-standing을 의지하지 말라. 네가 하는 모든 일에서 그분을 인정하라. 그러면 그분께서 너의 길을 곧게 하실 것이다." 그가 너희를 모든 진리 가운데로 인도하실 것이다. 그가 너희 길을 곧게 하실 것이다. 하나님의 지혜 안에서 우리가 배워가는 바로 그 과정이 답을 간단히 알 수 없는 방식으로 우리를 그분께 묶어 준다. 그래서 우리

15   요한복음 16:12-13.

에게는 그분께 신뢰할 것이 요구된다. 그분께 의존하며 살아갈 것이 요구된다. 그분을 기다리도록 겸손해질 것이 요구된다.

시간이 지남에 따라 이해가 자라난다는 이 사실은 다른 이를 그리스도의 제자 삼는 이들에게 특히 중요하다―그들이 부모든, 교사든, 목사든, 멘토든, 친구든. 영적인 성장 과정을 그저 빨갛게 바꾸는 과정으로 보는 것이 아니라, 줄기에서 무르익는 과정으로 보는 법을 배워야 한다. 교회에서 자란 아주 많은 사람들이 너무 미성숙해(녹색 토마토로) 보이는 이유 하나는 그들의 믿음이 자연스럽게 자라날 수 있는 시간과 공간을 부여받지 못하였기 때문이다. "빨간" 토마토라는 목표에 우리의 시선이 고정될 때, 우리는 특정 구절을 들려주거나 특정 종교 관습을 알려주는 일을 우선시하고 싶은 유혹을 받는다. 우리는 의문이 있을 때 미리 정해져 있는 아주 단순화된 답을 제시해 줌으로써, 부지불식간에 다른 사람들도 이런 방식 그 자체를 답으로 생각하도록 가르치고 있는 것이다.

그러나 세상은 복잡하고, 미묘하며, 예측 불가능한 장소이다. 쉽게 던진 답들은 오래갈 수 없다. 사실 세상은 너무 혼란스럽고 망가져 있으며 너무 복잡다단해서, 세상 도처에서 우리를 인도할 수 있는 유일한 이는 하나님뿐이시다. 그래서 우리는 우리 아이들에게 그분을 찾으라고 가르쳐야 한다. 확실성을 찾는 대신, 불확실성의 한 가운데에서 예수님을 따르라고 가르쳐야 한다. 이것은 영적인 기초 교육(성경 지식, 기도, 공동체)을 등한시하라는 의미가 아니다. 다만 성장에 과정이 필요함을 불편하게 여기지 말라는 의미이다. 우리는 성장으로 이어지는 '질문과 의심'이 있을 공간을 마련해 주어야 한다.

그러나 이렇게 하기 위해서는, 우리 스스로 질문들과 불확실성에 대해 편안함을 느껴야 한다. 토마토를 재배하는 이들이 녹색 토마토를 따는 또 다른 이유는 외견상으로는 위험 요인을 감소시키기 때문이다. 토마토가 가지에 오래 붙어 있을수록, 병에 걸리거나, 새나 벌레의 먹이가 되거나, 밀려 떨어져 나갈 가능성이 커진다. 토마토가 녹색일 때 땀으로써 우리는 그런 위험 요소들을 경감시켰다고 생각할 수 있다. 그러나 또한 녹색일 때 땀으로써 토마토가 익지 못하게 만들고 있다. 그래서 우리는 익어가는 과정에 편안함을 느껴야 한다. 우리는 기다림을 배워야 한다. 신뢰하는 법을 배워야 한다. 우리는 그저 과원지기 아래 있음을 기억해야 한다. 과원지기가 신실하게 자신의 씨들과 어린 열매들을 보살피고 있음을 기억해야 한다.

그리고 그러한 과정 가운데서 그분이 우리 모두를 자라게 하고 계심을 기억해야 한다.

조림 토마토

"토마토 혹은 남만시Love Apple — 이것은 아주 건강에 좋은 채소이며, 보통 처음 먹을 때는 그렇게 맛있지 않다가, 익숙해지면 아주 좋아하게 된다." — 『셰이커교인의 텃밭 설명서』(*The Shaker Gardener's Manual*)

내가 어릴 때, 할머니는 간단히 "조림 토마토stewed tomatoes"로 불렸던 요리를 만들어 주셨다. 이것은 우리 교회 만찬에 가끔씩 등장한다. 보통 노란황토색 조림 냄비에 담겨서 나온다. 조림 토마토는 여러모로 인스턴트 식품과 같다. 요리 재료는 단 네 가지뿐이다 — 토마토 통조림, 버터, 설탕, 하얀 빵. 이것을 만들기 위해 해야 할 일은 통조림을 따서, 약간의 버터와 설탕과 함께 약한 불로 끓인 다음, 그 위에 빵 조각을 떨어뜨리면 끝이다. 조림 토마토가 식탁 위에 도착할 때는 달콤한 한 그릇의 토마토 천국이 된다. 여름에도 보존할 수 있다.

나는 늘 조림 토마토를 대대로 전해 내려오는 조리법으로 알고 있었지만, 정확히 얼마나 많은 세대를 거쳐 전해졌는지는 셰이커 연합회the United Society of Shakers에서 출간한 텃밭 설명서에 비슷한 조리법이 있다는 것을 발견하기 전까지 몰랐다. 그 책이 출간되었을 당시, 토마토는 미국인의 식탁에 새로이 소개된 식재료였으며, 주부들과 요리사들은 계속 토마토 조리법을 배우고 있었다. 셰이커연합회는 '제10장 - 주방용 조리법 등'에서 다음과 같은 토마토 요리 방법을 제안한다.

> 토마토가 빨갛게 익었을 때 따서, 데칠 물에 살짝 담가서 껍
> 질을 벗기고, 네 조각으로 잘라서 씨를 긁어내라. 그리고 깨
> 끗한 조림냄비에 넣어서 15분 정도 끓인 다음, 약간의 버터와
> 후추를 넣고 몇 분 정도 저으면 완성된다. 어떤 사람들은 밀
> 가루 빵 조각이나 크래커 부스러기를 조금 넣는 것을 좋아
> 한다.

이 설명서는 1843년에 출간되었다. 오늘 내가 딸에게 이 조리법
을 써준다면, 아마 다음과 같을 것이다.

스텔라 할머니의 조림 토마토
재료: 토마토 통조림, 버터, 설탕, 흰 빵
조리시간: 15분
준비시간: 175년

토마토는 가지에 있을 때나 조림냄비에 들어갈 때나 결코
서두를 필요가 없게끔 창조된 것처럼 보인다. 겸손 또한 그렇게
우리에게 기다림을 가르친다. 우리를 모든 진리 가운데로 인도
하실 성령님을 기다리도록. 우리에게 결코 주어지지 않을지도
모르는 답을 하나님의 지혜 가운데서 기다리도록. 그러나 겸손은

또한 우리가 모든 것을 알 필요는 없다고 가르친다. 모든 것을 아시는 단 한 분을 알기만 하면 말이다.

이사야를 통해서 주님께서 말씀하신다. "내 말을 열심히 들어라. 그리하면 너희가 좋은 음식을 먹으며, 너희가 풍성한 음식으로 즐거울 것이다. 귀울 기울이며 내게로 와서 들어라. 그리하면 너희 영혼이 살 것이다. (…) 이는 내 생각이 너희 생각과 다르며, 내 길도 너희 길과 다름이니라. 여호와의 말씀이니라. 이는 하늘이 땅보다 높듯이, 내 길은 너희 길보다 높으며, 내 생각은 너희 생각보다 높음이니라."[16]

그리고 이 지식 안에서 — 그분을 아는 가운데 — 우리는 마침내 안식할 수 있다.

---

16   이사야 55:2-3, 8-9.

III

그는 시냇가에 심은 나무가 철따라 열매를 맺으며

그 잎이 시들지 아니함 같으니

그가 하는 모든 일이 다 형통하리라.

— 시편 1:3

박주가리 Milkweed; *Asclepias syriaca*

8

천연자원

"산들이 부르고 있다. 나는 가야만 해." ― 존 뮤어John Muir

이곳 산에는 봄이 늦게 찾아온다. 두 발짝 갔다가 한 발짝 다시 돌아오는 왈츠처럼 머뭇머뭇 다가온다. 개나리와 크로커스crocus는 봄이 다가옴을 알리는 첫 신호다. 하지만 마지막 서리가 지나야만 정말로 봄의 기운을 느낄 수 있다. 그리고 이내 나무에 잎이 나며, 숲에 램프ramps와 고비fiddlehead ferns와 들꽃이 생기를 띤다.

어느 해 겨울은 세상을 하얗게 물들이고픈 욕심이 특히 많았는지, 폭설로 인한 휴교일이 예년보다 많았다. 주 교육청은 겨울이 끝나자 메모리얼 데이*를 보충수업일로 정했다. 그러나 엄동설한이 지나고 나면, 가고 싶은 장소 순위 꼴찌가 바로 학교다.

"내일은 애들을 집에 있게 하는 게 어때?" 주일날 나단이 나에게 물었다.

● 우리나라의 현충일과 같은 미국 국경일, 5월 마지막 월요일.

"내 생각이 어떤지 알면서."

그것은 사실이었다. 나단은 내가 규칙을 잘 따르고, '참 잘했어요' 도장을 받는 모범생이란 것을 잘 알고 있었다. 반면에 그는, 성적은 모두가 받는 수업 과정의 일부이며, 벌점도 어차피 어느 정도 받는 것이며, 사전에 허락을 구하는 것보다 나중에 용서를 구하는 것이 쉽다고 믿으며 학창시절을 보냈다.

"난 스마트 전망대Smart View에서 엄마 아빠를 만날 수 있지 않을까 생각했지. 우리 이번 봄에 한 번도 하이킹 안 갔잖아."

스마트 전망대의 오솔길은 블루릿지파크웨이에서 도로표지판 상으로 154마일 떨어져 있다. 우리가 사는 곳에서는 한 시간이 조금 안 되는 거리다. 그리고 우리가 그 봄에 아무데도 가지 않은 것은 사실이었다. 주중에는 학교, 주말에는 교회에 있었다.

나는 망설였다. "아 몰라. 난 선생님들의 계획에 지장을 주고 싶지 않아."

그가 나를 구슬렸다. "에이 아니야. 내일 선생님들이 학교에 나오는 건 그냥 수업일이니까 그런 거지, 다른 이유는 없어. 어제 수잔이 그랬는데, 자기네 애들은 내일 학교 안 보내고 대신 가정 학습 할 거래."

이것 또한 사실이었다. 주 교육청에서는 학사일정을 정한다. 하지만 내 경험에 비추어 보면 이 작은 마을 사람들은 무언의 이해를 바탕으로 움직인다. 사냥철에는 가정 학습을 신청하는 비율이 굉장히 높다. 그리고 폭설 휴교로 인한 보충수업일에는 수업능률이 낮다.

"이런 식으로 생각해봐." 나단이 이어서 말했다. "실제로 선생님들한테는 일을 덜어주는 거야. 신경 쓸 애 셋이 줄어드는 거잖아."

그렇게 해서 다음날 아침 우리는 상쾌한 봄 숲을 가로지르는 흙길을 걸었다. 아이들은 50에서 100야드 정도 앞서 달려가며, 수업에 빠져서 놓친 것보다 더 많은 것을 배웠다. 우리는 시냇물을 따라 난 3마일 정도 되는 둘레길을 한 시간 정도 걸었다. 통나무 다리도 건넜고, 산등성이에 올라갔다가 내려오기도 했다. 길을 걷다가 종종 멈춰 서서 천연 홍수정rose quartz, 우아한 개불알꽃lady slippers과 길을 가로지르고 있는 토실토실한 애벌레들을 자세히 들여다보는 동안, 우리 머리 위를 덮은 나뭇잎들 사이로 태양빛이 새나오고 있었다. 어떤 지점에서는 길이 더 가팔라지다가 높은 곳에 공터가 나온다. 공터에는 저 멀리 산들이 보이는 "아주 스마트한 전망"이라는 이 지방 언어로밖에 표현될 수 없는 장관이 펼쳐진다.

공터에는 폐오두막집도 하나 있다.

오래전 바스라진 투박한 통나무 벽 사이엔 틈이 생겼고, 석조 굴뚝엔 미국담쟁이덩굴Virginia creeper이 붙어 자라고 있었지만, 그래도 오두막집의 상태는 좋았다. 바로 옆에는 이 오두막집의 역사를 알리는 표시가 있었다. 오솔길 가족 사람들이 1890년에 여기에 오두막을 지었고, 1925년까지 살았다는 표시이다(오솔길 일가의 후손 한명은 파크웨이가 들어서지 않았다면 오솔길 일가 사람들이 계속 여기에 살았을 것이라고 알려주었다).

1890년대 도시에서는 전화, 전등, 옥내화장실이 들어서고 있었다. 그러나 이 외로운 산등성이의 사람들은 아마 1690년대처럼 살고 있었을 것이다. 산 생활이 원래 고립된 것이기에, 산에 사는 사람들은 오솔길 일가 사람들처럼 다재다능해야 했다. 그들은 아마 생존을 위해 집 현관 앞에 밭을 일구고 가축을 길렀을 것이다. 아마 가끔씩은 직접 재배할 수 없는 것들을 구하기 위해 마을로 내려왔을 것이다. 하지만 그밖에 필요한 모든 것들은 집 주위의 자연 세계에서 구했을 것이다. 고기, 허브, 약, 그리고 섬유까지도 우리가 방금 걸었던 그 숲에서 구했을 것이다.

그렇게 자연에서 얻은 것 중 하나는 박주가리common milkweed: *Asclepias syriaca*이다―메모리얼 데이 이른 아침에 우리 가족이 봤던 식물 중 하나이다. 대부분의 사람들은 독특한 꼬투리 때문에 박주가리를 알고 있다. 가을에는 박주가리 꼬투리가 부드럽고 보송보송한 수백 개의 씨를 뱉어내는 것을 볼 수 있다. 그러나 늦은 봄에는 작은 별모양 꽃들이 모여서 큰 공 모양을 이루고 있는 박주가리를 볼 수 있다. 이 꽃은 벌이나 나비 같은 꽃가루 매개자들에게 금싸라기 부동산일 것이다. 그리고 여기서 채취한 아주 구미가 당기는 꿀은 미국 원주민들과 개척자들이 감미료로 사용했던 것이다.

박주가리라는 이름은 박주가리에서 분비되는 하얗고 끈적한 액체 때문에 붙여졌다.* 이 액체는 박주가리 잎이나 줄기에 상처가 생길 때 분비된다. 이 상처의 잔여물은 약한 독성이 있다. 그래서 벌레들의 입맛에 맞지 않기 때문에 스스로를 보호할 수 있으며, 또한 이 독성으로 인간의 사마귀를 치료할 수도 있다. 미국의 개척자들은 이를 다른 용도로―기침을 억제하고, 발진티프스에 저항하고, 이질을 치료하는 데 사용하였다. 이 액에 독성이 있긴 하지만 박주가리는 식용으로도 쓸 수 있다. 당신에게 약간의 지식이 있어서 적절한 방법을 안다면, 박주가리의 새순과 꽃봉오리와 어린 꼬투리도 먹을 수 있다. 또한 박주가리의 수염은 2차대전 기간에 쓸모가 있었다. 미국 정부는 박주가리의 수염을 채집하는 사람들에게서 이를 구입하여서, 구명조끼와 베개를 만드는 데 사용하였다.

흔한 (또는 흔하지 않은)** 박주가리의 다재다능함은 오솔길 일가 사람들처럼 산에 사는 이들이 어떻게 주변 자연물에 의지하여 살았는지를 보여준다. 여기 이것은 아름다움, 식량, 약, 옷감이 한 자리에 있는 일체형 식물이다. 하지만 박주가리만이 정착민들이 이용할 수 있었던 유일한 식물은 아니었다. 숲은 잠재력으로 가득 차 있었다. 숲에 있는 모든 것들은 자원을 잘 활용하는 이들에게 발견되기를 기다리고 있을 뿐이다.

우리 대부분은 오솔길 일가 사람들이 1890년대 생활했던 방식

●　박주가리의 영어식 이름의 의미는 우유풀(milkweed)이다.

●●　*Asclepias syriaca*라는 학명으로 불리는 박주가리는 영어로 Common milkweed인데, 그 의미는 흔한 우유풀(흔한 박주가리)이다. 그리고 그 외에도 여러 박주가리가 있는데 저자는 이를 흔하지 않은 박주가리라고 부른 것이다.

으로 살고 있지 않다. 우리 주위에는 자원들이 넘쳐나고 있다. 시간, 돈, 재능, 정보, 교육, 영향력, 가족과 같은 유무형의 자원들을 원하는 대로 쓸 수 있다. 그러나 우리가 이러한 자원들과 어떠한 관계를 맺느냐에 따라 우리가 세상에서 번영하느냐 아니면 투쟁하느냐가 결정될 것이다. 그렇다면 우리는 어떻게 우리의 자원들과 겸손하게 관계를 맺을 수 있을까? 어떻게 이 선물들을 귀히 여길 수 있을까? "자원을 잘 활용하는" 사람은 어떤 모습일까?

겸손한 감사

"우리가 가진 것은 받은 것이쥬. 그러니 우리는 떼쓰지 않아유."
— 내 아들의 유치원 선생님

우리의 자원과 겸손하게 관계 맺기 위한 첫걸음은 우리가 얼마나 많이 받았는지를 인식하는 것이다. 이 말은 너무 단순한 말로 들릴지도 모른다. 하지만 이를 점검해보지 않는다면, 교만이 우리 눈을 가려서 하나님이 주신 좋은 선물들을 보지 못하게 할 것이다. 교만은 자기 자신이 실제보다 더 중요한 사람이란 생각을 심어준다. 그래서 자신이 세상에 있는 어떤 것들을 누릴 자격이 있다고 생각하게 만든다. 그리고 마땅히 누릴 자격이 있다고 여겼던 것에 지장이 생길 때, 불평을 토로하면서 우리의 교만이 드러난다.

아이들은 뻔한 불평을 서슴없이 내뱉는다. 익숙하지 않은 음식을 먹는다거나, 양말과 신발을 신는 별거 아닌 일도 마음에 들지 않으면 "안 맞아"라며 떼를 쓴다. 어른들이 불평을 늘어놓는 이유는 다양한데, 아이들보다 좀 더 미묘한 모양새를 띤다. 어른들이 불만을 표시하는 새로운 방식 하나는 소소한 불만microcomplaint이다. 이는 겸손한 자랑질과도 관련이 있는데, 작은 불편을 강조함으로써 자신이 우위에 있음을 알리기 때문이다. 소설가 테디 웨인은 『뉴욕타임즈』 기고문에서 전형적인 소소한 불만을 묘사하며 다음과 같이 썼다.

> 소소한 불만은 다음과 같이 자랑질을 뒤집어 하는 방식이기도 하다. 어떤 진상은 자신의 화려한 경력에 걸맞는 실적 부담 때문에 자기 시간을 낼 수 없다고 우는 소리를 내는가 하면, 어떤 이는 형편없는 부분을 꼬집는 식으로 자신의 호화여행에 대한 이야기를 꺼낸다. (…) 그리고 어떤 사람은 이렇게 말한다. 사람들이 새로운 직장을 구했다고 축하해 줄지도 몰라. 미슐랭에 수록된 식당을 예약할지도 모르지. 그런데 축하할 일인가 싶어. 내 업무가 얼마나 힘든 일인지 몰라(난 더 주목받을 만한 가치가 있는 사람이야).[1]

1   Teddy Wayne, "My Complaint Box Overfloweth," *New York Times*, November 15, 2015.

우리 중 대다수의 사람들은 호화여행에 대해 불만을 표시할 기회가 없거나 미슐랭에 나온 식당에 초대받을 일이 없더라도, 여전히 자신이 우위에 있음을 알릴 방법을 모색한다. 우리는 다른 사람들에게 이해받기 어렵다고 불평한다(독특성에 있어 우월함). 하얀 가죽 소파를 새로 샀는데, 아이들이 있어서 금방 더러워진다고 불평한다(재력의 우월함). 사역자들 가운데 리더로 서는 것이 얼마나 외로운지에 대해 불평한다(영향력의 우월함).

스트레스가 그러하듯이 우리는 계속해서 그런 감정을 느낀다. 그러다 보면 우리의 불만이 정말 타당하다고 느껴진다. 자신에게 더 나은 것이 주어져야 한다고 믿기 때문에 불만이 타당하다고 느낀다. 우리는 이미 우리가 얼마나 많이 누리고 있는지를 알지 못하는 것이다. 우리에게 누릴만한 자격이 있다고 가정하고 있기 때문이다. 아니면 계속 누려왔기 때문에 당연하게 생각한다.

우리는 우리의 특권을 보지 못하고 있다.

현대 사회에서 특권이라는 단어에는 어떤 함축이 실려 있다. 당신은 아마도 "백인의 특권", "남성의 특권", "선진국의 특권"을 주제로 한 대화에서 특권이란 말을 들어보았을 것이다. 그리고 의심할 바 없이 이러한 대화의 이면에는 무수한 가정들과 정치적 현안, 개인적 경험들이 자리 잡고 있다. 그러나 특정 문제에서 한 발자국 물러서서 보면, 특권 개념 자체가 그렇게 대결적인 구도를 가진 것은 아니다. 가장 기본적인 의미로 특권이란, 어떤 사람들은 자기 노력이 없이도 많은 자원을 취하고, 어떤 사람은 자기 잘못 없이도 적은 자원을 취하는 현실이다. 여기서 자원이란 부, 사회적 지위, 지식, 시간, 교육 등등 세상에서 우리의 길을 개척하는 데 사용할 수 있는 모든 것을 포괄한다.

특권에 있어서의 문제는 자신이 누리는 특권을 거의 보지 못한다는 점이다. 우리는 자신이 경험한 것밖에 모르기 때문에, 얼마나 많은 것을 받아왔는지 그리고 그렇게 받은 것들이 자신의 길을 얼마나 평탄하게 만들어 주었는지를 거의 알지 못한다. 또한 이전 세대들로부터 얼마나 많은 것을 물려받았는지를 기억하지 못한다.[2] 우리 조부모 세대들은 독재정권과 싸웠지만, 우리는 자유를 누리고 있다. 우리 부모님들은 기초를 닦아 놓는 일을 하였고, 우리는 그 유익을 누리고 있다. 그러나 우리는 우리가 태어난 환경이나 우리의 어린 시절을 예비하기 위해 아무것도 하지 않았다. 우리는 알몸으로 세상에 왔고 알몸으로 돌아갈 것이다.[3] 바울은 고린도전서 4:7에서 이 점을 이해시켜준다.

누가 여러분을 남과 다르다고 구별합니까? 당신이 가지고 있는 것 중에 받지 않은 것이 무엇입니까? 이렇게 다 받은 것인데, 왜 받은 것이 아닌 척, 자기 것인 척 자랑합니까?

---

2   이전 세대가 우리의 성공에 얼마나 영향을 미쳤는지를 모른다면, 다른 많은 사람들이 이전 세대들로 인해 얼마나 빈곤과 억압을 겪고 있는지 역시 볼 수 없을 것이다. 우리는 축복을 물려받았을지 모르지만, 다른 이들은 고난을 물려받은 것이다.

3   욥기 1:21.

겸손은 우리에게 모든 것이 선물임을 가르쳐 준다. 겸손은 우리에게 감사를 가르쳐 준다. 그러나 이것은 다른 사람들보다 더 많이 가졌기 때문에 하는 감사가 아니다. 이런 식의 감사는 당신이 누구와 비교하느냐에 따라 왔다 갔다 할 것이다. 당신보다 더 적게 가진 이를 바라보는 동안은 감사할 것이다. 그러나 대학 친구를 만났는데, 그 친구가 당신보다 두 배 많이 벌고 세계를 누비고 다닌다면 어떨까? 그 친구에게 아주 멋지고 다양한 인간관계가 있고, 가정생활에서도 친밀함이 넘친다면? 만약 당신의 감사가 비교에 뿌리를 내리고 있다면, 그 감사는 즉시 연기처럼 날아갈 것이다.

그렇다. 겸손에서 나온 감사는 그런 게 아니다. 다른 누군가보다 더 많이 가졌다는 비교에 뿌리 내린 감사가 아니다. 그것은 내가 무엇을 가졌든 간에, 그 가졌다는 사실 자체에 뿌리를 둔 감사이다. 겸손은 자신이 가진 것과 다른 사람의 것을 (누구의 것이 더 많은지 적은지) 비교하라고 가르치지 않는다, 겸손은 우리가 이 땅에 태어났을 때 가졌던 것과 지금 가지고 있는 것을 비교하라고 가르친다. 우리는 아무것도 없이 이 땅에 왔다. 옷 하나도 걸치지 않았다. 당신의 존재 그 자체가 선물로 받은 것이며, 당신이 가지고 있는 것도 모두 선물로 받은 것이다.

우리가 이 세상에 어떻게 왔는지를 기억한다면, 예수님께서 왜 어린 아이와 같이 천국에 들어갈 것을 요구하셨는지를 이해하는 데 도움이 될 것이다. 그리고 왜 거듭나야 하는지를 이해하는

데 도움이 될 것이다. 예수께서 이 땅에서 사역하시던 어느 날, 제자들은 천국에서 가장 위대한 사람이 누군지에 대해 논쟁하고 있었다—본질에 있어서는 소소한 불만과 같다. 예수께서는 그들의 생각을 바로잡아 주시고자 말씀하셨다. "진실로 너희에게 이르노니, 너희가 돌이켜서 어린이들과 같이 되지 않으면, 결코 천국에 들어가지 못할 것이다."[4] 우리는 이 예수님의 요구를 종종 어린아이들의 순진함, 즉 의심 없는 믿음과 연결시킨다. 그러나 예수님은 다른 것에 강조점을 두셨다. 예수님은 계속해서 이렇게 말씀하셨다. "그러므로 누구든지 이 어린이와 같이 자신을 **낮추는**humble 사람이 천국에서 가장 큰 사람이다."[5]

예수님이 말씀하신 어린 시절은 겸손한 의존이 구체적으로 나타나는 시기이다. 거듭난다는 것은 단순히 새롭게 시작한다는 말이 아니다. 출산과 관련된 이 용어는 우리의 생명이 어떻게 하나님께 겸손히 의존해야 하는지를 그려준다. 우리는 어린아이가 생명과 영양분을 어머니에게 의존하는 것과 같은 방식으로 하나님께 의존해야 한다. 이것은 정확히 예수님께서 이 세상에 오신 방식이기도 하다. 놀랄 일이 아니다. 예수님은 무력하고, 벌거벗었으며, 연약한 갓난아기로 오셨다. 그분은 아무것도 가지지 않은 어린아이가 되시려고 하늘의 영화를 버려두고 오셨다. 또한 그렇게 함으로써, 천국에 들어가려면 어린아이와 같아야 함을

---

4   마태복음 18:3.

5   마태복음 18:4.

상기시켜 주신다. 무력하고 벌거벗었으며 연약한 겸손. 그러나 이것은 우리의 자존심을 불쾌하게 한다. 우리는 우리의 현재 모습이 자력으로 된 것이라 믿고 싶어 한다. 우리는 우리가 의도하고 열심히 노력했기 때문에, 지금 소유하고 있는 것들을 갖게 된 것이라고 믿고 싶어 한다. 그러나 그렇지 않다. 모든 것은 선물로 받은 것이다.

그리고 마침내 우리가 이 사실을 배운다면—마침내 우리가 가진 것 중 받지 않은 것이 하나도 없음을 깨닫는다면, 우리는 자신이 받은 자원들을 잘 관리할 수 있는 겸손한 사람, 감사하는 사람이 되는 첫 걸음을 내딛은 것이다.

의존의 생태학

"그러나 나는 무엇보다도 왕나비monarchs를 기억할 것이다. 작은 날개를
가진 이들은 다른 왕나비를 뒤따르며 여유 있게 서쪽으로 이동한다.
보이지 않는 힘이 이들 하나하나를 이끌고 있다."

— 레이첼 카슨Rachel Carson

박주가리는 미대륙의 초기 개척자들의 자원이었을 뿐만 아니라, 수많은 곤충들—곤충의 상징인 왕나비를 포함하여—의 자원이다. 박주가리는 매년 캐나다에서 맥시코 중부까지 왕나비의

순례길에 양식을 제공한다(박주가리는 왕나비의 이동길에 좋은 휴게소이다). 그리고 왕나비의 이주 경로를 따라 수백 종이 넘는 박주가리가 퍼져나간다. 뿐만 아니라 박주가리는 왕나비의 생활 주기에서 훨씬 더 중요한 역할을 하고 있다. 왕나비는 박주가리에만 자신의 알을 낳는다. 그리고 왕나비 애벌레는 박주가리를 먹고 자란다. 봄에 박주가리의 잎을 뒤집어 보면, 연노랑 구슬들이 붙어 있는 것을 볼 수 있다. 이 구슬들은 미래의 나비왕과 나비여왕이다.

그런데 지난 20년 동안 왕나비의 개체수가 급격히 감소했다. 주요 환경보호가들은 연방정부의 멸종위기종 목록에 왕나비도 넣으라고 요구하였다. 과학자들은 왕나비 개체수가 줄어든 데에는 불법 살림벌채, 이례적인 기상 패턴 등 여러 요인이 있을 것이라고 믿었다. 그러나 저명한 곤충학자이자, 60년 간 왕나비를 연구해 온 스위트브라이어대학의 연구 교수인 링컨 브라우어 Lincoln Brower는 또 다른 이유를 하나 더 제시하였다. 바로 박주가리 개체수의 감소이다.[6]

박주가리는 전통적으로 길가나 들판의 가장자리, 울타리 기둥 옆에서 자라왔다. 그래서 도로 중앙분리 잔디밭이나 도롯가에 있는 풀을 깎거나 살충제를 뿌리면 박주가리 개체수가 감소한다.

6   브라우어 박사의 연구는 대부분 여러 학술정보원을 통해 접근할 수 있는데, 위 관측 기록
     은 2014년 1월 31일 스위트브라이어 대학의 웹사이트에 올려놓은 보도 자료에 있는 내
     용이다. http://www.biologicaldiversity.org/news/press_releases/2014/monarch-
     butterfly-08-26-2014.html.

그러나 브라우어 박사에 따르면, 박주가리 감소의 가장 큰 원인은 제초제를 광범위하게 사용한다는 점이다. 옥수수밭이나 콩밭처럼 넓은 지역에 제초제를 살포할 경우, 유전자 변형 작물들은 제초제를 견뎌내지만, 박주가리를 포함한 인접 지역의 다른 식물들은 죽는다. 그리고 그렇게 하면 민감한 생태계의 균형이 틀어진다. 갑자기 박주가리가 없어지면서, 왕나비도 죽기 시작한다.

자연과 마찬가지로, 우리가 가진 자원도 더 큰 생태계의 한 부분이다. 우리가 가진 자원을 하나님의 선물로 보는 법을 배운 다음에도 우리의 씨름은 끝나지 않는다. 그다음에는 자원들이 균등하게 분배되지 않았다는 사실과 씨름할 것이다. 이는 인간의 탐욕과 하나님의 주권이 모두 관련된 문제이다. 어떤 이들은 천재성을 타고난다. 어떤 이들은 학창시절 내내 버둥거린다. 어떤 이들은 상위 10%에 속하는 부유층에서 태어난다.[7] 어떤 사람들은 빈곤한 지역에서 태어나서, 운이 좋아야 유아기에 살아남을 수 있다. 어떤 사람들은 초혼핵가족에서 태어나지만, 어떤 사람들은 자신의 아버지가 누구인지도 알 길이 없다. 어떤 사람들은 권력과 영향력을 안고 태어나고, 어떤 사람들은 힘없는 가정에서 태어난다. 그렇다면 겸손은 그러한 불공평과 어떤 관계가 있을까?

첫째, 우리가 단지 불평등을 인지하고 있다고 해서, 자원을 겸손히 다루게 되는 것은 아니다. 불평등에 대한 죄책감이 교만

7　우리 대부분은 상위 1%의 부유층에 속하지는 않더라도, 세계 경제 자료를 보면 평균적인 미국 가정은 세계에서 상위 10%의 부유층에 속한다.

에서 나오는 것도 완전히 가능한 일이다. 우리로 하여금 우리의 특권을 보지 못하게 만들었던 그 교만이 우리에게 불평등에 대한 죄책감을 심어줄 수도 있다. 우리에게 다른 이들보다 더 많이 받을 만한 자격이 있지 않다는 것을 우리는 알고 있다. 그럼에도 우리가 다른 이들보다 더 많이 가지고 있다는 사실 또한 알고 있다. 그래서 우리는 자기 자신을 중심에 놓으면서 이러한 죄책 감을 극복하려고 일종의 금욕주의를 추구할 수 있다.

우리는 권력의 자리를 포기하고, 필요 이상의 재화를 버리고, 더 작은 집으로 이사할 수도 있다. 하지만 우리가 죄책감을 떨치려는 목적으로 그렇게 한다면(그리고 그러한 우리의 희생을 널리 큰 소리로 알린다면), 자기중심적 세계관이 여전히 원동력으로 작용 하는 것이다. 미니멀 라이프를 받아들일 수 있는 능력도 사실은 풍요로움을 전제로 하고 있다는 점을 놓치고 있다. 수상 작가인 데이빗 브룩스David Brooks는 다음과 같이 관찰하였다.

오늘날 소박한 삶 추구simplicity movements에 있어서 고질적인 문제 중 하나는 소박한 삶이라는 게 그저 대체 소비 형태에 지나지 않을 때가 많다는 점이다. (…) 인생의 초반부에는 무언 가를 더 소유함으로써 자신의 정체성을 선택한다. 그러나 부유한 삶을 누리게 되면, 인생의 후반부에는 자신에게 더 이상 필요 하지 않은 것, 참되지 않은 것, 아름답지 않은 것들을 버림으

로써 자신의 정체성을 발견하거나 갱신한다.[8]

다시 말해서, 우리는 아주 많은 자원을 손쉽게 얻을 수 있기 때문에, 깊이 고민해볼 필요도 없이 우리가 가지고 있는 자원들을 바로 처분할 수 있는 사치를 누리고 있는 것이다.

물론 소박함을 추구하는 것에는 타당한 이유가 있다. 덜 거추장스러운 세계로 나아가고자 하는 욕망과 윤리적인 소비를 촉진하고자 하는 욕망을 포함하여 많은 이유가 있다. 그러나 소박함을 추구한다고 해서 반드시 우리가 겸손한 사람이 된다거나 감사할 줄 아는 사람이 되는 것은 아니다. 때로는 그 소박함이 모두 우리의 교만과 자기의존을 숨기는 역할을 한다. 만약 자신에게 필요한 것이 적다는 이유로 큰 만족을 취한다면, 많은 풍요로움을 거부했다는 이유로 큰 만족을 취한다면, 그러한 소박함은 신학자 J. I. 패커Packer가 말했듯이 "너무 교만해서 마땅히 즐길만한 것도 즐기지 못하는"[9] 금욕주의의 한 형태에 불과한 것이다.

겸손은 자원을 거부하라고 가르치지 않는다. 그 대신 선물로 받아들여서 하나님의 영광을 위해서 그리고 이웃을 위해서 사용하라고 가르친다. 겸손은 우리의 뒷마당에 박주가리를 기르라고 가르친다. 과학자들과 보호활동가들이 왕나비를 보존하기 위해 할 수 있는 한 가지 단순한 방법은 정원을 가꾸는 사람들이 자신의

8   David Brooks, "The Evolution of Simplicity," *New York Times*, November 3, 2015.
9   J. I. Packer, "The Joy of Ecclesiastes," *Christianity Today*, September 2015, p. 56.

집과 회사 주변에 박주가리를 기르도록 장려하는 일이다. 왕나비 지킴이Monarch Watch와 같은 단체들은 박주가리 씨를 모으고 박주가리 묘목을 무료로 나눠주기 위한 계획을 세운다. 그 목표는 생태 불균형을 회복하여 지속가능한 경작 환경에 이르는 것이다. 이러한 방식으로 보존하려는 노력에는 고도의 조직과, 신중한 연구, 전문가의 관리 및 성공적인 모금활동이 요구된다. 반면 왕나비를 지키기 위해서 우리가 할 수 있는 일은 우리 뒷마당 자원을 개발함으로써 시작된다.

신실한 청지기들

"많이 받은 사람에게는 많이 요구할 것이다." — 누가복음 12:48

예수님께서 한번은, 여행을 가며 세 명의 종들에게 자기 재산을 맡긴 주인에 대해 이야기하셨다. 한 종은 다섯 달란트를 받았고, 한 명은 두 달란트, 한 명은 한 달란트를 각각 받았다. 실생활에서와 마찬가지로 자원의 분배에 불균형이 있었다. 그리고 더 흥미로운 것은 달란트를 불균형하게 분배했다는 점이다. 주인은 "각 사람의 능력에 따라" 돈을 분배하였다. 주인이 여행을 간 동안, 첫 번째 종과 두 번째 종은 자신들이 받은 달란트를 투자하여 두 배로 늘렸다. 그러나 세 번째 종은 그가 받은 한 달란트를 땅에 묻고, 주인이 돌아올 때까지 그대로 기다렸다. 그는 한 달란트를 잃을까봐 두려워서 감춰두었던 것이다.[10]

주인이 돌아왔을 때, 첫 번째 종과 두 번째 종은 자신들이 남긴 이익을 보여주었다. 그리고 다음과 같이 똑같은 칭찬을 받았다. "잘하였다, 착하고 충성된 종아. 네가 작은 일도 신실하게 하였으니, 이제 내가 많은 일을 맡기겠다. 와서 주인의 즐거움에 참여하여라." 그러나 세 번째 종은 왜 자신이 받은 자원을 사용하지 않았는지 변명하며 주인에게 비굴한 모습을 보였다. 심지어 자신의 실패를 주인의 성품 탓으로 돌렸다! 그러자 주인은 그 종을 심판하고, 그 종에게 주었던 달란트를 도로 가져갔다. 하인이 두려워했던 바로 그 일이 벌어진 것이다. 그는 자신의 달란트를 잃었다. 그가 위험을 감수하다가 잃은 것이 아니었다. 정확히 그가 위험을 감수하지 않아서 잃은 것이었다.

땅에 묻는 일과 땅에 심는 일은 놀라울 정도로 유사하다. 둘 다 힘든 작업이다. 둘 다 땅에 구멍을 내고, 흙 속에 물체를 집어넣어야 한다. 그러나 동일한 물리적 행위를 수반함에도 불구하고, 묻는 일과 심는 일은 전혀 다른 결과를 낸다. 세 번째 종이 자신이 받은 달란트를 묻었을 때, 그는 그것을 잃을까봐 두려워서 지키고자 한 것이었다. 자원이 부족한 세상이기에 우리는 우리의 자원을 잃을까봐 너무 두려워한다. 그래서 우리가 받은 자원을 심는 대신, 세 번째 종처럼 땅에 "묻는다." 우리는 우리의 시간, 부, 그리고

10   마태복음 25:14-30.

가정생활까지도 개발하거나 다른 이들과 공유하려 하지 않고 꼭 붙들어 지키려고 한다. 우리가 바쁘지 않은 것은 아니다 — 우리는 우리의 자원을 보호하기 위해서 구멍을 파느라 매우 바쁠 것이다. 그러나 우리가 우리 자신을 위해 그것들을 지키려고 노력한다면, 우리는 주인에게 우리 일의 성과를 거의 보여줄 수 없을 것이다.

그러나 우리의 자원이 우리에게 속하지 않았다는 점이 정확한 사실이다. 그 자원들은 우리의 선하고 친절한 주인으로부터 받은 것이다. 그래서 우리는 위험도 감수할 수 있는 자유로운 사람이다. 모든 것이 선물이라면, 우리가 그 선물들을 주신 분을 신뢰하는 법을 배운다면, 우리는 두려움 없이 파종에 임하게 하는 일종의 겸손을 배운 것이다. 우리는 자원을 비축해 두거나 거부하는 대신, 그것들을 경작한다. 자원을 땅에 묻는 대신, 땅에 심는다. 랍비 조셉 텔루슈킨Rabbi Joseph Telushkin이 말한 것처럼, 겸손은 다음과 같은 것을 가르쳐 준다.

> 우리에게 만약 더 위대한 지혜가 있다면, 우리에게는 사람들을 이해와 지혜로 이끌어야 하는 더 큰 책임이 있다. 우리에게 만약 부가 있다면, 우리에게는 궁핍한 사람들을 도와야 하는 더 큰 책임이 있다. 우리가 힘 있는 자리를 차지하고 있다면, 우리에게는 억압받는 사람들을 도와야 하는 더 큰 의무가 있다.[11]

11 Joseph Telushkin, *A Code of Jewish Ethics, Volume 1: You Shall Be Holy* (New York: Bell Tower, 2006), p. 212.

박주가리의 가장 독특한 특징 중 하나는 꼬투리에 수백 개의 씨를 품고 있다는 점이다. 하나의 박주가리에는 여러 개의 꼬투리가 있다. 그리고 박주가리가 큰 군락으로 밀집해 있는 경우에는 수백 개의 박주가리가 있다. 이는 수십만 개의 씨앗이 있다는 의미이다. 이 씨앗들은 미래의 박주가리와 왕나비를 품고 있다. 그러나 씨앗들이 꼬투리 안에 있다면 아무런 좋은 일도 생기지 않는다. 그 씨앗들은 꼬투리가 터져서 뿌려지기 전에는 생명력이 있는 자원이 아니다. 우리의 자원을 생각해보자. 우리가 받은 수많은 선물을 단순히 헤아리는 것으로는 충분하지 않다. 수많은 선물은 실제로 수많은 기회들이다. 즉 우리가 받은 선물은 하나님께서 세상에 씨를 뿌리고자 나누어 주신 수단이다.

믿음의 씨앗들

"박주가리가 믿음으로 씨를 내고 있는데, 그 해 여름에 세상에
종말이 온다는 (…) 예언을 누가 믿을 수 있었을까?"
— 헨리 데이비드 소로

몇 년 전, 나단과 나는 경제적으로 불안정한 상황을 겪고 있었다. 나단은 사역지를 구하려고 힘들게 노력했지만 6개월 동안 무직 상태였고, 그 후 1년 동안 한 시간에 9달러씩 받으며 은행

에서 저임금 직원으로 일했다. 그는 은행 업무시간이 끝나고 청소를 하며 초과근무까지 했지만, 6세 이하 아이 셋을 기르기에는 정말 턱도 없었다. 나도 일을 구하려고 노력했지만, 인문학 학사 학위로는 할 수 있는 일이 거의 없었다. 심지어 소매점도 인문대학 졸업자에게는 관심이 없었다. 우리는 최선을 다했지만, 결국 식량구매권food stamps과 의료보조Medicaid를 받았다.●

나는 내 인생에서 가장 큰 갈등을 느꼈다. 내 속의 모든 것이 나 자신에게 말을 걸어왔다. 네가 해야 하는 것은 일하는 것이니까, 너는 "일을 하고 있어야" 해. 너는 열심히 일해야 해. 너는 청구서에 적힌 돈을 지불해야 해. 네가 해야 할 일을 해야 해(나는 이미 아이들을 돌보는 일을 하고 있었지만, 그 사실을 잊고 있었다. 그런 시기에 집에서 아이들을 가르치는 일은 아주 시대에 뒤처진 일일 뿐이었다). 그러나 하나님께서 나에게 중요한 교훈을 가르쳐 주신 것도 이 시기였다. 아주 적은 자원이더라도 청지기로서 관리해야 함을 가르쳐 주셨다.

인문학 학위로는 직장을 구할 수 없음이 분명해지자(저녁식사 손님을 대접할 능력은 있지만), 그것으로 무엇을 해야 할지 의문을 갖기 시작했다. 그 시기에 딸이 초등학교에 입학하면서, 나는 딸아이가 항상 작기만한 어린 아이가 아님을 처음으로 느꼈다. 언젠가는 딸아이도 어른이 될 것이다. 그리고 딸아이가 보아온 내가 삶을 대하는 방식은, 그 아이가 자신의 삶을 이해하는 방식에

●　식량구매권과 의료보조는 미국에서 저소득층에 제공하는 혜택이다.

아주 큰 영향을 미칠 것이다. 다른 무엇보다도 나는 그 아이가 겸손한 순종의 사람이 되길 원했다. 하나님의 부르심에 두려움이 아닌 용기로 응답하는 사람. 자신에게 주어진 삶을 최고로 잘 활용하는 사람.

그래서 내가 먼저 믿음의 발걸음을 내디뎌야 했다. 나는 세 명의 아이들과 스물다섯 평, 방 두 개짜리 아파트에 칩거하며 글을 쓰기 시작했다.

나는 앞으로 2년의 시간(2년이란 시간은 석사학위를 받거나 기술을 배우는 전문학사 학위를 받는 데 필요한 기간과 같다)을 기술을 배우는 데 보내기로 하나님께 약속했다. 나의 이러한 생각이 어떤 결과를 가져올지는 알지 못했다. 다만 내가 아는 것은 내가 달란트를 받았다는 것과 그것을 계발할 기회가 있다는 사실이었다. 하나님은 내가 예측할 수 없는 방식으로 미국의 납세자들을 사용하셔서 나에게 식료품과 의료서비스를 제공해 주셨다. 그래서 나는 글쓰기를 배울 수 있었다. 내가 받지 않은 달란트에까지 책임이 있는 것은 아니었다. 다만 두 달란트 받은 종처럼, 내가 받은 달란트에는 책임이 있었다. 그리고 내가 받은 것은 아이들의 낮잠 시간과 저녁 시간이었다.

몇 년 후, 우리는 어느 정도 경제적으로 안정되기 시작했는데, 그때 나는 또 다른 비슷한 도전에 직면했다. 이미 아이들은 모두 학교에 다니고 있었고, 나단은 안정적인 봉급을 받았다. 8월 말에서 6월 초(눈 오는 날과 방학을 제외하면), 월요일에서 금요일,

오전 8시부터 오후 2시까지 나는 아무 일정도 없었다. 처음에는 죄책감을 느꼈다. 나는 다른 엄마들이 재정적인 압박으로 밖에 나가 일을 한다는 사실을 알고 있었다. 그리고 어떤 엄마들은 홈스쿨링으로 바빴고, 또 어떤 엄마들은 걸음마 아이와 젖먹이 아이를 돌보고 있었다. 그런 엄마들과는 달리 나에게는 많은 시간이 있었다. 하지만 내가 무언가를 배웠다면, 그것은 책임이 뒤따르는 특권이었다. 그래서 나는 글쓰기를 계속했다. 나는 우리 아이들이 다니는 학교에서 자원봉사를 했고, 우리 교회에서도 내 시간을 들였다. 나는 내 자유를 얻으려고 하지 않았다. 다만 내 자유를 잘 사용하고 싶었을 뿐이었다. 그리고 그 과정에서 나는 다음과 같이 다짐했다.

1. 나는 내 특권을 간과하지 않을 것이다. 나는 시간, 재능, 교육, 부를 포함하여 하나님께서 내게 주신 자원을 잘 검토할 것이다.

2. 나는 하나님께서 내 손에 주신 것이든 혹은 내가 얻으려고 노력한 것이든, 그에 대해 죄책감을 느끼지 않을 것이다. 나는 그것을 선물로 받을 것이며, 그것을 기쁘게 여길 것이다.

3. 나는 하나님께서 자신의 영광과 우리 이웃의 유익을 위해 주신 이 선물들을 가꾸시게끔, 하나님의 인도에 나를 맡겨 드릴 것이다.

당신도 당신이 원하는 대로 자원을 사용할 수 있다. 그 자원이 많지 않을 수도 있고, 대단해 보이지 않을 수도 있지만, 당신은 분명 자원을 가지고 있다. 그리고 그것이 아무리 작아도, 아무리 적어도, 하나님께서는 당신이 그 자원을 사용하기를 원하신다. 하나님께서는 당신이 겸손하게 자원을 사용하는 사람이 되기를 원하신다. 먼저 감사로 그 선물을 받고, 그런 다음 우리 이웃의 유익을 위해 그 선물들을 잘 경작하는 사람이 되길 원하신다.

그러나 하나님은 자신의 지혜로, 당신이 하나님과 떨어져서는 이러한 일을 할 수 없게끔 이 세상을 빚으셨다. 당신은 자주 위험을 감수해야 하며, 자신의 능력을 넘어선다는 압박도 자주 받을 것이다. 삶의 껍데기들이 깨져서, 그 안에 있던 당신의 씨앗들이 바람에 날려 흩어지는 듯한 느낌을 자주 받을 것이다. 그러나 이것이 바로 하나님께서 당신에게 겸손을 가르치시는 방식이다. 이것이 바로 하나님께서 당신이 지고 있는 죄책감과 자기 의존의 짐을 덜어주시는 방식이다. 당신이 가진 자원을 하나님께로부터 온 좋은 선물로 받아들여야 하는 것처럼, 하나님을 떠나서는 그 자원들을 경작할 수 없음을 받아들여야 한다. 이러한 과정은 바로 당신에게 의존성을 가르치기 위한 것이다.

공동체를 위한 치료제

"자기 손으로 정직하게 수고하여, 궁핍한 사람들에게
나누어 줄 것이 있게 하십시오."
— 에베소에 있는 교회에 보낸 바울의 편지

현대 식물분류학의 아버지인 카롤루스 리나이우스Carl Linnaeus가
1700년대에 자신의 분류체계를 처음 구성했을 때, 박주가리를
아스클레피아스Asclepias 속屬으로 분류했다. 아스클레피아스는
리나이우스가 그리스 신화 속 의술의 신 아스클레피오스Asclepius를
따라서 지은 이름이다. 박주가리가 인간과 나비 모두를 위한
귀한 치료의 원천인 것과 같이, 우리가 받은 수천 가지 은사는
전 인류를 향한 치료의 원천이다. 당신이 누리는 자연적인 자원들
—시간, 돈, 지성, 능력, 사회적 지위, 정치적 자유—즉 온갖 은사
들은 다른 치유 식물들과 함께 세상에 심으라고 당신에게 주어진
것이다.

그래서 겸손은 "내가 이 선물을 받을 자격이 있는가?"하고
물으라고 가르치지 않는다. 대신 "하나님께 받은 것은 무엇이며,
그로 인해 우리가 지고 있는 책임은 무엇인가?"하고 물으라고
가르친다. 그렇게 함으로써 겸손은 우리의 준거점을 완전히 바꾸어
놓는다. 홀연히 이제 우리는 더 이상 자신을 중심에 놓지 않는다.
하나님을 중심으로 생각한다. 우리가 가지고 있는 어떤 특권의식
이나 죄책감이 더 이상 우리의 선택을 좌우하지 않는다. 모든 것이
선물이며 목적이 있다.

녹색콩 Green Beans; *Phaseolus vulgaris*

9

꿈의 영역

"네가 녹색콩을 까고 싶지 않다면, 넌 자라서 의사와 결혼해야
할거야." ― 이모가 해준 말

이 말은 제인 오스틴의 소설 속 인물의 입술에서 나올 법한
그런 충고였다. "많은 재산을 소유하고 있는 미혼 남자는 분명
아내가 필요하다고 생각할 거야"라는 말은 보편적으로 인정되는
생각이다. 아니면 "예쁜 여자들의 아름다움에 걸맞을 만큼 많은
돈을 가진 남자가 세상에 그리 많지 않다는 것은 확실하다."[1] 그
러나 오스틴 소설의 문구 대신, 의사와 콩 사이의 상관성에 대한
이 특별한 한 줌의 지혜는 나의 이모에게서 나온 것이었다. 내
청소년기의 어느 여름이었고, 우리는 녹색콩의 콩깍지를 까고
있었고, 나는 그것에 대해 투덜대고 있던 때였다.

무엇 때문에 내가 딱 그날 불평했는지는 기억나지 않는다. 내
기억 속에는 콩을 따고, 콩깍지를 까서 가공하는 것이 여름과

---

1   첫 번째는 『오만과 편견』(1813)에서, 두 번째는 『맨스필드 파크』(1814)에서 인용한 것이다.

동의어였다. 녹색콩과 노란콩, 그리고 어떤 해에는 강낭콩과 라이머콩limas. 7월의 열기가 8월로 접어들 때쯤, 나는 콩밭에 등을 구부려서 허리가 아파온다는 것과, 작물들과 스치면서 피부가 자극을 받아 손과 팔이 가렵다는 것을 알았다. 흙먼지는 내 캔버스화 속으로 들어왔고, 발가락을 꼼지락거릴 때면 발가락 사이에 모래가 낀 느낌이 났다.

보통 어머니가 콩을 통조림으로 가공하는 동안, 아이들은 콩깍지를 따고 깠다. 우리는 콩깍지를 딴 다음 그릇에 담아 집에 가져왔다. 그리고 에어컨 밑이나 앞베란다에 나가 앉아 있었다. 어떤 날에는 콩깍지를 까는 동안 텔레비전을 봐도 된다고 허락을 받았다. 우리가 여럿이서 계속 콩깍지를 까면, 어머니는 서둘러서 통조림을 만들어야 했기 때문이다. 부엌에는 막 살균한 통들이 탁자 위에 줄서서 소금을 머금고 우리를 기다리고 있었다. 우리는 보통 60리터나 70리터 정도 통조림을 만들었다. 풍년이 든 해에는 100리터도 넘었을 것이다. 결국 엄마는 다 냉동실에 넣지도 못했으면서(오랜 시간 보존하고 향도 살리기 위한 과정이다), 그 많은 콩을 모두 다 통조림으로 만들려는 생각을 포기하지 않았다. 그러나 한 가지, 누가 100리터나 되는 녹색콩을 담을 수 있는 냉장고를 가지고 있겠는가?

그래서 이모가 그 결혼에 관한 충고를 해준 날, 아니나 다를까 팔이 잠길 정도로 콩이 차고 넘쳤다. 나는 콩깍지 끝을 자르고 콩을 빼느라 바빴다. 시내에 사는 친구들은 소프트볼 게임을 하고 머틀 비치로 여행을 갔는데, 나는 그러고 있어야 해서 불만이었던 것 같다. 나는 무언가 불평을 부릴만한 것을 찾고 있었던 것 같다. 그러나 내가 어떻게 했길레 이모가 저런 충고를 했는지 기억나지 않는다. 하지만 기억나는 것은 내 삶을 내가 설계할 수도 있다는 점을 처음으로 깨달았다는 사실이다. 그것은 다음과 같이 간단했다. 녹색 콩을 까기 싫은가? 의사와 결혼하라.

당신이 자랐을 때

"우리가 벌이더라도, 일의 결국은 하나님의 손에 있음을."
— 윌리엄 셰익스피어, 『햄릿』

당신이 삶을 얼마나 살았든지 간에, 자신의 미래를 계획하기가 결코 단순하지 않음을 알 것이다. "너는 커서 뭐가 되고 싶니?"라는 식의 질문들, 어린 시절의 꿈들, 놀이터, 마음만 먹으면 "원하는 대로 될 수 있으리"란 약속들로부터 미래에 대한 계획이 쉽게 시작된다. 그러나 이내 인생이 복잡하다는 사실을 알게 된다. 당신이 어른이 되어도 원하는 대학에 들어가지 못할 수도 있다. 다른 대학에 들어가서 열심히 일하면서 좋은 성적을 받을 수도 있다. 하지만 등록금까지 마련하면서 공부해야 한다면, 그렇게 좋은 성적을 받지는 못할 것이다. 운이 따른다면, 좋은 직장을 구한 다음 그 이후 인생을 계획할 것이다—집을 사고, 결혼하고, 가정을 꾸릴 수도 있을 것이다. 그러나 잘 풀리다가도 데이트가 항상 꼬이는 듯할 수도 있고, 불임을 겪을 수도 있으며, 직장을 잃을 수도 있다. 어쩌면 정말 어렵사리 일구어 놓은 결혼 생활이 하룻밤 고백으로 무너질 수도 있다. 불현듯 자기 삶이 자기 뜻대로 되리라던 생각들이 터무니없어 보일 수 있다.

그렇다면 겸손은 우리의 계획에 대해 무어라 말하고 있는가? 겸손은 우리가 성취한 욕망과 그렇지 못한 욕망을 다루기 위해 어떤 가르침을 주는가? 겸손은 어떻게 "우리가" 제비를 뽑으면서도 여전히 "그 모든 결정이 주님으로부터 왔음"[2]을 믿으라고 가르치는가?

다시 겸손이 무엇인지 기억해 보자. 겸손이란 하나님이 누구신지와 우리가 누구인지를 이해하는 것이다. 겸손한 사람은 인간의 유한함과 하나님의 무한한 능력을 기억하는 사람이다. 아마 잠언 16장 9절보다 우리의 계획과 하나님의 다스리심 사이의 상관관계를 잘 포착해주는 구절은 없을 것이다. "사람의 마음이 자기의 길을 계획하겠지만, 그러나 그 걸음들을 정하시는establish 분은 주님이시다."

언뜻 보기에 이 구절에서 "그러나"라는 단어는 "우리의 뜻"과 "하나님의 뜻" 사이의 강한 대조를 나타내기 위한 것처럼 보인다. 하지만 대조라기보다는 주권의 정도가 더해진다는 관찰이 더

---

2   잠언 16:33.

좋은 이해일 것이다. "그러나"라는 단어는 "그리고"라는 의미도 가지고 있다. 여기에서는 실제로 두 개의 진리가 전달되고 있다.

"사람의 마음이 자기의 길을 계획한다."
그리고
"주님께서 그 걸음들을 정하신다."

인간은 하나님의 형상대로 지음 받았기에 결정을 내릴 능력 (그리고 책임)이 있다. 이보다 몇 구절 전인 16장 1절에서 솔로몬은 "마음의 계획은 사람에게 속해 있다"라고 쓰고 있다. 꿈을 꾸는 것은 인간이 상황을 내다보는 특수한 영역이다. 동물들도 미래를 준비할 수 있지만, 미래를 어떠어떠하게 바꿔야겠다고 생각하지는 않는다. 동물들은 자연의 리듬에 지배를 받는다. 그리고 하나님 역시 미래를 꿈꾸지 않으신다(적어도 우리가 꿈에 대해 생각하는 방식으로는 꿈꾸지 않으신다). 미래를 인도하실 뿐이다! 그렇다, 꿈꾸는 것은 인간 특유의 것이며, 창조주의 형상을 따라 지음 받은 자의 특권이다. 그러나 겸손은 우리가 미래를 꿈꾸는 순간에, 실제로 다스리는 분이 누구인지를 놓치지 않도록 가르쳐 준다. 우리는 계획을 세운다. 그러나 오직 하나님만이 그러한 계획들을 실현시키실 수 있다. 이 옛 설교자가 사경회 천막 강단에 섰더라면, 낡은 성경을 손에 단단히 붙잡고 쳐들며 이렇게 부르짖었을지도 모른다. "사람은 작정하지만proposes, 하나님은 결정한다disposes."

어떤 사람들은 꿈과 욕망을 추구할 수 있다는 것 혹은 추구해야 한다는 것을 상상하기가 어려울 것이다. 우리는 우리의 삶을 "하나님이 원하시는 일—그게 무엇이든—에 바쳐야 한다"고 배워왔다. 물론 문제는 "하나님이 원하시는 일"이란 말이 완전히 모호하다는 점이다. 그래서 이 말은 많은 사람들이 말하는 당연한 말이지만, 대부분 잘 설명하지 못하는 말이기도 하다. 우리가 확실하게 알고 있다고 느끼는 단 한 가지는 "하나님이 원하시는 것"은 우리가 원하는 것과 정반대일 것 같다는 점이다. 그래서 무언가—우리가 하고 싶은 것이나 가고 싶은 곳까지도—를 계획하는 것은 외람되어 보인다. 우리가 누구이기에 하나님께 자신이 원하는 것을 말하겠는가? 우리는 그만큼 부패한 마음을 가지고 있는 자다. 우리는 기만적이며 사악한 마음을 가진 자다. 결국 우리의 삶에는 오직 두 가지 선택만이 있다. 하나님을 기쁘시게 하거나, 아니면 자기 자신을 기쁘게 하거나.

그러나 이런 이분법은 더 큰 진리를 놓치고 있다. 하나님이 우리 삶의 원천이시며 우리가 받은 것의 원천이신 것과 마찬가지로, 하나님은 또한 우리가 바라는 것들의 원천이시기도 하다. 그리고 예수님을 통해서 우리가 바라는 것들을 적극 구속하시고 계신다. 우리가 올바른 방식으로 올바른 것들을 바랄 수 있는 능력을 적극 회복하고 계신다. 그분은 우리에게 새로운 마음을 적극 주고 계신다. 이런 의미에서, 우리의 욕망에 대해 말하는 것이 외람된 게 아니라, 욕망이 존재한다는 사실을 먼저 인정하지 않는 것이 더 큰 외람됨이다. 욕망이 존재하지 않는다면, 어떻게 **욕망이 개혁될 수 있겠는가? 욕망이 존재하지 않는다면, 어떻게 욕망이 변화될 수 있겠는가?**

젠 폴록 미셸Jen Pollock Michel은 『바라기를 가르치소서』에서 다음과 같이 욕망의 본질에 대한 신학적인 성찰을 보여준다.

> "나는 무엇을 원하는가?"하는 단순한 물음은 중대한 변화로 이어질 수 있는데 (…) [하지만] 그것은 차라리 회피하는 게 나은 진리로 여겨질 때가 많다. 우리에게 거룩한 망설임이 별로 없었기에 욕망을 일축하려 하는지도 모른다. (…) 무지함을 고수하고 변화를 거부하는 편한 길을 가고자 욕망을 묵살하고 있는지도 모른다.[3]

놀랍게도 겸손은 욕망이 하나님께 복종하는 법을 배우는 수단이라고 가르친다. 어떤 특정한 것들을 원하는 과정을 통해서, 우리는 욕망을 만족시키시는 하나님을 신뢰하는 법, 또는 그 욕망들을 변화시키실 때에 하나님을 신뢰하는 법을 배우게 된다. 그리고 계획함을 배우는 과정을 통해서, 우리는 우리의 계획을 이루시는 하나님을 의존하는 방법을 배우게 된다.

반면에 교만은 하나님의 뜻을 미리 알아야 한다고 말한다.

---

3 Jen Pollock Michel, *Teach Us to Want: Longing, Ambition & the Life of Faith* (Downers Grove, IL: InterVarsity Press, 2014), p. 43.

교만은 성공이 보장될 때까지 가만히 멈춰 서서 나아가기를 거부한다. 달리 말하면, 계획하지 않는 것은 인간의 인식 능력을 넘어서는 지식을 기대하는 오만의 한 형태이다. 우리가 하나님의 뜻을 "알지" 못한다고 해서 계획하지 않는다면, 우리는 하나님과 동등한 수준으로 우리의 미래에 대해 알고자 요구하는 것이다. 그러나 이것은 하나님이 일하시는 방식이 아니다. 그 대신에 하나님은 우리를 겸손하게 하시려고, 한 번에 한 걸음씩만 삶의 길을 보여 주신다. 하나님은 믿음의 각 단계마다 우리보다 앞서서 우리의 길을 곧게 하신다. 하나님은 우리의 여정을 뒷받침해 줄 지도도 주지 않으신다. 하나님은 선지자 이사야를 통해서 말씀하시며 자기 백성들에게 다음과 같이 상기시켜 주신다.

> 비록 주님께서 너희에게 환란의 떡과 고생의 물을 주시지만, 다시는 너희 스승들을 숨기지 않으실 것이다. 너희 눈이 너희 스승들을 볼 것이다. 너희가 오른쪽으로 빗나가거나 왼쪽으로 빗나가려 하면, 너희 뒤에서 말소리가 너희 귀에 들려서, "이쪽이 바른 길이니, 이쪽으로 가라"라고 말할 것이다.[4]

그리고 우리가 그분께 의존하게 만드는 것이 바로 이러한 "느린 계시"이다. 우리를 겸손하게 만드는 것이 바로 우리가 바라는 것들을 추구하는 과정에서 우리의 계획을 실현시키시거나 바꾸

4   이사야 30:20-21.

시는 하나님을 기다리는 것이다. 우리에게 쉼을 가져다주는 것이
바로 우리가 바라는 것을 추구하는 과정이다.

우리가 원하는 것

"욕망은 그대의 기도이다.

그대의 욕망이 중단되지 않는다면,

그대의 기도 또한 중단되지 않을 것이다.

그대가 계속 갈망한다는 것은 계속 기도한다는 것이다."

— 히포의 아우구스티누스

하나님께서 내가 글을 쓰도록 인도하셨던 시기에, 그와 동시에
나의 남편에게는 욕망을 인정하는 과정을 보여주셨다. 나단은
몇 달의 휴식기간을 보내고 전임 사역지를 찾는 과정에 돌입했다.
그것은 피곤한 일이었다. 그는 사역자 구인공고 웹사이트를 스크롤
하며 시간을 보냈고, 친구들과 가족들이 자신에게 귀를 기울여
줄 것을 요구하였다. 우리는 이미 우리가 자란 지역에서 벗어난
상태였기 때문에, 꽤 광범위한 지역을 염두에 두고 사역지를 알아
봤다. 나단은 "나는 하나님께서 원하시는 것이라면 어디든 가서
무엇이든 할 거야"라고 모든 사람들에게 말했다. 그리고 그렇게
하려고 했다.

부목사 자리? 난 할거야.

대도시에 있는 교회? 당연히 마다할 이유가 없지.

주일학교 목사? 난 이미 아이가 셋이나 있는데, 몇 명 더 돌보는 게 어때서?

남편의 실상은 무엇이든 상관없는 것이 아니라 방향성이 없다는 것이었다. 주위 사람들은 계속해서 사역지를 찾도록 그에게 긍정적인 피드백을 주었지만, 빵 부스러기 흔적일 뿐이었다.● 사역지를 찾는 과정이 길어지고 답신이 더 느릿느릿 오기 시작하면서 우리는 자포자기하는 감정이 일기 시작했다. 우리가 계획한 대로 되질 않았다. 아파트는 25평이었지만, 그보다 작게 느껴졌다. 겨울이 다시 다가오고 있었고, 저축해 둔 돈도 전혀 없었다.

결국 더 이상 잃을 것이 없을 때, 끝내 밑바닥을 쳤을 때, 최악의 상태에서 나는 그를 쳐다보며 격앙된 목소리로 말했다. "하나님이 원하시는 것에 대해서 제발 좀 그만 말해. 당신이 원하는 게 뭐야?!" (나는 이런 좋은 아내다.)

그는 자신이 정말로 생각하는 것을 말할지 말지를 고민하듯, 하려던 것을 멈추고 이를 꽉 물고 있었다. 그런 다음 고개를 떨구고 풀죽은 목소리로 거의 속삭이듯 말했다.

"난, 난 그저 버지니아에서 시골 목사가 되고 싶어."

나는 내 무기를 던져 놓고 말했다.

●　『헨젤과 그레텔』에서 남매가 집에 돌아가는 길을 표시하려고 빵 부스러기를 흘리지만 새들이 부스러기를 먹어버려서 길을 찾지 못한 이야기로, 빵 부스러기는 희망이었지만 실제로는 도움이 되지 못함을 비유함.

"그래 그러면, 천국을 위해서** 그렇게 하자."

천국을 위해서. 그 나라를 위해서. 그렇게 해보자.

하나님께 복종한다는 것은 또한 우리의 욕망조차도 하나님으로부터 유래되었음을 인식하는 것을 의미한다. 당신이 당신 자신을 창조할 수 없는 만큼이나, 혹은 당신이 자기 삶에서 일어나는 일들을 조율할 수 없는 만큼이나, 혹은 당신이 타고난 자신의 개성을 형성할 수 없는 만큼이나, 당신은 당신 마음의 욕망도 창조할 수 없다. 도자기를 만드는 돌림판 위의 진흙덩이처럼, 우리는 "어찌 나를 이렇게 만들었습니까?"[5]라고 물을 수 없다. 우리는 그저 우리가 만들어진 방식을 받아들여야 한다.

물론 하나님께서 주신 욕망임에도 정리가 되어 있지 않을 수 있다. 전적으로 가능한 일이다. 나단이 시골 교회 목사가 되고자 했던 것도 죄에 물든 부패한 욕망일 수 있다. 전적으로 가능한 일이다. 작은 연못에서 큰 물고기처럼 살아보고자 하는 동기로 그랬을 수도 있다. 익숙하지 않은 환경에 대한 두려움이라든지 다른 두려움 때문에 그랬을 수도 있다. 자신을 필요로 하는 곳을 원했기에 그랬을 수도 있다.

또는.

하나님이 그의 삶에서 일하셨을 수도 있다. 하나님께서 그의

●● 저자가 사용한 'for heaven's sake'라는 표현은, King James Version 성경에서 '천국을 위해서'라는 의미로 사용되지만, 일상언어에서 '제발 좀'이라는 의미로 사용되고 있는 중의적인 표현이다. 따라서 '제발 좀 그렇게 하자'라는 뉘앙스도 내포되어 있다.

5   로마서 9:20.

삶에서 일하셨다면, 시골 목사가 되고자 했던 그의 욕망도 하나님께 받은 은사, 기질, 환경에 잇따른 자연스런 결과일 수도 있다. 작은 시골 교회에서 자라왔고, 그런 교회의 흐름과 예배의식을 거의 본능처럼 알고 있기 때문일 수도 있다. 아마도 하나님이 허락하신 여러 가지 요소들의 독특한 조합으로 생긴 결과일 것이다. 텃밭을 사랑하고 그저 버지니아의 고향에 가고 싶은 남자였기 때문일 수도 있다. 아마 지난 삼십 년 동안 하나님께서 그의 삶 속에서 일하신 모든 것들이 한데 어울린 결과일 것이다. 결국 우리가 자신의 욕망을 인정하고 그렇게 인정하는 위험을 감수할 때, 우리는 하나님께서 우리를 어떤 사람으로 빚어 오셨는지를 이해하게 될 것이다. 그리고 통치권을 하나님께 양도할 것이다. 한 걸음 나아갈 수 있으리라고 믿기 때문에, 당신이 되고 싶은 모습이 어떤 모습이든 이제 더 이상 자기 미래에 대한 선택을 그저 유보하고 있지 않을 것이다. 당신은 자신의 욕망을 인정함으로써, 하나님께서 당신을 매우 독특한 존재로 지으셨다는 진리를 받아드릴 것이다.

그리고 궁극적으로 이러한 것은 안식으로 이어진다. 당신이 무언가를 사랑하고 그것을 하기 위한 재능을 받았음을 인식할 때, 당신이 모든 것을 사랑하는 것은 아니며 모든 것을 할 수 있는 재능을 부여받지 않았음을 또한 즉시 인식하게 될 것이다. 그리고 불현듯 당신은 자신의 유한함을 깨닫게 될 것이다. 불현듯 "선택을 보류해야 할 것 같은" 압박으로부터 자유롭게 된다. 당신이 "모든 것"을 해야 할 것 같은 책임감으로부터 자유롭게 된다. 당신은 지음 받은 대로 하면 된다. 미대 교수이자, 한 남편의 아내이자, 엄마로서 미셸 라드퍼드Michelle Radford는 나에게 자신의 이야기를 나누어 주었다. 라드퍼드는 자신의 소명을 구체적으로 고백했을 때, 자신의 에너지를 그 역할과 관계에 쏟을 수 있었고, 하나님은 확실히 그녀가 그 역할과 관계에 책임을 다하도록 붙들어 주고 계셨다. 이것은 별로 대수롭지 않게 보일 수 있지만, 복잡한 내 머릿속을 느긋하게 해주었고 내 영혼을 편하게 해 주었다. 나는 다른 사람들이 하는 일로 자신을 복잡하게 하기보다, 나에게 맞는 소명들을 통해서 내 모든 에너지를 낭비하지 않고 다른 이들을 사랑하고 섬기는 데 쓸 수 있다. 그러는 동안 나는 모든 소명들을 지휘하고 계시는 한 분을 신뢰하는 가운데 매 순간 자라고 있다.

주님의 뜻

"제비는 사람이 뽑지만, 그 모든 결정은 주님께로부터 온다."

— 잠언 16:33

이모가 콩을 까는 게 싫으면 의사와 결혼하라고 했던 그 더운 여름에서부터 내 인생 비디오를 앞으로 빨리 감아보면, 당신은 내가 의사와 결혼하지 않았다는 사실을 알고 있다. 그리고 상관

관계가 곧 인과관계는 아니지만, 여전히 매년 내가 녹색콩을 따서 까고 있다는 것도 부인할 수 없는 사실이다. 우리가 버지니아에 정착한 직후 어느 봄, 나단은 부모님께 다녀오면서 말린 콩을 지퍼백에 담아왔다.

나는 지퍼백을 집어 들고 그 안을 자세히 들여다보며 아무것도 모르는 마냥 물었다. "저녁 식사로 먹으라고 어머니께서 보내신 거야?" 시댁 식구들은 40년 넘게 자영농을 해왔고, 종종 과일과 야채, 꽃, 그리고 간혹 신선한 소시지도 나단이 다녀갈 때 함께 보내셨다.

그는 지퍼백을 채가며 나에게 소리쳤다. "아니, 먹으면 안 돼. 이건 클로비스 리처즈 부인의 콩이야." 결혼생활을 하다보면 오직 수년간 쌓아온 신뢰 때문에 끝끝내는 이해되리라 믿으며 대화를 이어가는 때가 있다. 그리고 지금이 그런 순간이다.

"클로비스 리처즈 부인의 콩?"

"그래, 실제로는 아빠네 콩이 맞긴 한데, 아버지가 벨처 씨 한테 받은 거고, 벨처 씨는 리처즈 부인한테 받은 거야. 리처즈 부인은 내가 어렸을 때 다녔던 교회 분이고. 아빠가 이 콩들은 향이 좋고 콩이 잘 열린데. 그래서 나도 올해 심어보고 싶어서." 나단이 지금 자기 가슴에 꼭 끌어안고 있는 자그마한 하얀 콩은 그가 자란 작은 마을에서 돌고 돌아 대대로 전달되어 왔다. 리처즈 부인은 몇 년 전 90세의 일기로 세상을 떠났지만, 그녀의 콩은 살아있었다. 시아버지는 그 콩을 15년 간 길러 오셨고, 매년 그 콩을 대부분 수확하고, 다음 해에 콩이 다시 자랄 수 있게 씨앗을 충분히 뿌렸다.

내가 어릴 때 수확했던 키 작은 콩과는 달리, 클로비스 리처즈 부인의 콩은 넝쿨콩*Phaseolus vulgaris*이었다. 넝쿨콩은 잭과 콩나무의 마술콩처럼 자란다. 그래서 그다음 주에 내 남편은 대나무로 넝쿨 지지대를 만들어서, 지지대 아래에 클로비스 리처즈 부인의 콩을 심었다. 며칠 만에 콩은 지지대 끝까지 훅 자랐다. 그리고 몇 주 만에 꽃을 피웠고, 우리는 신선한 콩을 얻으리라 생각했다. 그러나 아무 일도 일어나지 않았다. 혹은 거의 일어나지 않았다고 할 수도 있겠다. 약간의 콩이 나긴 했지만, 시아버지가 말했던 것만큼의 콩은 나오지 않았다. 결코 겨울에 먹을 만큼의 콩이 아니었다. 잘해야 한 끼 식사로 먹을 수 있는 정도였다. 정확한 이유는 모르지만, 아마도 몇몇 요인으로 설명할 수 있을 것이다. 클로비스 리처드 부인의 콩은 더 높은 고지에서 자라는 식물일 수도 있다. 어쩌면 시아버지가 길러온 곳과 토양이 달라서 그런 것일 수도 있다. 기후가 맞지 않아서일 수도 있다. 다행히도 그 지퍼백 안에는 아직도 많은 콩이 남아 있었다. 우리는 다음 해에 또 심어볼 수 있었다.

겸손은 우리에게 욕망을 받아들일 것을 가르치는 동시에, 우리에게 욕망을 성취할 능력이 없다는 점도 가르친다. 우리는 계획을 세울 수 있다. 넝쿨 지지대를 세울 수 있다. 콩을 심을 수 있다. 우리는 모든 올바른 일을 할 수 있다. 하지만 우리가 계획을 잘 세워서 열심히 했다고 해서 수확을 거두리라는 보장은 없다. 야고보서는 이에 대해 다음과 같이 말한다.

"오늘이나 내일 이러이러한 도시에 가서 일 년 간 머물면서 장사하여 돈을 벌겠다[클로비스 리처드 부인의 콩을 심겠다]" 고 말하는 사람들이여, 잘 들으십시오. "여러분은 내일 일을 알지 못합니다. 여러분의 생명이 무엇입니까? 여러분들은 잠깐 나타났다가 이내 사라져 버리는 안개입니다." 도리어 여러분은 이렇게 말해야 할 것입니다. "주께서 뜻하신다면, 우리가 살기도 하고 또 이런 일이나 저런 일도 할 것이다." 그런데도 여러분은 자신의 오만을 자랑하고 있습니다. 이러한 자랑은 다 악한 것 입니다.[6]

교만은 우리에게 '충분히 잘 체계를 세워서, 실제적으로 계획하고 열심히 한다면, 우리의 꿈을 이룰 수 있다'고 말한다. 겸손은 우리에게 욕망의 성취가 '처음부터 우리 손에 있는 것이 아님'을 가르친다. 우리에게 욕망을 주신 그 하나님은 또한 그 욕망이 이루어지는 길을 지휘하시며 욕망을 이루어 주실지 여부를 결정하시는 하나님이시다. 그리고 받아들이기 힘든 진리는 그 욕망들이 이루어지지 않을 수도 있다는 점이다.

결혼을 하지 못할 수도 있다.

6   야고보서 4:13-16.

재정적인 안정을 이루지 못할 수도 있다.

아이를 갖지 못할 수도 있다.

자기 분야에서 성공을 거두지 못할 수도 있다.

버지니아 주에서 목사가 되지 못할 수도 있다.

나단이 자신의 욕망에 대해 말을 꺼내기 어려워했던 이유 중 일부는 그것이 위험한 것이었기 때문이다. **"원했던 대로 되지 않으면 어쩌지?" "실패한다면 어쩌지?" "실망의 아픔이 내가 견딜 수 없을 만큼 크면 어쩌지?"**

그러나 여기에서도 또한 겸손은 쉼을 제공한다. 만약 우리가 하나님의 손에 맡겨진다면, 우리가 이루지 못한 욕망조차도 유익할 수 있다. 우리가 이루지 못한 욕망은 바로 하나님께서 우리를 하나님께로 이끄시려고 사용하시는 것일 수 있기 때문이다. 우리가 결코 도달할 수 없는 것인데도 우리를 행복하게 해주리라 믿는 것을 추구하며, 거기에 우리의 인생, 감정, 시간, 돈을 허비했을 때 우리는 기쁨의 궁극적인 근원이 어디인지(더 낫게는 누구인지)를 빠르게 배울 수 있다. 우리 마음이 갈망하던 바로 그것이 거절되었을 때, 우리는 결코 우리를 거절하지 않는 한 가지, 즉 하나님을 갈망하는 법을 배우게 된다. 17세기의 철학자이자 신학자인 블레이즈 파스칼Blaise Pascal은 이렇게 확신하였다. "참된 선을 헛되이 찾다가 지쳐 피곤하게 된 것은 좋은 일이다. 결국 구속주를 향해 자신의 팔을 뻗게 될 테니까." 그래서 우리는 희망이 더뎌져서 마음이 상할 때, 위대한 의사에게 치료 받으러 달려가는

법을 배운다.[7]

흙더미 속의 콩

클로비스 리처즈 부인의 콩을 우리가 처음 심었던 그 여름, 우리는 12×12개의 벽돌로 부엌 문 바깥에 실외테라스를 만들었다. 다 만들고 나서 남은 흙은 치웠지만, 테라스 주변에 있던 잔디는 완전히 밟히거나 흙에 묻혔다. 우리는 가을이 되면 거기에 다시 씨를 뿌릴 생각이었다. 작업을 끝내고 나서 마당에 잔디가 파인 곳을 채우려고 남겨 놓은 흙더미도 있었지만, 그 작업은 다음에 할 참이었다.

어쩐 일인지 한 여름 리처즈 부인의 콩이 담긴 지퍼백에 구멍이 났다. 지퍼백은 세 아이들과 비글 개 사이에 있는 테라스 탁자 위에 있었다. 우리 부부가 이를 발견하기 전에 여덟 살 난 아들이 먼저 발견했고, 여덟 살 소년이 할 수 있는 일을 했다. 바로 구멍을 넓혀서 콩이 새어 나오게 만들어서 가지고 논 것이다. 며칠 후, 우리는 새 테라스 옆에 있는 흙더미에서 아주 자그마한 녹색 새싹들을 발견했다. 그것들은 잡초나 잔디 같진 않았고, 아니나 다를까 조금씩 커질수록 콩의 싹이라는 사실이 분명해졌다. 보아하니, 아들도 농부 일을 하고 있었던 것이다.

7   잠언 13:12.

정말 모든 게 재미있었다. 처음이었다. 그 콩들―버림받고, 잊혀서 주목받지 못한 콩들―이 꽃을 피우고 콩깍지를 냈다. 내 남편이 정성껏 기른 콩들보다 더 많은 콩깍지를 냈다. 그것은 우스꽝스럽고 어처구니없으면서도 동시에 모든 것을 겸손하게 만드는 일이었다. 나단은 그 콩들이 얼마나 건강한지 보았다. 이렇게 건강하게 자라도록 그가 할 수 있는 일은 종잡을 수 없는 섭리를 순순히 따르는 것과 흙더미 가운데 말뚝을 박아 넝쿨줄을 만드는 일뿐이었다. 클로비스 리처즈 부인의 콩은 넝쿨줄을 타고 빠르게 올라갔다. 그리고 우리는 그 여름에 신선한 녹색콩을 먹었다.

겸손은 한편으로 우리의 계획을 이루실 하나님을 신뢰하되, 그 계획이 이루어지지 않을 가능성에도 순복하는 것을 의미한다. 우리는 특정한 목표를 추구하지만, 미래가 어찌될지는 알지 못한다. 그러나 겸손은 또한 한편으로 우리가 상상하지 못했던 방식으로 그 계획들이 이루어질 가능성에도 순복하는 것을 의미한다. 왜냐하면 우리는 미래를 알지 못하며, 또한 모든 것이 실패의 전조로 보이더라도 그때가 우리를 풍성하게 축복하길 원하시는 때일지도 알지 못하기 때문이다. 전도서의 저자는 이러한 가능성에 대해 11장의 처음 네 절에서 다음과 같이 말한다.

> 너는 너의 빵을 물에 던지라. 여러 날 후에 도로 찾을 것이다.
> 무슨 재앙이 땅에 불어 닥칠지 알지 못하니, 일곱이나 여덟에게

나누어 주어라. 구름에 비가 가득하면 땅에 비를 쏟고, 나무가 남쪽이나 북쪽으로 쓰러지면 쓰러진 자리에 그대로 있을 것이다. 바람이 부는가 불지 않는가를 살피다가는 씨를 뿌리지 못하고, 구름만 바라보는 이는 거두지 못한다.

겸손한 사람은 자기가 하는 일이 성공이 보장된 일이 아님을 알고 있다. 그러나 겸손한 사람은 실패할 가능성이 있다고 해서, 그것이 곧 하지 않을 이유가 아님을 또한 알고 있다. 미래를 다루는 보험계리사조차 미래가 어떠할지 — 좋을지 나쁠지 — 를 결코 알지 못한다. 당신도 결코 알지 못한다. 오직 하나님만이 내일에 대한 자신의 계획을 알고 계신다. 그래서 전도서 저자는 계속해서 6절에서 이렇게 말한다. "아침에 씨를 뿌리고, 저녁 때 관두지 마라. 이것이 잘 될는지, 저것이 잘 될는지, 혹은 둘 다 잘 될는지 그대가 알 수 없기 때문이다."

당신은 "물 위에 빵을 던져야 한다.* 여러 날 후에 도로 찾을 것이기 때문이다." 당신은 흙더미에 콩을 심고서 하나님이 자라게 하시는 것을 보아야 한다.

우리의 노력 없이 성공한다는 사실은 다시 한번 하나님의 놀라운 능력과 선하심을 증거한다. 하나님은 작고, 기이하며, 예상치 못한 방법으로 자신의 영광을 드러내시길 기뻐하신다.

●   주석가마다 이 구절에 대한 해석이 다르지만, 대개는 확실한 보장이 없더라도 시도하라는 권면으로 본다.

정확히 그 이유는 그런 방법이 성공할 가능성이 가장 낮아 보이기 때문이다. 그래서 그분은 인문학 학사 학위를 받은 가정주부가 책을 쓰게 하시며, 시골을 사랑하는 남자가 그분의 양 무리를 돌보게 하신다. 그분은 그야말로 그분의 능력을 보이시려고 "우리가 구하거나 생각하는 모든 것보다 훨씬 더 넘치게"[8] 주시기를 기뻐하신다.

우리 자신을 제한하여 조짐이 좋을 때만 일한다면, 모든 것이 완벽할 때만 심는다면, 하나님이 가장 위대하게 역사하시는 모습을 볼 수 있는 자신의 능력을 스스로 제한하는 것이다. 우리가 자신을 제한하여 적당한 때에만 일한다면, 우리는 우리가 여전히 성공에 대한 어떤 개념을 고수하고 있음을 스스로 드러내는 것이다. 그것은 성공이 우리의 선택이나, 결과를 좌우할 수 있는 우리의 능력에 달려있다는 개념이다. 우리는 여전히 올바른 결정을 내리기 위해 우리의 능력에 의존하고 있다. 우리는 여전히 모든 가능한 만일의 사태에 대비하기 위해 우리의 계산과 계획을 믿는다.

그러나 만약 하나님께서 방치된 흙더미 속에서 콩이 자라게 하실 수 있다면 어떻게 될까? 만일 우리가 없이도 모든 선한 것이 나게 하실 수 있다면 어떻게 될까? 만일 은혜가 맞다면 어떻게 될까?

---

8   에베소서 3:20.

다가올 날

"그녀는 자기 집 사람들 때문에 염려하지 않으며

(…) 다가올 날을 웃으며 바라본다."

— 잠언 31:21, 25

나단이 자랐던 곳이자 클로비스 리처즈 부인의 콩이 처음 뿌리 내린 산 위의 마을에서, 토박이 노인들은 "콩깍지 채 말리는 콩 leather britches" 혹은 녹색 콩깍지를 엮어 말린 긴 고리에 대해 이야기하곤 한다. 압력솥, 살균한 병, 냉장고가 없던 시절, 사람들은 자신들이 재배한 농산물을 보관하려고 말리거나 소금을 쳤다. 사람들은 녹색 콩을 보관하기 위해서, 콩깍지를 까지 않은 채 짜깁기 바늘을 사용하여 두꺼운 줄로 엮었다. 그런 다음 이 "콩깍지 채 말리는 콩" 묶음을 서까래를 따라 걸어 두거나 다락에 걸어서 나중에 먹을 수 있게 보관하였다. 여름 오후가 어떤 느낌인지 거의 기억이 나지 않는 춥고 어두운 겨울에는 이 콩을 한줌 집어서 돼지 다리 뼈 고기와 함께 냄비에 넣고, 어쩌면 양파도 넣고 뭉근하게 끓인다.

여러 면에서 음식을 보관하는 일은 겸손한 행위이자 신뢰하는 행위이다. 우리는 녹색 콩을 얼리거나, 캔에 넣거나, 말리거나, 피클로 만들 수 있다. 왜냐하면 하나님께서 우리에게 미래를 주시리라 믿기 때문이다. 겨울이 오면, 우리는 그 콩들을 필요로 한다.

동시에 우리는 우리의 노력으로 겨울이 오게끔 할 수 없음을 알고 있다. 우리는 다시 봄이 오게도 할 수 없다. 우리는 계획을 세우면서도 훨씬 더 큰 계획자가 있음을 안다.

"나의 생각은 너희 생각과 다르며, 내 길도 너희 길과 다르다." 여호와의 말씀이다. "하늘이 땅보다 높듯이, 나의 길은 너희 길보다 높으며, 나의 생각은 너희 생각보다 높다. 비와 눈이 하늘에서 내려서 다시 하늘로 되돌아가지 않고, 땅을 적셔서 소출이 나게 하며 싹이 트게 하고, 씨 뿌리는 자에게는 씨앗을 주고 사람에게 먹을 양식을 주는 것처럼, 내 입에서 나가는 말도 헛되이 내게로 되돌아오지 않고, 내가 목적한 바를 이루고 내가 보내서 하게 한 일을 성취할 것이다.[9]

그래서 녹색 콩을 기르고 보관하는 것 또한 은혜를 경험하는 일이다. 하나님께서 우리를 위해 예비하신, 미래에 안식하게 하는 은혜. 일하기 위해 필요한 은혜. 기다리게 하는 은혜. 꿈꾸게 하는 은혜.

9 이사야 55:8-11.

블랙베리 Blackberries; *Rubus allegheniensis*

10

가시덤불과 엉겅퀴

"오솔길에는 아무도, 아무것도 없었다. 블랙베리 외에는 아무것도.
길 양쪽에 블랙베리가 있었다. 대부분 오른쪽 길가에 있었지만."

— 실비아 플래스Sylvia Plath

7월 말의 햇볕이 쨍쨍 내리쬐면서, 땀방울이 목에서 척추를
타고 흘러내렸다. 날씨가 더웠지만 나는 두꺼운 바지와 긴소매
면셔츠를 입었다. 그리고 모자와 스카프로 머리를 덮었다. 모기가
윙윙하는 소리가 들렸다가 나를 의식했는지 다시 조용해졌다.
가릴 대로 최대한 가렸는데도 모기가 만찬을 즐길만한 틈이 남아
있었다. 나는 팔을 저어서 모기를 쫓아낼 수도 없었고, 점점 더
땀범벅이 되서 등에 착 붙은 셔츠를 뗄 수도 없었다. 왜냐하면
왼손으로는 가시덤불을 잡고 있었고, 오른손은 내 앞에 가시 줄기
에 달려있는 열매를 따려 했기 때문이다. 열매를 따기 위해 몸의
무게중심을 옮기자, 부드러운 목초지 속으로 장화가 더 깊이 파

10장 가시덤불과 엉겅퀴 | 239

묻혔고, 나는 몸의 균형을 완전히 잃었다. 나는 몸의 균형을 바로 잡았고, 발로 밟고 있는 양동이도 보니까 잘 서 있었다. 그러나 양동이를 쏟을 위험은 이미 없는 상태였다. 내가 양동이에 담아 놓은 것은 세심히 조심스레 다뤄야 하는 것이었는데, 호기심 많은 소가 다가와서 너무 가까이에서 양동이를 쳐다보는 바람에 나는 양동이를 구하려고 했다. 하지만 호기심 많은 소는 경망스런 녀석 이었고 일은 이미 벌어졌다.

때는 블랙베리 철이었다.

그날 밤 나는 양동이를 가득 채워 집에 돌아와서, 샤워를 하고 손에 크림을 발랐다. 나는 이미 큰 가시 몇 개를 뺐지만 작은 가시 몇 개는 여전히 박혀 있었고, 가시 주위의 살은 점점 빨갛게 부어 올랐다. 지문 골 사이에 베리즙이 착색되어 손가락 끝은 검붉었다. 마치 자연의 특혜를 훔친 도둑이 지문을 채취당한 듯했다. 긴 소매 옷을 입었음에도 손등과 팔뚝이 긁혀서 마른 핏자국이 얇게 나 있었다. 내 손을 보니 여인들이 교회와 마을에서 장갑을 끼고 다 녔던 이유가 짐작되었다. 그리고 나는 내 얼룩덜룩한 손을 바라보 면서 그리고 가시의 따가움이 느껴지면서 나의 할머니가 떠올랐다.

할머니(조림 토마토를 만든 그 할머니이다)는 7월 말이 되면, 아침 일찍 일어나서 두꺼운 바지와 긴팔 옷을 입고 머리에는 얇은 스카프를 두르고 챙이 넓은 모자를 썼다. 그러고서 양동이를 몇 개 들고 들판 울타리 가장자리를 따라가며 블랙베리*Rubus allegheniensis* 를 찾았다. 몇 시간이 지나서 할머니는 양동이를 가득 채워 돌아왔다. 그리고 표백제를 희석하여 손과 발을 박박 문질러서 덩굴나무의 옻을 닦아내었다. 샤워를 하고 요기를 한 다음 큰 길을 따라서 베리를 팔았다. 운이 좋은 날에는 나도 따라 나섰다. 우리는 늘 같은 장소—임시 정차를 위해 자갈을 깔아 놓은 갓길이 넓어지는 지점에 갔다. 그리고 할머니는 접이식 탁자를 설치하고, 흰색 스티로폼 상자에 베리를 나누어 넣었다.

할머니는 나에게 긴 나무 막대로 사방을 두르고 그 위에 포스터를 붙인 팻말을 잡고 있으라고 했다. 그 포스터에는 정성들여 스텐실로 찍은 글자들이 있었다.

블랙베리

1리터QT $1.60

0.5리터PT $0.90

할머니는 다가오는 차를 향해 팻말을 돌리는 방법을 나에게 보여주었다. 차를 타고 가다보면 팻말의 내용을 읽지 못하고 그냥 지나칠 수 있어서, 팻말을 다시 차가 지나간 방향으로 돌려서 사람들이 볼 수 있게 하였다. 결국 누군가는 차를 멈추고 와서, 이게 얼마 만에 먹어보는 블랙베리인지 이야기하면서 달콤 쌉싸름한 추억의 맛을 음미했다. 몇 시간이 지난 다음, 또는 블랙베리를 다 판 다음, 할머니는 탁자를 접어서 가방에 넣고 나를 제니 일레인의 식당에 데리고 갔다. 만약 우리가 많이 팔지 못했다면, 남은 베리를 파이, 코블러cobbler, 잼으로 만들기 위해 우리는 식당이 아닌 집으로 돌아갔을 것이다.

무엇보다도 — 길가에 앉아 있는 지루함보다, 새콤달달한 블랙베리를 빼먹는 즐거움보다, 끝내 브레이크를 밟은 손님들의 만족스런 모습보다, 그 무엇보다 나는 할머니의 손이 기억난다. 할머니의 손은 늘 깨끗했지만, 늘 아팠다. 손에는 늘 긁힌 자국, 상처 자국이 있었고, 수백 개의 작은 가시 구멍이 나 있었다.

저주 받은 땅

"엄지손가락이 따끔거리는 걸 보니, 사악한 것이 이리 오겠구나."
— 마녀2, 셰익스피어의 『맥베스』

성경 여기저기에서 가시는 세상의 일그러짐brokenness을 나타내고 있는데, 그럴만한 이유가 있다. 남자와 여자가 하나님을 대적하여 자기 자신들을 높였을 때, 일종의 전염병 같은 것이 피조세계를 덮쳤다. 가시와 엉겅퀴를 포함하는 저주였다. 하나님은 "너로 인해 땅이 저주를 받으리라. 너는 평생 수고해야 땅의 소산을 먹을 것이다. 땅이 너에게 가시덤불과 엉겅퀴를 낼 것이라. 너는 들에서 자라는 채소를 먹을 것이다."[1]라고 말씀하셨다.

1   창세기 3:17-18.

당연한 말이지만, 문제는 세상의 일그러짐이 단순히 피부를 따갑게 하는 가시와 같은 작은 아픔에 그치는 것이 아니라는 점이다. 당신이 스마트폰으로 뉴스앱을 보거나, 소셜미디어에 로그인하거나, 다른 사람들과의 관계 속에서 살고 있다면, 당신은 광범위하고도 강력한 타락의 영향력을 알고 있을 것이다. 알다시피 많은 남녀가 자신들의 집과 공동체를 일구기 위해 오랫동안 노력해왔지만, 이내 전쟁의 참상을 피하기 위해 아이들을 데리고 달아나야 하는 상황이 벌어진다. 자연재해, 기근, 질병으로 인해 수만 명의 사람들이 죽거나 다치거나 거처를 잃는다. 때론 거의 아무런 경고도 없이 이런 일들이 벌어진다. 더 작은 규모로 살펴보면, 한 순간의 열정과 한 순간의 기만이 신뢰 관계를 깨고, 가정을 통해 세대에 걸쳐 파급효과를 낼 수 있다. 그게 가시이겠는가? 칼이나 검에 가까울 것이다.

철학자들과 신학자들은 세상의 일그러짐과 악의 문제를 설명하기 위해 "신정론theodicy"이라는 말을 사용한다. 만약 하나님이 존재한다면, 그리고 하나님이 정말 신이라면, 또한 하나님이 선하시고 상냥하시고 능력 있으시다면, 왜 세상이 이렇게 일그러져 있을까? 물론 우리는 일그러짐의 근원으로 인간의 교만을 지적할 수 있겠지만, 그렇다면 왜 하나님은 그런 교만이 번성하게끔 두시는가? 왜 교만을 잘라내지 않으시는가? 만약 당신이라면, 당신이 안 좋은 일이 일어나는 것을 막을 수 있었다면, 당연히 막지 않았겠는가?

세계의 종교들은 이 문제에 대해 각기 다른 대답을 제시한다. 그리스-로마 세계에서 인간의 고통은 주로 운명의 산물, 즉 인간과 상호작용하는 신들이 질투와 내분으로 변덕을 부리며 오는 것이다. 힌두교에서는 대체로 개인의 선택에 초점을 맞춰서 고통의 무게에 대해 말한다. 업보karma와 윤회cycle of reincarnation를 통해 전에 했던 선행과 악행이 모두 되돌아옴을 경험한다. 불교에서는 악을 설명하는 것을 덜 중요하게 여긴다. 대신 고통의 고리를 끊는 것에 초점을 둔다. 일그러짐을 그저 인간의 정상적인 경험으로 받아들여야 하며 이를 초월해야 한다.

일반적으로 기독교에서는 고통을 선한 창조주 하나님, 타락한 인간, 그리고 악의 초자연적인 영향력이 상호 영향을 미치는 것으로 이해한다. 그러나 정통적인 가르침 안에서도 고통의 문제에 대해 여러 다른 설명을 내놓고 있으며, 그 중 어떤 것도 전적으로 충분한 설명은 아닌 듯하다. 한때 알고 지냈던 어느 신학 교수는 "악의 문제를 해결하려는 것은 두 팔로 세 개의 수박을 집어 드는 것과 같다"고 말했다. 당신은 하나님께 능력이 있다는 생각을 지켜야 한다. 또한 하나님은 선하시고, 자기 피조물에게 인격적으로 관여하심을 믿고 고수해야 한다. 그러나 당신은 또한 악이 존재한다는 사실도 제쳐 둬서는 안 된다. 이 문제를 어떻게 끼워 맞추든 간에, 인간의 답 중 완전한 만족을 주는 것은 없다. 그리고 어느 시점에는, 궁금증은 남지만 "안다 한들 무슨 소용이 있겠어?"라고 생각할 것이다. 또 어떤 시점에는 "어차피 상처밖에 얻는 것이 없다면, 왜 굳이 알려고 해?"라고 생각하며, 궁금증을 뒤로 할 것이다.

다른 많은 것들처럼, 우리는 세상의 이러한 일그러짐에 대해 교만이나 자기의존으로 반응할 수도 있으며, 겸손으로 반응할 수도 있다. 그리고 우리가 선택한 반응 방식은 우리의 평안함과 직접적인 상관관계가 있다.

하루의 수고

> "일에 있어서도 근본적인 이단이 있다. 즉, 일이란 사람의
> 창조적인 에너지를 표현하여 사회를 섬기는 것이 아니라,
> 오직 돈을 벌고 여가를 즐기기 위해 하는 것이란 생각이다."
>
> — 도로시 세이어즈Dorothy L. Sayers

엄마와 이모는 할머니가 블랙베리를 적정 가격보다 싸게 매겼다고 늘 불평했다. 할머니는 타는 듯한 더위 속에서 몇 시간 동안 블랙베리를 땄고, 찔레 덤불에 찔리기도 하고 덩굴나무의 옻도 자주 올랐다. 그렇게 해서 얻은, 즙이 풍부한 블랙베리를 한 통 꽉 채워서 겨우 1달러 60센트에 팔기 위해 길가에서 진득하게 기다렸다. 엄마와 이모는 그것이 온실 블랙베리가 아니라고 할머니에게 잔소리했다. 그것은 맛없는 블랙베리도 아니었고, 밭에서

재배한 블랙베리도 아니었다. 그것은 야생 블랙베리였다. 사람들은 할머니가 요구하기만 하면 비싼 값에 살 것이라고 말하였다.

그러나 이유가 어찌 됐든 간에 할머니는 비싸게 팔지 않았을 것이다. 할머니는 엄마와 이모의 맘에 드는지 여부를 신경 쓰지 않았던 것 같다. 나는 할머니가 블랙베리에 대해 자신이 없어서 그런 것인지, 자신의 노동을 과소평가한 것인지, 사람들이 비싼 가격에 사기를 주저할까봐 그런 것인지, 무엇 때문에 그러셨는지 모르겠다. 아마 할머니는 블랙베리를 "무료"로 수확했기에 자신이 비싼 값을 받아서는 안 된다고 생각했던 것 같다. 어쨌든 할머니가 한 일은 그저 블랙베리를 따는 일이긴 했다.

나에게는 할머니가 블랙베리를 싸게 판 것이 선의의 행동이라고 생각하는 경향이 있다. 그것은 정신없이 바빠서 스스로 블랙베리를 딸 수 없는 사람들에게 베푼 호의였다. 어쩌면 그녀는 자신의 방식대로 사람들에게 행복을 가져다주길 원했던 것 같다. 사람들이 블랙베리를 통해 자신들의 어머니와 할머니 그리고 옛 추억을 떠올리면서 말이다. 어쩌면 그녀는 순전히 블랙베리에 대한 사랑 때문에 그랬는지도 모르겠다. 할머니는 블랙베리를 그저 이익을 얻을 수단으로 생각하지 않았다. 매년 여름마다 할머니는 블랙베리를 성실하게 땄다. 매년 여름마다 할머니는 길가에 탁자를 펼쳤다. 그리고 매년 여름마다 블랙베리 1리터를 $1.60에, 0.5리터를 $0.90에 팔았다.

할머니가 블랙베리 가격 인상을 거절한 것은 대부분의 사람들이 하는 것과는 반대되는 일이다. 어쨌든 이 일그러진 세상에서는 받을 수 있는 만큼 받아야 한다. 다른 사람을 이용해서는 안 되겠지만, 자기 자신을 돌보지 않아서도 안 될 것이다. 사실 일그러짐과 싸워 살아남기 위해 부를 추구하려는 유혹은 예수님께서 유명한 비유로 암시하시기도 하셨던 아주 흔한 사고방식이다. 예수님은 누가복음 8장에서 여러 유형의 땅에 씨를 뿌리는 사람에 대해 이야기하신다. 어떤 씨는 좋은 땅에 떨어졌지만, 어떤 씨는 "가시덤불 속에 떨어졌는데, 가시덤불이 함께 자라서 씨앗의 기운을 막았다"고 본문은 말하고 있다. 예수님께서는 씨앗은 하나님의 말씀이며, 땅은 인간의 마음 상태를 나타낸다고 설명하셨다.[2]

예수님께서는 가시덤불을 언급하시면서 이렇게 말씀하셨다. "가시덤불에 떨어졌다는 것은 말씀을 들었으나 이 세상의 근심과 재물과 즐거움에 기운이 막혀서 결실하지 못하는 사람들이다."[3]

처음 예수님의 말씀을 들었을 때는 우리에게 의미가 없는 것 같아 보였다. 우리는 왜 예수님께서 가시덤불을 가지고 세상살이의 염려를 묘사하셨는지 알고 있다. 하지만 인생의 염려를 왜 재물, 즐거움과 연결시키셨을까? 그 답은 애초에 우리가 돈과 즐거움을 추구하는 이유 속에 있다. 많은 사람들에게 있어 돈과 즐거움은

---

2   예수님께서는 땅[흙]으로 인간의 마음 상태를 묘사하셨는데, 이는 천지창조와 인간이 흙으로 만들어졌다는 사실을 넌지시 비추고 있다.

3   마태복음 13장의 병행구절은 가시를 "세상의 염려와 재물의 유혹(deceitfulness)"으로 묘사한다.

각박한 세상에서 인생을 살아가는 방법이다. 만약 세상이 위험하고 신이 현존하지 않는다면(현존하더라도 무능하거나 무관심하다면), 우리는 스스로 삶의 문제들에 대처해야 하며, 스스로 취할 수 있는 행복을 죄다 붙잡아야 한다. 다시 말해, "스스로를 의지해서 이 세상을 헤쳐 나가야 한다면, 피할 수 있는 것은 피하면서 삶을 즐길 것이다." 그리고 우리는 교만하여 자신의 능력을 과대평가하고 있어서, 우리의 능력으로 행복을 발견할 수 있으리라고 생각한다. 그리고 결국에는 쾌락이 염려와 고통에서 벗어나기 위한 예방접종이라고 믿는 일종의 쾌락주의를 받아들인다.

쾌락주의의 위험은 사실 널리 알려져 있다. 예수님께서는 누가복음 21장에서 이에 대해 재차 경고하신다. 그 말씀을 듣는 사람들에게, 쾌락을 추구하는 것은 우리가 실제 원했던 것과 정반대되는 결과를 가져올 수 있다고 주의를 주신다. 쾌락의 추구는 이 세상의 위험으로부터 우리를 안전하게 지켜주기 보다 오히려 우리의 감각이 무뎌지게 하기 때문에, 우리는 더 큰 위험에 노출될 수 있다. 예수께서는 다가오는 예루살렘의 멸망을 예언하시며, 34절에서 이에 대해 말씀하신다. "너희는 스스로 조심하라. 방탕과 술취함과 세상살이에 대한 염려로 마음이 눌려 무뎌져 있다가, 그 날이 너희에게 올가미와 같이 갑자기 닥치지 않게 하라." 우리는 스스로 조심해야 한다. 세상살이의 염려에서 벗어나려다가 오히려 바로 그 염려에 빠지지 않도록 조심해야 한다.

쾌락에 대해 생각할 때 파티에 다니는 할리우드 연예인의 생활

방식(상류풍, 성욕, 방종)을 떠올리기 쉽다. 그러나 우리 대부분은 쾌락주의에 괜찮은 옷을 입혀서 감추고 있다. 우리 대부분은 플레이보이맨션Playboy Mansion에서 무절제한 밤을 보내기보다는, 오히려 소비주의의 올가미에 걸려서 매일매일 허영의 시장●의 진열대를 찾아갈 것이다. 핸드백을 하나 더 가지려는 올가미가 우리와 더 가까울 것이다. 최신 기기를 하나 더, 여행을 한 번 더, 새로운 것을 하나 더, 케이크를 한 조각 더 원하는 올가미가 우리와 더 맞닿아 있다.

그러나 이러한 허영심은 행복을 줄 것 같지만, 행복을 줄 수 없다. 그리고 그러한 허영심을 추구하면 우리는 결국 허영심에 사로잡힌다—빚, 지출, 방종의 고리에 사로잡히고, 이로부터 많은 스트레스를 받는다. 우리는 소유라는 힘에 사로잡힌다. 재물이 우리를 속이는 방식 중 하나는 재물이 우리를 돌보아 주리라 생각했지만, 결국 우리가 그 재물을 돌보게 된다는 것이다. 우리는 입을 것으로 옷장과 서랍장을 가득 채우고, 먹을 것으로 찬장과 냉장고를 가득 채우고, 쓰지도 않는 스포츠 장비와 정원 손질 도구로 창고를 가득 채운 자기 자신을 발견한다. 그리고 우리는 그것이 중요하다고 느낀다. 우리는 선한 선물들에 대해서는 중요성을 느끼지 못한다. 선한 선물들은 그 선물을 주신 분을 가리키기 위해 주신 것인데, 그것들의 중요성은 느끼지 못한다. 아니, 우리는 선물을 주신 분이 아닌 선물 자체에 비중을 둔다.

● 　존 번연의 『천로역정』에 나오는 시장 이름.

우리에게는 자존심이 중요하다. 자존심은 영적인 필요를 덜기 위해 땅의 것에 의존하도록 우리 마음을 주물렀던 것이다. 그리고 우리는 지속적으로 이 땅의 것들을 지켜내려는 순환 고리 속에서 자신을 발견한다. 그리고 그것들을 포장하여 굿윌Goodwill*에 보냄으로, 우리는 또 다른 것을 구매할 공간을 가지게 된다. 우리는 일하고, 일하며, 이런 것들을 얻을 형편이 되려고 또 일하는 자신을 발견한다. 우리는 두 손 가득히 많이 가지려고 수고하여 바람wind을 잡고 있다.[4]

무엇이든 상관없다

"하나님은 정말 자유로우시며 정말 신기하신marvelous 분이셔서,
사람들이 절망하는 곳에서 기이한 일을 행하시는데, 작고 하찮은 것을
취하셔서 신기하게 만드신다. 오직 겸손한 자만이 이를 믿는다."
— 디트리히 본회퍼Dietrich Bonhoeffer

우리는 자신이 소비를 위해 노동하고 있음을 발견하게 될수록 점점 더 게을러질 수 있다. 우리는 행복에 아무런 가치가 없다며 희망을 쉽게 포기할 수 있다. 교만이 우리의 능력은 과대평가하되

● 　중고품을 기증받아 판매하는 회사.

4 　전도서 4:6.

하나님에 대해서는 과소평가한다는 점을 기억해야 한다. 쾌락주의가 우리 혼자서 행복을 이룰 수 있다고 꾀었다면, 나태함은 우리가 하나님의 능력 — 일그러진 세상에서 우리가 하는 노력을 유효하게 만드실 수 있는 — 에 대해 잘못 생각하도록 만든다. 교만에 뿌리를 둔 나태함은 하나님을 전혀 고려하지 않게 한다. 만약 하나님이 현존하지 않거나 능력이 없는 분이라면, 우리가 하는 일이나 시간이 보상 받으리란 보장도 없다. 그렇다면 노력할 필요가 있을까? 일할 필요가 있을까?

솔로몬 왕은 잠언 24장 30-31절에서 나태함과 일그러짐 사이의 연관성에 대해 다음과 같이 기록하고 있다.

> 내가 나태한 사람의 밭과
> 지각이 없는 사람의 포도원을 지나가며 보니
> 가시덤불이 우거져 있었고,
> 땅이 쐐기풀로 덮여 있었고,
> 돌담은 무너져 있었다.

우리는 종종 게으름을 진취성의 부족이나 심지어 자신감의 결여로 생각한다. 그러나 실상은 그 반대다. 나태한 사람은 자신의 에너지와 노력을 높게 평가하여 그것을 허비하고 싶어 하지 않는다. 그는 보상 받으리란 보장이 없이는 자신의 에너지를 쏟으려 하지 않는다. 그는 어리석게도 자신의 교만에 빠져 하나님을 고려하지 않고 있기 때문에, 그에게는 자신의 노력이 어떤 결실을 맺을 것이라고 믿을 만한 합리적인 이유가 없다. 그래서 "조금 더 자고 조금 더 눈을 붙이는"(24:33) 것이 자신에게 쉼을 가져다주리라 믿으며, 그저 손해 보지 않으려고 한다. 그러나 일하지 않으면 휴식도 찾아오지 않는다. 일하지 않으면 가난과 결핍이 찾아온다. 가정은 엉망이 되고, 교회가 몰락하며, 삶이 혼란스러워진다. 그리고 계속 그대로 두면, 초기 기독교 수도사들이 "무감각acedia"이라 불렀던 완전한 절망으로 자라날 수 있다.

인간의 교만을 나타내는 최종적이고 가장 완전한 표현은 아마도 완전하고 전적인 절망일 것이다. 이는 하나님을 정말로 망각하여 더 이상 중요한 것이 없다고 생각하는 관점이다. 교만은 우리가 하나님을 거부하도록 이끌기 때문에, 우리는 결국 자신을 신뢰한다. 이 신뢰의 방향이 얼마나 잘못되었는지 깨닫는 것은 시간문제일 뿐이다. 그리고 우리가 하나님을 거부할 때, 세상의 일그러짐이 밀려올 때, 우리 자신의 무력함의 무게를 느낄 때, 우리는 자신의 무기력과 낙담에 굴복한다. 아무런 목적도 없으며 아무런 의미도 없다. 아무것도 할 만한 가치가 없다. 바닥을 쓸어서 뭐하나? 어차피 다시 더러워질 것이다. 주일학교 수업을 준비해서 뭐하나? 어차피 아이들은 딴 생각을 할 것이다. 기도해서 뭐하나? 아마도 하나님은 내 말을 듣지도 않을 것이다.

『무감각과 나』(Acedia & Me: A Marriage, Monks, and a Writer's Life)의 저자인 캐슬린 노리스Kathleen Norris는 『로스앤젤레스 타임스』와

의 인터뷰에서 무감각에 대해 이렇게 말했다.

당신이 나태함의 영적인 측면에 대해 글을 쓰고 있다고 사람들에게 말한다면, 사람들은 당신이 무엇을 말하고자 하는지 모를 것이다. 하지만 당신이 "무관심"에 대해 말한다면, 사람들은 무슨 의미인지 알 것이다. 사람들은 마음 쓸 수 없음이 무엇인지 이해한다. 자신이 마음 쓰지 않고 있다는 것조차도 신경 쓰이지 않을 만큼 무심한 것이 어떤 것인지도 알고 있다.[5]

이러한 무관심은 수년간의 대중사역 후에 뒤따를 수도 있다. 그것은 새롭게 부모가 된 다음 몇 주 후에 뒤따라 올 수도 있다. 그것은 병세가 길어지는 가운데 올 수도 있다. 그것은 결혼생활에 대해 꿈꿔왔던 것들이 실현되지 않음을 자각하게 될 때 올 수도 있다. 그러나 무관심하게 될 때, 이러한 무감각이 심해질 때, 그것은 "어둠 속에 퍼지는 역병 (…) 한낮에 벌어지는 파멸"[6]처럼 당신을 휩쓸 것이다. 무감각은 직접적인 유혹보다 더 포착하기 어렵고 미묘해서 조용히 기어 들어와 영혼을 무디게 만든다. 무언가에 마음 쓰는 것을 거의 불가능하게 만든다.

---

5   Lynell George, "Kathleen Norris battles 'the demon of acedia'," *Los Angeles Times*, September 21, 2008.

6   무감각은 오랫동안 시편 91:6과 관련하여 "한낮에 닥쳐오는 재앙"(noonday demon)으로 알려져 왔다.

손바닥을 위로 올리며 어깨를 으쓱하고_{shrug}●

한숨을 쉬며

무엇이든 상관없다.

노리스는 또한 "무감각"이 1930년대까지는 거의 쓰이지 않는 단어였지만, 2차 세계대전 이후에 다시 나타나기 시작했다고 말했다.

> 세계 도처에 굉장히 끔찍한 폭력들이 있었다. 유럽의 홀로코스트
> 와 일본의 원자폭탄. 그리고 미국에서는 (…) 식기세척기를
> 구입함으로써 우리의 모든 문제를 잊게 되었다.

신경을 끄고 있는 것이 그야말로 너무 많다. 우리의 일그러짐 가운데 하나님의 현존하심을 잘 이해하지 못한다면, 그분의 능력을 인식할 수 있는 겸손이 없다면, 아무것도 중요할 게 없다. 그리고 식기세척기, 월례보고서, 학부모회와 같은 일상적인 것들은 특히 무의미하게 느껴진다. **그러나 만약 일그러짐 가운데 하나님이 현존하신다면 어떨까? 만약 하나님께서 현존하실 뿐만 아니라, 적극적으로 일그러짐을 물리치고 계신다면 어떨까? 만약 겸손이 가르치기를, 하나님께서 가시덤불에서 열매를 맺게 하실 수 있음을 믿으라고 한다면 어떨까?**

● 　주로 서양인들이 모름, 상관없음, 알 바 아님 등을 표현하는 냉소적인 표정과 몸짓.

가시 면류관

"겸손은 참회보다 한없이 더 깊은 것이다 (…)
그것은 예수님의 삶에 참여하는 것이다."

— 앤드류 머리

악의 문제에 대한 인간의 대답이 완전히 만족스러운 것은 아니지만, 대답이 전혀 없다는 의미는 아니다. 우리는 그것에 대해 완전히 이해할 수는 없겠지만, 우리가 아는 것을 붙들 수는 있다. 우리가 아는 것—그리스도인들이 역사를 통틀어 붙들어 왔던 것—은 우주의 하나님께서 우리를 고통 가운데 버려두지 않으셨다는 점이다. 우리는 고통스런 일들이 왜 일어나는지는 알 수 없을지 모른다. 그러한 고통들로부터 자유로울 수 있는 방법을 알 수 없을지 모른다. 그러나 우리가 아는 것은 예수께서 우리의 일그러짐 가운데 들어오셔서 스스로 그것을 취하셨다는 점이다. 또 우리가 아는 것은 "예수께서 자신을 겸손히 낮추시고 죽기까지, 십자가에 달리시기까지 순종하셨다"는 것이다.

아마도 마태복음에서 예수님이 재판 받으시는 광경보다, 예수께서 저주의 무게 아래에서 고통 받으시는 모습을 더 잘 그려내고 있는 곳은 없을 것이다.

빌라도가 그들에게 말하였다. "그러면 나더러 그리스도라 불리는 예수를 어떻게 하라는 거요?" 그들이 모두 말했다. "십자가에 못 박아야 합니다!" 빌라도가 "왜, 이 사람이 무슨 악한 일을 하였소?"라고 물었지만, 사람들은 더욱 소리 지르며 말했다. "십자가에 못 박아야 합니다!" (…) 그 때에 총독의 군병들이 예수를 데리고 총독궁에 끌고 가서 (…) 예수의 옷을 벗기고 주홍색 옷을 입혔다. 그리고 가시로 면류관을 엮어 예수의 머리에 씌웠다.[7]

가시 면류관. 우리는 이 가시 면류관의 중요성을 과소평가해서는 안 된다. 가시 면류관은 그저 고통을 가하기 위한 것, 그저 그분의 육체 속으로 가시를 밀어 넣은 것이 아니다. 가시 면류관은 그분에게 굴욕감을 주고 그분의 권세를 비꼬아 조롱하려는 것이었다. 자기 피조물에게 드리워진 그 저주로 면류관을 쓰는 것보다, 그 무엇이 우주의 왕이신 분을 끌어 내릴 수 있는 더 좋은 방법이었겠는가? 악이 그분의 머리를 장식하게 하는 것보다, 그 무엇이 그분을 이기는 더 좋은 방법이었겠는가? 우리의 일그러짐을 그분께 얹어 놓는 것보다, 그 무엇이 그분께 더 굴욕을 주는 humiliating 것이겠는가?

그러나 바로 그 가시들로부터 예수께서 자신의 능력을 증명하셨다. 바로 그 가시들로부터 겸손이 일그러짐을 극복하는 것을 보여주셨다. 그리고 그 가시들로부터 달콤하고 풍성한 열매를

7   마태복음 27:22-23, 27-29.

내신다. 그리고 그렇게 하려고, 겸손함 가운데 자기 입을 열지 않으셨다. 베드로는 이렇게 기록하였다. "욕을 당하셨으나 욕으로 갚지 않으셨고, 고난을 당하셨으나 위협하지 않으셨다. 다만 정의롭게 심판하시는 분께 자신을 맡기셨다."[8]

이것이 겸손이 세상을 이기는 방식이다. 겸손은 하나님을 믿는 것이다.

겸손은 불의의 한복판에서 하나님이 정의로우심을 믿는 것이다. 슬픔의 한복판에서 하나님이 위로자이심을 믿는 것이다. 일그러짐의 한복판에서 하나님이 치료자이시며 생명이심을 믿는 것이다. 마틴 로이드 존스D. Martyn Lloyd-Jones 박사는 그의 고전 『영적 침체와 치유』에서 "영적 침체의 궁극적인 원인은 불신이다"라고 썼다. 그리고 당신은 반드시

스스로 절제하고, 자신에 대해 고심하고, 자신에게 설교하고, 자신에게 물어보아야 한다. (…) 그런 다음 당신은 하나님을 상기해야 한다. 하나님은 누구이시며, 하나님은 어떤 분이시며, 하나님이 행하신 일은 무엇인지, 그리고 하나님께서 하시기로 맹세하신 것이 무엇인지를 상기해야 한다.[9]

8 　베드로전서 2:23.

9 　David Martyn Lloyd-Jones, *Spiritual Depression: Its Causes and Cure* (Grand Rapids, MI: Eerdmans, 1965), p. 20-21. 『영적 침체와 치유 : 그 원인과 치유』(이용태 옮김, 기독교문서선교회, 2001).

그리고 우리가 하나님이 누구이신지를 기억할 때, 그분 앞에서 겸손할 때, 우리는 일그러짐 — 자기 안과 밖의 일그러짐 모두 —을 슬퍼할 수 있는 자유로운 존재가 된다.

잘못을 고백하는 것

"자신의 잘못을 서로에게 고백하고, 서로를 위해
기도하십시오. 그러면 치유될 것입니다."

— 야고보서 5:16

나는 목사의 아내로서 주위 사람들의 행동을 보며 놀라는 일이 자주 있다. 어떤 이유에선지, 사람들은 종종 나에게 어떤 이미지를 투사할 필요를 느끼거나, 혹은 자신들의 일그러짐으로부터 나를 보호해야 할 필요성을 느낀다. 사람들은 자기 삶에서 엉망진창인 부분을 공유할 때, 종종 불편함을 느끼기도 하고 대개 창피해한다. 처음에 나는 이것들을 개인적인 것으로 여겼으나, 그 후에 깨달은 것은 교회 전체와의 관계에서 나온 것이란 점이었다. 많은 사람들에게 있어 교회는 단체 행동을 해야 하는 곳이었다. 사람들은 다른 감정에 휩싸여 있을 때에도 기뻐하는 얼굴을 해야 했다. 의심이 일어나는 순간에도 믿음을 보여야 했다. 사람들은 일그러짐과 마주할 위험이 없었다.

우리가 안전한 공동체를 만들려고 고투하는 주된 이유 중 하나는 하나님의 능력을 과소평가해서 결국 우리 스스로를 의지하고 있기 때문이다. 그러나 우리가 그리한다면, 우리는 실패를 용인할 수 없다. 부족함을 인정할 수 없다. 연약해서도 안 된다. 그러나 우리를 겸손하게 만드는 것도 바로 우리의 일그러짐이며, 하나님의 능력을 드러내는 것도 바로 우리의 일그러짐이다. 바울은 자신이 연약하기 때문에―연약함에도 불구하고가 아니라―그리스도의 능력이 자신에게 머물고 있다고 기록하고 있다.

> 내가 받은 여러 계시가 굉장한 것이기에 나를 자만하지 않게 하시려고, 내 육체에 가시를 주셨습니다. 그것은 사탄의 전령으로, 나를 괴롭게 하여 (…) 나는 이것이 내게서 떠나가기를 주님께 세 번이나 간구하였습니다. 그러나 주님께서는 이렇게 말씀하셨습니다. "내 은혜가 너에게 충분하다. 이는 내 능력이 약한 데서 완전하게 됨이니라."[10]

겸손은 하나님께서 적극적으로 세상을 구속하고 계심을 가르쳐 준다. 그리고 그분이 계시기에, 우리는 자신의 일그러진 부분―고의적인 죄든 타고난 부족함이든 혹은 저주 아래서 살아가며 느끼는 무게든―을 고백하면서도 안도감을 느낄 수 있다. 겸손은 우리의 고백 가운데 안식을 발견하도록 가르쳐 준다. 숨기고 싶은

10   고린도후서 12:7-9.

것들로부터, 온전치 못한 것들로부터 안식을 준다. 우리는 하나님과 다른 이들에게 "나는 부족합니다. 도움이 필요합니다"라고 말함으로써 쉼을 누린다.

그리고 궁극적으로, 우리가 자신의 일그러짐을 안팎으로 고백하게 하는 그 겸손은, 또한 우리가 그 일그러짐을 마음 아파하며 하나님의 자비 가운데 자기 자신을 던질 수 있는 자유로운 존재가 되게 한다. 그리고 무엇보다도 이는 우리에게 안식을 가져다준다. 겸손이 경건한 슬픔으로 표현될 때, 우리는 마침내 자아를 허물어 낼 수 있다. 마침내 모든 것을 털어 놓을 수 있다. "선한" 울음을 터뜨릴 수 있다. 그것이 선한 이유는 눈물이 마음을 정화 catharsis하는 것이기도 하지만, 또한 합당한 반응이기 때문이다. 그 울음이 선한 이유는 세상의 일그러짐을 정면으로 맞닥뜨리면서도 그보다 더 크신 분 안에서 쉼을 누리기 때문이다. 그 울음이 선한 이유는 우리를 항복하게 만들기 때문이다.

예루살렘을 바라보시며 눈물 흘리신 예수님처럼 우는 것, 나사로의 무덤 앞에 서신 예수님처럼 우는 것, 십자가를 참으시며 자신을 아버지께 맡기신 예수님처럼 우는 것, 그렇게 우는 것이다.

그러나 우리가 우리 안팎의 어그러짐을 슬퍼할 때, 우리는 희망도 없이 슬퍼하는 것이 아니다. 이사야는 "이스라엘의 빛은 불이 되며, 이스라엘의 거룩하신 분은 불꽃이 되어, 그 불꽃이 이스라엘의 가시덤불과 찔레나무를 불사르는"[11] 날에 대해 말한다.

11   이사야 10:17.

그리고 그 때에 우리는

기쁘게 나아가며 평안히 인도함을 받을 것이며,

산들과 언덕들은 너희 앞에서 노래를 발하고,

들의 모든 나무들은 손뼉을 치리라.

가시나무를 대신하여 잣나무가 날 것이며,

찔레를 대신하여 화석류가 날 것이라.

이것은 여호와의 이름을 드날리고,

영원한 표징이 되어서 사라지지 않으리라.[12]

은혜를 찾아서

"9월에 밖에 나가서 / 뚱뚱하고, 많이 익은, 차가운,

검은 블랙베리에 둘러싸여서 /

블랙베리를 아침 식사로 먹는 것을 나는 사랑한다."

— 골웨이 킨넬Galway Kinnell

블랙베리 재배자들은 수년 동안 가시가 없는 블랙베리를 개발했다. 블랙베리를 사서 집 뜰에서도 기를 수 있고, 블랙베리를 따려고 두꺼운 바지와 긴 소매를 입을 필요도 전혀 없다. 그러나

---

12   이사야 55:12-13.

나는 이런 게 왠지 속는 거 같다는 생각이 늘 들었다. 블랙베리는 문명의 가장자리에서, 덤불이 우거진 곳에서, 군데군데 들 사이에 나있는 잡목덤불에서, 버려진 건물들과 잊혀진 건초갈퀴 옆에서, 그렇게 자라서 채집하게 되어 있다. 줄기에 붙어 있는 두껍고 **빽빽한** 가시들은 당신의 다리를 잡도록 되어 있고, 작은 가시들은 그 매혹적인 열매를 잡을 때 손에 박히게 되어 있다. 고통과 기쁨이 한 식물 안에 묶여 있다.

역사가들은 순례자들the Pilgrims● 이 미국에서 맞이한 첫 번째 여름에 블랙베리를 먹음으로써 살아남을 수 있었다고 말한다. 나의 외할아버지는 대공황 시절 블랙베리 코블러를 먹으며 살아 남았다고 했다. 코블러는 약간의 밀가루와 한 덩어리의 비계기름 lard, 소금, 우유, 그리고 숲이 주는 풍성함으로 만들어진 것이다. 가시줄기에서 풍성히 나는 블랙베리는 고난의 한복판에서 내려 주시는 하나님의 은혜를 상징한다. 일그러진 곳에도 생명이 있다. 일그러진 곳에도 선함이 있다. 일그러진 곳에도 소망이 있다.

겸손한 사람은 이 세상의 고통을 부정하지 않는다. 그 고통에 자신도 가담했음을 부정하지 않는다. 그러나 겸손한 사람은 또한 소망을 품는다. 그런 사람은 하나님께서 약속하신 달콤한 열매 찾기를 그치지 않는다. 그런 사람은 자신이 기르지 않은 곳에서 열매를 모은다. 울타리를 따라서, 길가를 따라서. 정성껏 재배된 덤불 속에서가 아니라, 도로변의 황야 속에서. 우리 손이 긁히고

● 메이플라워호를 타고 미국으로 건너온 사람들.

피가 날 수도 있겠지만, 땀에 절은 내를 풍길지도 모르지만, 발이 진흙탕에 빠질지도 모르지만, 우리의 손 안에는 한 송이의 희망이 있다. 하나님이 누구신지, 어떻게 그분이 자기 자녀들을 저버리지 않으시는지를 일러주는 한 송이의 희망.

크로커스 Crocus; *Crocus vernus*

11
비밀의 화원

"울부짖는 소리는 점점 더 격렬해졌다. (…) 누군가가 죽었다."
— 프랜시스 H. 버넷Frances H. Burnett

하얀 클랩보드로 지어진 할머니의 방갈로 집 뒤편을 에워싸고 있는, 시멘트로 된 들쑥날쑥한 길을 팔짝팔짝 뛰어다니던 열한 살 때였다. 열두 살이 되기 며칠 전이었다. 내 기억에 할머니 집은 늘 하얀색이었고, 앞 베란다와 창틀은 초록색이었다. 그런데 언젠가 아빠의 어렸을 적 사진을 보니 할머니 집은 벽돌무늬 외장재로 덮여 있었고, 앞마당엔 그저 현관만 하나 달랑 있었다.

특히 그 날은 3월 초 땅이 질퍽거리는 때였다. 눈덩이가 녹으면서 땅이 축축해졌고 날씨도 쌀쌀했지만 겨울처럼 막 추운 것은 아니었다. 뒷길 옆에 한 움큼 정도 되는 크로커스가 눅눅함을 뚫고 보랏빛 고개를 내밀고 있었다. 봄이 다가오는 신호였다.

아빠는 나보다 앞서서 걷고 있었는데, 내가 부엌문(우리는 앞

문으로 들어간 적이 없었다) 앞에 도착할 때까지 계속 문 앞에 서서 똑똑 두드리고 있었다. 아무런 기척이 없자, 그는 주머니에서 열쇠를 꺼내서 스스로 문을 열었다. 그때쯤 오빠도 문 앞까지 따라왔고, 우리는 아빠를 따라 부엌으로 들어갔다. 빨래가 단정히 개어져 있는 바구니 몇 개가 식탁 위에 있었다. 접시도 다 깨끗해 보였다. 아마 알고 있겠지만, 할머니네 부엌이다. 오빠와 나는 부엌에서 막 나와서 거실로 들어갔다. 그리고 나는 할머니의 양단 소파 가장자리에 털썩 주저앉았다.

　이것들이 내가 기억하고 있는 순간들이다. 아빠가 거실로 와서 나와 오빠에게 응급차를 부르라고 하기 직전이었다. 아빠가 다시 나타나서 전화기를 붙들고 수화기에 대고 "어머니가 돌아가신 것 같아"라고 말하기 직전이었다. 아빠가 조용히 침대에 돌아가신 듯 누워계신 할머니를 발견하기 직전이었다. 내 기억으로는 아빠가 무언가 내 안에서 멈춰버렸다고 말했다. 그때까지 무슨 말을 해야 할지 몰랐다. 나는 당연히 울었지만―분노의 눈물, 불공평하다는 눈물, 그리고 당황스런 눈물도 흘렸지만, 그러나 그날 내 목구멍 에서 나온 것과 비교하면 아무것도 아니었다. 마치 내가 다른 누군가의 말을 듣고 있는 것 같았다. 내 어깨는 들썩였고, 마음은 땅에 곤두박질쳤다. 무언가 완전히 한참 잘못되었다. 블랙베리를 따고 토마토 조림을 만들었던 할머니는 떠날 수 없었다.

　그 이후의 나날들이 기억 속에 흐릿하다고 말할 수 있었으면 좋겠다. 그러나 그렇지 않다. 나는 괴롭게도 세세한 것까지 기억난다. 내 기억은 예리했고, 의식이 거의 또렷했다. 한때 안전했던 세상은 더 이상 안전하지 않았다. 나는 아버지가 나와 오빠를 집에 데려다 놓은 것을 기억한다. 어머니는 기름 냄새를 풍기며 어린 여동생을 위해 달걀 요리를 하고 있었다. 친척들이 왔다. 친구들이 블레어-로우더 장례식장에 몰려왔다. 할머니의 육신 앞에서 침묵하며 행진하는 것은 이상한 의식 같았다. 물론 여러 행동들이 있었다. 내 감각은 과민해 있었지만, 느린 화면으로 보는 듯한 그런 느낌은 아니었다. 어른들은 꽃을 준비해서 배치하고, 음식을 하는 등 할 일이 많았다. 그 일들은 슬픔을 잠시 접어두게 만들었다. 적어도 잠시 동안은. 그러나 나는 어려서 할 수 있는 일이 거의 없었다. 아무것도 없었다. 아무것도 하지 않고 그저 견뎌야 했다.

나는 장례식장에 있는 똑같은 천이 씌워진 수많은 의자 중 하나에 앉아서 할머니의 관 주위에 놓인 꽃을 바라보았다. 꽃은 꽃대로 아름다웠지만, 내가 보기에 그 꽃들은 할머니와는 너무도 다른 듯 했다. 이 여인은 자기 삶의 나날들을 실내가 아닌 바깥에서 보내셨다. 이 여인은 산에서 밭을 일구고 식물을 기르며 먹을 것을 찾아 다니셨다. 이 여인의 손은 평생 좋은 일을 하느라 닳아 거칠었다. 온실에서 자란 꽃들은 왠지 너무 고상하고 편하게 자라서 들판의 체취가 느껴지지 않는 듯했다. 그리고 나는 내가 무엇을 원하는지 알았다. 나는 할머니를 위해 꽃을 모으고 싶었다.

몇 달 후였다면, 야생 데이지와, 엉겅퀴꽃ironweed, 톱풀yarrow,

야생당근꽃Queen Anne's lace을 모아 왔을 것이다. 그러나 때는 이른 3월이었고, 들판과 숲에는 아직 꽃이 피지 않았다. 한 곳만 빼고. 구불구불한 보도를 지나면서 크로커스를 봤던 기억이 떠올랐다. 며칠 전, 크로커스꽃이 고개를 불쑥 내밀며 봄을 알리는 듯했지만, 아직 마지막 바람도 불지 않은 겨울이 블랙베리와 함께 살아오셨던 내 할머니를 앗아갔다.

조문객들이 찾아오지 않는 틈에 우리는 집에 돌아왔고, 나는 크로커스꽃을 땄다. 많지는 않았지만 충분했다. 순 자주색 꽃 몇 송이와 흰색이 섞인 꽃 한 송이는 모두 그 가운데가 밝고 노란 오렌지색을 띠고 있었다. 나는 내가 맬 수 있는 가장 아름다운 리본으로 연약한 가지가 꺾이지 않게 조심스레 꽃을 묶었다. 그리고 꽃잎이 시들지 않게 냉장고에 넣어 두었다. 우리가 나중에 장례식장에 돌아왔을 때, 이모(의사와 결혼하라고 충고하셨던 그 이모)는 나를 관 쪽으로 데리고 갔다. 나는 할머니 앞에 섰고, 할머니의 가슴이 들숨 날숨으로 오르락내리락 하는 모습이 보인다고 믿겨졌다. 아마 잘못 봤을 것이다. 아마도…… 착각이었다. 그녀의 뻣뻣해진 손에 크로커스를 쥐어주는 일 외에 내가 할머니를 위해 할 수 있는 일은 아무것도 남아 있지 않았다. 아무런 할 일도 남아 있지 않았다. 봄이 어느 날엔가 할머니에게 다시 찾아오리라는 소망을 담은 이 작은 손짓 외에는 할머니를 위해 할 수 있는 일이 없었다.

1   전도서 7:2.

다시 흙으로

"봄이 오면, 삶이 그 끝에 이르면, 그대에게서 흙냄새가 나겠죠."

— 마가렛 애트우드Margaret Atwood

죽음은 인간의 모든 경험 중에서 가장 사람을 겸손하게 하는 경험일 것이다. 죽음은 결국 우리의 모든 능력을 완전히 상실하게 하고, 우리가 "그저 흙"에 지나지 않음을 피부로 느끼게끔 되새겨 준다. 그 어떤 경험도 죽음이 우리에게 하는 역할을 하지 못한다. 나는 가끔, 이것이 우리가 죽어야만 하는 이유일까 궁금하다. 우리의 교만에 대한 형벌이 왜 궁극적이고 전적인 겸손일까. 우리의 교만에 대한 치료책이 왜 궁극적이고 전적인 겸손일까. 그러나 전적인 겸손이 단번에 주어지는 것은 아니다. 죽음은 우리를 조금씩 겸손하게 만든다. 친구들과 사랑하는 이들은 사라지고 우리도 언젠가 그리될 것임을 기억하면서, 죽음은 그렇게 일생에 걸쳐 우리를 겸손하게 만든다. 이는 솔로몬이 다음과 같은 글을 쓰며 의미한 바에 포괄되어 있다.

잔칫집에 가는 것보다
초상집에 가는 것이 더 나으니
모든 사람의 끝이 이와 같이 됨이라.
살아 있는 사람은 이를 마음에 두어야 한다.[1]

할머니의 관 옆에 서서 나는 그녀의 죽음뿐만 아니라 나 자신의 죽음과도 마주하고 있었다. **이것이 죽음의 사실을 회피하고자 이토록 분주하게 움직이는 이유인가—준비하고, 음식을 만들고, 조문하고, 서성이는 이유인가? 우리는 그저 우리가 살아 있다는 사실만을 생각해야 하는가?** 하던 일을 멈추고 충분히 오랫동안 슬픔에 잠기는 일은 어려운 일이다. 슬픔에 굴복하는 것은 잠시 동안이더라도 우리가 최종적으로 완전히 항복할 날이 있음을 상기시킨다. 그러나 우리가 슬픔에 저항하는 순간에도, 죽음은 죽음의 역할을 한다. 우리가 저항하는 순간에도, 죽음은 우리를 겸손하게 한다. 우리는 친구들이 쇠잔해지는 것을 보면서, 우리 자신의 연약함을 기억한다. 사랑하는 사람이 갑자기 죽는 것을 보면서, 죽음은 우리가 어찌할 수 없는 것임을 인지하게 된다. 강인하고 아름다웠던 사람들이 겸손해지는 순간을 바라봄으로써, 우리 또한 언젠가 그렇게 될 것임을 알게 된다.

그리고 어느 날 죽음—누구도 대신할 수 없는 이 한 가지 일—이 불어와서 우리에게서 교만의 마지막 자취까지 사라지게 할 것이다.

나는 그래서 이것이 예수님이 죽으셔야 했던 이유가 아닐까 싶다. 아주 겸손하신 분만이 교만한 사람을 구속할 수 있었던 이유. 교만을 붙드는 일이 교만보다 더 큰 겸손의 행위로써만 끝날 수 있었던 이유. 이것은 또한 사도바울이 다음과 같이 쓰면서 겸손을 그분의 죽으심과 연결한 이유이기도 하다. "예수께서는 사람의 모양으로 나타나셔서, 자신을 겸손히 낮추시고 죽기까지,

십자가에 달리시기까지 순종하셨습니다." 그리고 누가는 자신의 복음서에서 이에 대해 다음과 같이 말하고 있다. "예수께서 큰 소리로 부르짖으셨다. '아버지, 아버지의 손에 내 영혼을 맡깁니다!' 이 말씀을 하시고 숨을 거두셨다."

아버지, 아버지의 손에 내 영혼을 맡깁니다.

겸손은 우리의 일생이 이 결론에 이르도록 일하고 있다: 아버지, 아버지의 손에 내 영혼을 맡깁니다.

포기합니다.

항복합니다.

신뢰합니다.

할머니의 장례식이 끝날 무렵, 낯선 이들은 관을 닫고 우리는 "갈보리 산 위에"(The Old Rugged Cross) 찬양을 부르며 울었다. 그리고 장례식장에서 나와 대기 중인 차를 향해 줄지어 걸어갔다. 우리는 차를 타고 몇 마일 가서 할머니의 육신을 흙에 묻었다. 혹은 『성공회 기도서』(Book of Common Prayer)의 기도문처럼 "그녀의 육신을 땅에 맡기니, 흙은 흙으로, 재는 재로, 먼지는 먼지로 돌아갑니다." 내가 생각하기로 죽음이라는 현실이 마침내 엄습해오는 순간이 이 순간이었다. 육신을 땅에 묻을 때, 꿈꾸고 일하고 먹고 노래 부르며 사랑받았던 육신을 묻고 떠나는 때가 바로 그러한 순간이었다. 우리는 시신에 대해, 우리가 떠난 후 무슨 일이 일어나는지에 대해 거의 생각하지 않는다. 그것은 썩고 부패하여 먼지로 돌아간다. 화장을 하더라도 결과는 마찬가지다. 재는 재로,

먼지는 먼지로, 그래서 우리는 더 이상 생각하고 싶어 하지 않는다.

나는 그래서 이것이 예수님이 묻히셔야 했던 이유가 아닐까—그분이 땅 속으로 들어가시는 것을 봐야 하는 이유가 아닐까 싶다. 누가는 계속해서 이야기를 이어간다. "요셉이라는 사람이 있었는데, 그는 유대인의 동네 아리마대 사람이었다. (…) 이 사람이 빌라도에게 가서 예수의 시신을 달라고 청하였다. 그는 시신을 내려서 세마포로 싼 다음 시신을 무덤에 넣었다."[2] 그리고 여기에서 우리는 겸손의 예전liturgy을 본다. 여기에서 우리는 겸손에서 나오는 행동을 본다. 그분은 포로된 자에게 자유를 주시려고 땅으로 내려가셨다. 그분은 무덤에 누이셨다. 그래서 우리도 먼지인 자로서 먼지로 돌아간다. 스스로 자신을 높였던 우리는 흙 속으로 낮아진다. 죽음에 이르러 우리는 다시 한 번 낮은 곳으로 내려가서 "먼지 냄새"를 낸다.

그리고 우리는 마침내 진정한 우리의 존재로 돌아간다.

그러나 이런 일이 일어날 때, 피조물들이 마침내 완전히 겸손해질 때, 세상은 정상으로 회복된다. 예수께서 자신을 낮추시고 humble 죽음을 받아들이셨을 때, 죽음보다 더 큰 능력을 가져오셨다. 그것이 하나님의 오랜 약속이기 때문이다. "하나님의 능하신 손 아래에서 스스로를 낮추십시오. 때가 이르면 그분께서 여러분을 높이실 것입니다."[3] "누구든지 자기를 높이는 사람은 낮아지고, 자신을 낮추는 사람은 높아질 것이다." 그래서 죽음은 다음과

2   누가복음 23:50-53.

3   베드로전서 5:6.

같은 것이다.

> 죽음이여, 교만하지 마라
> 누군가 그대를 강하고 무시무시하다 말하더라도
> 그대는 그런 존재가 아니니
> 그대가 정복했다 여기는 사람들도 죽은 것이 아니며
> 또한 나를 죽이지도 못하리니, 가련한 죽음이여……[4]

우리가 죽음으로 낮아지더라도, 하나님께서는 도리어 죽음 곧 교만한 파괴자가 언젠가 스스로 낮아지리라고 약속하셨다. 죽음이 우리에게 자신의 권능을 자랑하더라도, 하나님께서는 언젠가 죽음은 낮아지고 낮아진 우리를 높이시겠다고 약속하셨다.

웬델 베리의 소설에 나오는 제이버스 크로우는 포트윌리엄지역에서 무덤을 파는 사람인데, 다음과 같은 생각을 한다. "잔디 블록을 들어내고 죽은 자들이 누워 있는 어두운 데까지 흙을 파내려가면 기분이 묘하다. 나는 그들이 '죽은 자'로 불려지는 것이 조금 불편한데, 죽음으로 알려진 무언가로 변화하는 것에 내가 신비스러움을 느끼기 때문이다. 그리고 부활이 내가 아직 보지 못한 많은 것들보다 더 현실적이기 때문이다."[5]

---

4   John Donne, Holy Sonnet 10, "Death Be Not Proud."

5   Wendell Berry, *Jayber Crow: A Novel* (Washington, DC: Counterpoint, 2000), p. 157. 『포트윌리엄의 이발사』(산해 역간, 2005).

봄이 오는 것만큼이나 현실적이다.

크로커스

> 그녀가 말했다. "뭔가 신선하고 좋으면서 눅눅한 냄새가 나."
>
> 그가 땅을 계속 파며 대답했다. "풍요롭고 기름진 땅입니다. 이제 조금
> 있으면 까만 흙에서 푸른 싹이 톡 튀어나오는 걸 볼 수 있을 거에요. (⋯)
> 크로커스랑 아네모네snowdrops랑 수선화daffydowndillys지요."
>
> — 프랜시스 H. 버넷, 『비밀의 화원』

할머니의 하얀 클랩보드 집 옆에 자랐던 크로커스*Crocus vernus*의
원산지는 이곳이 아니다. 하지만 이곳 어디에서나 볼 수 있다.
이 작은 컵 모양의 꽃은 지중해에서 처음 재배되었다. 이 꽃은
인기가 많은데, 강인하고 기르기 쉬우며 스스로 증식하기 때문
이기도 하다. 알뿌리를 땅에 몇 개 심으면 얼마 안 가 정원 하나가
만들어질 것이다. 크로커스는 겨울의 끝자락에 처음 땅 위로 고개
를 내미는 꽃 중 하나이다. 크로커스는 오랜 추위에도 굴하지
않는다. 크로커스의 열정은 전염성이 있다. 얼음을 두른 생기 넘치
는 크로커스 꽃잎을 보는 것은 드문 일이 아니다.

크로커스의 회복력은 프랜시스 호지슨 버넷의 고전 동화 『비밀의
화원』(*The Secret Garden*)[6]에서 중요한 역할을 한다. 별난 열 살 소녀

메리는 고아가 되어, 요크셔의 황무지에 대대로 내려온 저택인 미셀스와이트 영지領地에서 홀아비인 고모부와 함께 살게 된다. 그곳과 그 집은 아치발드 고모부만큼이나 수수께끼로 가득 차 있었다. 고모부가 자주 외출했기 때문에 집에서 일하는 사람들이 메리를 돌보았다. 메리는 그곳의 어느 뜰이든 마음대로 드나들 수 있었다. 단 한 곳만 뺀다면 말이다. 그 한 곳은 담으로 막혀 있었고, 문 또한 10년 동안 잠겨 있었다. 그러나 신의 뜻이 있었고 또 뚱뚱하고 명랑한 울새가 도운 덕에 화원은 계속 잠긴 채 방치되지 않았다. 메리는 막 갈아엎은 땅에서 열쇠를 발견하여 문으로 갔다. 그녀는 문을 열고 화원으로 들어갔는데, 화원은 마치 죽어 있는 듯했다. 벽은 잿빛 포도덩굴로 덮여 있었고, 꽃밭은 잡초로 가득했다. 나무에는 잎이 없었고 가지는 부스러질 것 같았다. 그런데 그때, 메리는 자그마한 녹색 새싹을 발견한다.

메리는 검은 흙에 톡 튀어나와 있는 뭔가를 본 것 같았다. 선명하고 자그마한 연두색 점 같았다. 그녀는 벤 웨더스태프[정원사]가 한 말이 떠올라서 무릎을 꿇고 그것들을 바라보며 소곤거렸다. "그래, 뭔가 조그만 것들이 자라고 있구나. 아마 크로커스나 아네모네, 아니면 수선화일거야."

<hr />

6   프랜시스 호지슨 버넷의 『비밀의 화원』은 1911년 처음 출간된 이래로 독자들에게 즐거움을 주었다.

나중에 메리는 하녀 마르다에게 알뿌리에 대해 걱정스레 물었다.

"알뿌리는 오래 살아? 누가 돌보지 않아도 오래 살려나?"
"알뿌리는 알아서 잘 사는 애들이에요. 그래서 가난한 사람들도 알뿌리를 키울 형편이 되죠. 아가씨가 괴롭히지만 않으면, 대부분 땅 속에서 평생 자라고, 퍼지고, 새끼를 만들어 낸답니다. 여기 공원 숲에도 아네모네가 널렸습니다. 봄이 오면 (…) 아네모네가 제일 예쁘답니다. 언제 처음 길렀는지는 아무도 몰라요."

오늘날에도 당신이 내가 사는 동네 언덕을 걷는다면 마르다가 말한 것과 똑같은 크로커스와 수선화 군락을 보게 될 것이다. 길가에서, 울타리 기둥을 따라 발견할 것이고, 또 언젠가 정착민들이 살다 간 집에 외로이 남아 있는 굴뚝 주위에 군락을 이룬 것을 볼 것이다. 어떻게 그 꽃들이 거기 살게 되었는지, 누가 처음 이 겸손한 꽃들을 심고 길렀는지는 알 길이 없지만, 이 꽃들은 그곳에 서서 그 자리를 지키며 자라고 있다. 이 꽃들은 야생에서 맛볼 수 있는 작은 문명이다. 그리고 매년 봄이 오면, 매서운 바람에 용감하게 맞서 부활한다.

그리고 정원사나 소작인의 돌봄 없이 하나님께서 매년 봄마다 크로커스를 일으키시는 것처럼, 하나님 아버지께서는 예수님을 죽은 자들 가운데서 일으키셨다. 그의 영혼을 지옥에 버리지 않으셨고, 그의 거룩한 자가 썩게 두지 않으셨다. 베드로는 숨죽이고 있는 군중들에게 선포하였다. "이 예수를 하나님이 살리셨고, 우리가 다 이 일에 증인입니다."[7]

그런데 부활은 겸손과 별개로 일어나는 사건이 아니다. 부활은 하나님의 뜻에 굴복함 없이 일어나는 일이 아니다. 이런 의미에서 본다면, 하나님 아버지께서 그저 자기 아들이기에 예수님을 일으켜 올리신 것이 아니다. 이것이 하나님께서 겸손한 자에게 응답하시는 방식이기에, 예수님을 일으켜 올리신 것이다. 하나님은 자신을 낮추는 겸손한 사람들을 높이 올리신다. 올라가려면 내려가야 하는 것, 높아지려면 낮아져야 하는 것, 높임을 받으려면 겸손해야 하는 것, 이것이 전복적인upside-down 하나님 나라의 통치 역학이다. 예수님께서는 이에 대해 다음과 같이 설명하셨다.

누가 혼인 잔치에 초대하면 높은 자리에 앉지 말라. 혹시 너보다 더 높은 사람이 초대 받는다면……. 네가 초대 받으면, 가서 제일 낮은 자리에 앉아라. 그러면 너를 초대한 사람이 와서 "친구여, 윗자리로 올라앉게나"하고 말할 것이다. (…) 누구든지 자신을 높이는 사람은 낮아지고, 자신을 낮추는 사람은 높아지리라.[8]

---

[7]   사도행전 2:27, 32.

[8]   누가복음 14:8, 10-11.

그리고 예수님께서 스스로 땅에까지 낮아지셨기에, 한 알의 씨앗이 죽은 것처럼 내려가셨기에,[9] "하나님께서 그를 지극히 높이시고, 모든 이름 위에 뛰어난 이름을 주셨습니다. 그래서 하나님께서는 하늘과 땅과 땅 아래 있는 모든 무릎이 예수의 이름 앞에 꿇게 하시고, 모든 입들이 예수 그리스도는 주님이시라고 고백하게 하셔서, 하나님 아버지께 영광을 돌리게 하셨습니다."[10]

정원지기

"광야와 메마른 땅이 기뻐할 것이라. 사막이 크로커스와 같이

피어 즐거워할 것이라. 무성하게 피리라."

— 이사야 35:1-2

사도 요한은 예수께서 죽은 자 가운데서 살아나신 직후 그날 아침 예루살렘에서 일어난 일을 자세히 이야기한다. 예수님을 따랐던 여인 몇 명이 그의 몸에 향유를 바르러 왔으나, 무덤은 텅 비어 있었다. 막달라 마리아는 너무 많은 일—예수님이 당하신 재판, 끔찍한 죽음, 장례—을 겪어서 더 이상 견딜 수가 없었다. 그리고 이제 그녀는 도둑이 주님의 몸을 가져갔다고 믿고 있었다.

9   요한복음 12:14.
10   빌립보서 2:9-11.

그녀는 눈물을 흘릴 수밖에 없었다. 심란한 마음을 안고 무덤에서 돌아섰는데, 그녀 앞에 서 있는 한 남자를 보았다. 마리아는 그를 알아보지 못했지만, 그분은 예수님이셨다.

> "여인이여, 왜 울고 있는가? 그대는 누구를 찾고 있는가?" 마리아는 그가 정원지기gardener인 줄 알고 그에게 말했다. "저기요, 혹시 그분을 다른 곳으로 옮기셨으면, 어디에 두셨는지 좀 알려주세요. 제가 모셔가겠습니다." 예수께서 "마리아야"라고 하시니, 마리아가 돌아서서 그에게 "랍오니"라고 하였다.[11]

"그가 정원지기인 줄 알고……"

『비밀의 화원』에서 이야기가 전개되면서, 메리는 마르다의 동생 디콘에게 도움을 받는다. 디콘은 동식물을 사랑하고 잘 다루는 아이였다. 그는 요크셔의 여느 열두 살 소년과 다를 바 없었지만, 그에게는 생명체를 자라게 하는 특별한 은사가 있었다. 마르다는 동생을 "우리 디콘"이라 부르며, 확신에 차서 메리에게 말하였다. "우리 디콘은 벽돌길에도 꽃이 자라게 할 수 있어요. 어머니 말씀에, 디콘이 속삭이기만 하면 땅에서 싹이 나온대요." 디콘의 능수능란한 손 아래에서, 메리와 비밀의 화원이 모두 생기를 발하게 된다.

아동문학 작가이자 수상작가인 미탈리 퍼킨스Mitali Perkins는

---

11   요한복음 20:15-16.

『크리스채너티 투데이』와의 인터뷰에서 디콘과 예수님의 유사점에 대해 언급한다. 그것은 죽음의 지배를 받았던 삶을 다시 가꾸어낸다는 점이다. "『비밀의 화원』에서 프랜시스 호지슨 버넷은 무심결에 삼위일체―아버지(수잔 소어비), 아들(디콘), 성령(울새)―에 대한 은유를 넌지시 알려 주었어요." 그리고 힌두교 환경에서 자란 자신이 그리스도께 나아온 것과 이러한 가르침을 연결시켜 이야기한다. "수 년 동안, 이 영적인 부모님들●은 나에게 성경에 대해 이야기하고 있었어요. 단지 제가 깨닫지 못했을 뿐입니다."[12]

"그가 정원지기인 줄 알고……"

겸손을 회복하시는 예수님의 사역은 자신이 부활하심으로써 종료된 것이 아니다. 오늘날에도 그의 부활의 사역은 계속되고 있다. 지금도 그분은 자신의 정원을 경작하고 계신다. 지금도 둘째 아담이자 참 사람의 아들이신 그분은 자신의 에덴을 돌보고 계신다. 그리고 우리가 그의 능하신 손에 자신을 맡김으로써(아마 얼마 동안 문을 잠가 두었고 죽어 있었더라도), 우리의 마음과 인생에 푸르름이 돌아날 것이다.

그러나 이러한 사역에는 죽음과 부활이 수반된다. 디콘과 마찬가지로 예수님은 "아주 강하시고, 자신의 칼을 잘 다루시며, 말라 죽은 나무를 잘라내는 방법을 알고 계신다." 그러나 우리는 그분을

●　존 번연, 요한나 슈피리, 프랜시스 버넷, C. S. 루이스.

12　Mitali Perkins, "When God Writes Your Life Story," *Christianity Today*, January/February 2016, p. 96.

신뢰할 수 있다. 그분이 일하시는 과정을 신뢰할 수 있다. 우리가 쉼을 찾는 것은 죽음과 부활의 과정을 통해서이기 때문이다. 베드로는 우리에게 호소한다. "여러분 모두 서로를 향해 겸손으로 옷 입으십시오. '하나님은 교만한 자를 대적하시나, 겸손한 자에게 은혜를 주십니다.' 그러므로 하나님의 능하신 손 아래에서 자신을 낮춰서 겸손하십시오. 때가 되면 하나님께서 여러분을 높이실 것입니다. 여러분들의 염려를 모두 주님께 맡기십시오. 그분께서 여러분을 돌보고 계십니다."[13]

우리가 내려갈 때, 하나님은 우리를 일으키신다. 우리가 하나님께 복종할 때, 하나님은 우리를 높이신다. 앤드류 머리는 이런 현상, 즉 이런 삶의 방식을 "죽는 삶death-life"이라고 불렀다. 그것은 하나님이 우리를 땅에서 일으켜 올리실 것을 믿으면서, 우리가 매일 하나님께 대한 완전한 의존, 무력한 의존으로 내려가는 과정이다.

> 메리가 말했다. "수선화랑 아네모네 그리고 백합이랑 아이리스 iris가 땅에 가득해서, 어둠을 뚫고 나오는 것 같아……. 아마 지금쯤 어딘가에 크로커스 송이들이 자주빛과 금빛을 내며 피어 있을 것 같아. 아마 잎이 나기 시작해서 잎이 반듯해져 있을 거야. 그리고 혹시…… 잿빛이 사라지고 있을지도 몰라. 녹색 베일로 서서히 덮혀서, 사방이 녹음으로 물들고 있는 것 같아."

13 베드로전서 5:5-7.

메리, 정말 그렇다. 정말. 어둠을 뚫고 나오고 있는 알뿌리들이 땅에 가득 차 있다. 녹색 빛이 서서히 모든 것을 물들이고 있다. 그리고 언젠가 자신의 정원을 돌보시는 예수님의 사역이 완성되고 완전해질 것이다. 언젠가, 선지자 이사야를 통해 하신 그분의 약속이 성취될 것이다.

> 죽은 주님의 사람들이 살아나고, 그 육체가 일어날 것이다.
> 먼지에 잠자던 자들아, 일어나 기뻐 노래하라!
> 땅은 빛나는 주님의 이슬에 흠뻑 젖어,
> 죽은 자들을 내놓으리라.[14]

『비밀의 화원』이야기의 마지막쯤에 다다라서, 메리와 디콘과 보조정원사 벤 웨더스태프, 그리고 메리의 사촌 콜린은 향긋하고 생기 넘치는 화원 가운데 서 있다. 화원과 마찬가지로, 콜린도 다른 이들의 시선을 피해 방에 박혀 있었고, 두려움과 분노, 우울함과 의심에 눌려 고통 받고 있었다. 디콘과 메리의 우정 그리고 화원의 "마법"으로 콜린은 자신의 건강과 인간성을 모두 되찾았다. 비밀의 화원 한 가운데 서서 콜린은 외쳤다.

> "나는 영원히, 영원히, 영원토록 살래! 난 건강해! 건강하다고!
> 그런 기분이 들어. 뭔가 외치고 싶은 그런 기분. 뭔가 감사하고

---

14 이사야 26:19.

기쁜, 그런 걸 외치고 싶어!"

장미 덤불 근처에서 일하고 있던 벤 웨더스태프는 콜린을 쓱 돌아보면서, 벤 특유의 거칠고 툭툭거리는 말투로 말했다. "송영Doxology이라도 부르셔야 할 것 같네요." 벤은 송영에 대해 별다른 생각이 없었기에, 어떤 특별한 경외심을 가지고 한 말은 아니었다.

콜린은 송영에 대해 아는 바가 없었지만, 탐구욕이 강한 사람인지라 "송영이 뭐죠?"라고 물었다.

벤 웨더스태프는 "디콘이 부를 수 있을 거에요. 장담합니다"라고 대답했다. 디콘은 모든 것을 안다는 듯한 동물을 길들이는 사람 특유의 미소를 지으며 대답했다.

"사람들은 교회에서 송영을 부릅니다. 어머니는 종달새도 아침에 일어나면 송영을 부른다고 믿어요."

디콘은 나무와 장미 덤불 사이에 있어서 눈에 잘 띄었다. 그는 소년다운 멋지고 강한 목소리로 아주 간결하고 담백하게 부르기 시작했다.

만복의 근원 하나님,	Praise God from whom all blessings flow,
온 백성 찬송 드리고,	Praise Him all creatures here below,
저 천사여 찬송하세,	Praise Him above ye Heavenly Host,
찬송 성부, 성자 성령.	Praise Father, Son, and Holy Ghost.
아멘.●	Amen.

● 『21세기찬송가』(한국찬송가공회), 1장(통일 1장)

영원한 안식

"매일 아침이면 어떤 일이 시작됨을 봅니다. /

매일 저녁이면 그 일이 끝남을 보네요. / 무언가를 하려고 했고,

무언가는 마쳤습니다. / 그리고 밤의 안식을 얻었습니다."

— 헨리 워즈워스 롱펠로Henry Wadsworth Longfellow

할머니가 침대에서 영원한 안식에 드셨음을 알게 된 지 25년이 흘렀지만, 아이러니하게도 나에게는 그런 안식이 없었다. 나는 내 안에서 안식을 찾고자 노력했다. 적어도 나에게 있어 자려고 애쓰는 것은 믿으려고 애쓰는 것이었다. 누워서 눈을 감고 세상이 여전히 안전하리라고 믿는 것, 내 자신의 성공이 꼭 필요한 것은 아니라고 믿는 것, 하나님은 하나님이시고 나는 하나님이 아님을 믿는 것이었다.

몸을 이리저리 뒤척일 때, 사실 내 영혼도 뒤척이고 있었다.

여러 면에서 볼 때, 수면은 그 자체로 영적인 활동이며, 겸손한 행위이다. 잠을 자려면 우리는 우리의 일을 그쳐야 한다. 잠을 자려면 우리는 누워야 한다. 잠을 자려면 우리는 누군가 우리를 돌보고 있음을 믿어야 한다. 그래서 우리는 이렇게 기도한다.

이제 저는 잠을 자려 눕습니다.

제 영혼을 지켜 주시기를 주님께 기도합니다.

그리고 잠에서 깨지 못하고 제가 죽는다면,

주께서 제 영혼을 거두시기를 기도드립니다.

그리고 우리는 하나님의 지혜 가운데 이러한 기도를 매일 밤 드려야 한다. 매일 밤 우리는 우리가 하던 일을 멈춰야 한다. 매일 밤 우리는 누워야 하며, 매일 밤 신뢰해야 한다. 매일 밤 연습practice 해야 한다. 그렇게 우리의 연습을 통해서 주님은 우리를 온전하게 만드실 것이다. 매일 밤 이러한 신뢰를 연습함으로써, 마침내 우리가 그분께 부름 받는 순간에 어떻게 그분을 신뢰해야 하는지를 주님께서 가르치고 계신 것이다. 이러한 안식을 매일 밤 연습함으로써, 어떻게 영원한 안식을 누릴 수 있는지 가르치고 계신 것이다.

히브리서 저자는 우리에게 이러한 약속을 전해 준다. "그러므로 하나님의 백성에게는 안식Sabbath rest이 남아 있습니다. 하나님의 안식에 들어간 사람은, 하나님께서 자기 일을 마치고 쉬신 것같이, 그 또한 자기 일을 마치고 쉬는 것입니다."[15] 그런데 이 안식은 오직 겸손에서 오는 것이다. 이 안식은 오직 우리의 연약함을 인정함으로써 오는 것이다. 이 안식은 오직 자기 자신을 그분께 복종시킴으로써 오는 것이다.

15   히브리서 4:9-10.

그렇게 함으로써, 마침내 주님 앞에 이르렀을 때, 수고하고 무거운 짐을 진 당신이 담대하게 확신할 수 있다. 그분이 당신을 반겨 맞아 주시리라는 것을. "모든 은혜의 하나님이시며, 그리스도 안에서 영원한 그분의 영광으로 불러주신 분께서, 친히 여러분을 온전하게 회복하시며, 굳건하게 하시며, 강하게 하시며, 견고하게 세워 주실 것을."[16]

'나에게로 올 때, 쉼을 얻으리라'하신 그분의 약속을.

---

[16] 베드로전서 5:10.

감사의 말

"어떤 저자들은 '내 책'이라는 말을 쓰는데 (…) '우리 책'이라고 말하는 것이 더 나을 것이다. 그 속에는 보통 자기 고유의 것보다 다른 이들의 것이 더 많이 들어가 있기 때문이다." 프랑스의 철학자 블레이즈 파스칼의 말입니다. 『겸손한 뿌리』 역시 많은 분들 덕분에 이렇게 존재하고 있습니다. 그들 대부분은 작가가 아니지만, 그들의 도움으로 당신도 이 책—우리 책—을 손에 들고 있습니다.

나단Nathan, 우리가 하는 모든 선한 일은 당신과 공유하고 있는 삶 —돌을 줍고, 잡초를 뜯고, 씨를 심는—의 토양으로부터 자라납니다.

피비Phoebe, 해리Harry, 피터Peter, 너희들이 강건하고 풍성하게 자라기를.

가까이 그리고 멀리 있는 친구들—

헤더Heather, 내가 있어야 할 곳에(그리고 있어야 할 때에) 있게 해 주었고, 또 내 아이들을 사랑해 준 그대,

만디Mandi, 너무 잘 들어준 그대,

버지니아Virginia, 내 글에 변함없는 열정을 보내준 그대,

멜린다Melinda, 시골에서의 삶의 기억들을 함께 나누고 즐겨준 그대,

김Kim, 묵묵히 한결같이 함께해 준 그대,

에릭Erik W., 이 작업의 에이전트이자 진실한 동료,

무디출판사 팀원들, 특히 주디Judy, 에슐리Ashley, 할리Holly, 에릭 Erik P., 미셸Michelle(그녀가 그려준 삽화는 이 책에 생기를 불어 넣어 주었습니다),

그리고 마지막으로, 작은벽돌교회 사람들. 우리가 우리의 근원 roots에 늘 가까이 머물러 있기를.

겸손한 뿌리
Humble Roots: How Humility Grounds and Nourishes Your Soul

초판1쇄 인쇄 2017. 11. 13.
초판1쇄 발행 2017. 11. 23.

지은이 한나 앤더슨 (Hannah Anderson)
옮긴이 김지호
편 집 김지호, 박윤경, 이지연
펴낸이 김지호

발행처 도서출판 100
전 화 070-4078-6078
팩 스 050-4373-1873
이메일 100@100book.co.kr
홈페이지 www.100book.co.kr

가 격 9,800원
ISBN 979-11-959986-6-1
CIP제어번호 CIP2017029735

이 도서의 국립중앙도서관 출판예정도서목록(CIP)은 서지정보유통지원시스템 홈페이지(http://seoji.nl.go.kr)와
국가자료공동목록시스템(http://www.nl.go.kr/kolisnet)에서 이용하실 수 있습니다.